Reinhart Kößler/Henning Melber

Globale Solidarität?

Das Autorenduo Kößler/Melber beschwört mit diesem Buch nicht nur mehr als dreißig Jahre »Internationale Solidaritätsbewegung« in Theorie und Praxis herauf, sondern gibt gleichzeitig eine kritische Bewertung. Solidarität und Internationalismus werden aus historischer Perspektive aufgerollt: Algerien, Vietnam, Kongo, das südliche Afrika, Nicaragua, um nur wenige, »elektrisierende« Ländernamen zu erwähnen.

Was wurde bewirkt, was wurde bewegt? Zu welchem Zweck wurden welche Mittel eingesetzt? Wie waren die Auswirkungen auf die (west) deutsche Außen- und Entwicklungspolitik? Kößler/Melber geben einen (selbst) kritischen Rückblick aus sozialwissenschaftlicher Sicht, ohne ins Akademisch-Abstrakte abzugleiten, sie sind vielmehr am Puls der Zeit, wenn sie die Erfahrungen der Bewegung mit den Herausforderungen »globaler Solidarität« im 21. Jahrhundert mit den Konsequenzen des 11. September 2001 verbinden: Wo ist die internationale Solidaritätsbewegung in der Entwicklung zu einer Weltgesellschaft zu situieren? Dies gelingt ihnen überzeugend, indem sie auch Tabus ansprechen und die Dinge beim Namen nennen.

Reinhart Kößler, Prof. Dr., geb. 1949. 1979 Geschäftsführer, danach Vorstandsmitglied der *Informationsstelle Südliches Afrika* (ISSA). Redaktionsmitglied der Peripherie, seit 1993 apl. Professor am Institut der Soziologie, Uni Münster, derzeit Vertretungsprofessor an der Johann-Wolfgang-Goethe-Universität, Frankfurt am Main. Zahlreiche Buchveröffentlichungen.

Henning Melber, Dr., habil., geb. 1950. 1980-1992 Redaktionsmitglied der Peripherie. Seit 1982 im Vorstand der *Informationsstelle Südliches Afrika* (ISSA). 1982-1992 wiss. Mitarbeiter an der Gesamthochschule Kassel. 1992-2000 Direktor der *Namibian Economic Policy Research Unit* (NEPRU) in Windhoek/Namibia, seit 2000 Forschungsdirektor des *Nordic Africa Institute* in Uppsala, Schweden. Zahlreiche Buchveröffentlichungen.

Reinhart Kößler/
Henning Melber

Globale Solidarität ?

Eine Streitschrift

Brandes & Apsel

Auf Wunsch informieren wir regelmäßig über das Verlagsprogramm.
Eine Postkarte an den Brandes & Apsel Verlag, Scheidswaldstr. 33,
D–60385 Frankfurt a. M., genügt.
E-Mail: brandes-apsel@t-online.de oder im Internet:
www.brandes-apsel-verlag.de

Die Deutsche Bibliothek – CIP-Einheitsaufnahme:
Ein Titeldatensatz ist bei *Der Deutschen Bibliothek* erhältlich

1. Auflage 2002

Lektorat: Roland Apsel, Frankfurt a.M.
DTP: Wolfgang Gröne, Groß-Zimmern
Umschlaggestaltung: MDD, Petra Sartowski, Maintal
Druck: Tiskarna Ljubljana d.d., Ljubljana, Printed in Slovenia
Gedruckt auf säurefreiem, alterungsbeständigem und chlorfrei gebleichtem Papier.

ISBN 3-86099-765-3

auch für unsere Kinder

Vorwort

Daß wir in *einer* Welt und in *einer* Zeit leben, ist mittlerweile eine Alltagsweisheit. Was das bedeutet, bleibt eine schwierige Frage. Die Meinungen dazu unterscheiden sich nach Lebenserfahrungen, politischen Präferenzen, Wertvorstellungen und materiellen Interessen. Zudem überschneidet sich das alles auch noch in der wirklichen Welt. Weiter gibt es unterschiedliche Perspektiven und Assoziationen: Sind die einen von den Chancen weltweiter Kommunikation in Echtzeit fasziniert, packt die anderen das Grauen vor den Folgen eines jeglicher Kontrolle entglittenen Finanzsektors, der in dieser Form eben erst durch die neuen Informationstechnologien möglich geworden ist. Aber die werden wiederum auch von denen zur Vernetzung und zum Austausch genutzt, die sich den Tendenzen zur Globalisierung entgegenstemmen oder auch eine ganz andere Globalisierung wollen – eine Welt, in der nicht mehr Knappheit organisiert wird und wachsende Ungleichheit durch Grenzzäune, Seepatrouillen, Abschiebeknäste und expandierende Sicherheitsapparate aufrechterhalten wird, sondern in der die Chancen globaler Kommunikation genutzt werden, um endlich einem Ausgleich der Lebenschancen und Lebensformen näher zu kommen. Die neuen Technologien dienen auch jenen, die verantwortungsvoll mit den natürlichen Ressourcen vor allem auch im Interesse nachkommender Generationen umgehen.

Die unverkennbaren Risiken der heutigen Globalisierung wurden lange vor allem in der Universalisierung von Kommunikation, Deregulierung, verschärfter Konkurrenz zwischen Staaten, Firmen, Kollektiven und Einzelpersonen gesehen. Globalisierung bedeutete zugleich auch die Bewußtwerdung globaler Gefahren, vom drohenden Atomtod über den Treibhauseffekt bis hin zu wirklichen oder nur eingebildeten Flüchtlingsströmen. Seit Globalisierung zu einem beherrschenden Thema geworden war, traten die Krisen in anderen Weltteilen demgegenüber eher noch mehr in den Hintergrund, als dies schon zuvor, zu Zeiten der Blockkonfrontation, der Fall gewesen war.

In dieser Konstellation betraf auch das Leitbild der Solidarität ein eigentümliches Schicksal. Spätestens mit dem Zusammenbruch des Sowjetsystems schienen wenigstens im westlichen Europa gesellschaftliche Alternativen auf längere Zeit desavouiert, die sich mit dem gesamten Begriffsfeld des Sozialismus verbanden. Inwiefern es sich dabei um eine wirkliche Alternative gehandelt hatte, ob dies überhaupt noch etwas mit dem sozialistischen Projekt zu tun hatte, war den Verteidigern des Bestehenden in Ost und West schon lange gleichgültig gewesen – beide schöpften daraus Legitimität: die einen, weil kaum jemand noch eine solche Alternative wünschen konnte, die anderen mit dem Anspruch, den Fortschritt der Menschheit zu repräsentieren. Als es damit endgültig vorbei war, wurde »Solidarität« als Begriff oder gar Parole für einige Zeit zum Asservat aus der Mottenkiste der Rhetorik von (je nach Geschmacksrichtung) DDR- oder Gewerkschaftsbossen degradiert, vielleicht auch als nostalgisches Hobby der restlichen Alt-68er belächelt. Andererseits begannen sich im Bereich der Sozialwissenschaften zunehmend Leute über gesellschaftliche Integration Gedanken zu machen, die einige Jahrzehnte zuvor derartige Themen vielleicht eher den Konservativen überlassen hätten. Mit dem 11. September 2001 hat sich neben vielem Anderem auch dies schlagartig verändert. Plötzlich war – offiziell zumindest – »uneingeschränkte Solidarität« angesagt, wobei freilich nicht zu übersehen war, daß es erst einmal um die Solidarität zwischen Regierungen ging. Dennoch: Solch folgenreiche Floskeln verlangen Klärung zumal für diejenigen, denen es um alternative politische Handlungsmöglichkeiten geht.

Wenn wir im Folgenden nach den Inhalten und Möglichkeiten von grenzüberschreitender Solidarität in der gegenwärtigen Phase der Globalisierung fragen, so möchten wir dazu betragen, die Chancen und Bedingungen unserer Handlungsperspektiven besser zu verstehen. Wir setzen uns daher zunächst im ersten Kapitel mit dem Verhältnis von Solidarität und Internationalismus auseinander. Dabei zeigt sich, daß internationale Solidarität immer überaus vielschichtig gewesen ist und unterschiedliche Anliegen verfolgt hat. Schon deshalb hat sie nie unproblematisch auf der Seite von Güte und Gerechtigkeit gestanden.

Die begrifflich und anhand einiger historischer Beispiele entfalteten Probleme konkretisieren wir dann im zweiten Kapitel anhand von Erfahrungen der westdeutschen Solidaritätsbewegung seit Mitte der 1960er Jahre vor allem mit dem südlichen Afrika. Hier bilden weniger Erfolge oder Organisationen den Fluchtpunkt als die blinden Flecken. Es geht dabei nicht zuletzt um Menschenrechtsverletzungen, zu denen es auch innerhalb von Befreiungsbewegungen gekommen ist, mit denen Solidarität geübt wurde. Gegenüber dieser notwendigen Erinnerung betrifft die Auseinandersetzung um die Inhalte deutscher Entwicklungspolitik – zumal in Afrika – eine brandaktuelle Dimension des Generalthemas: Was ist in einer sozial zunehmend ungleichen Welt gefordert – Sozialhilfe, um die Leidenden im Zaume zu halten, oder Solidarität mit dem gesellschaftlichen Gegenüber? In dem gemeinsam mit Gerhard Hauck verfaßten dritten Kapitel haben wir uns bemüht, die Alternativen aufzuzeigen, um die es in dieser Debatte vor allem ging: Hat es nach wie vor Sinn, eine Welt anzustreben, die durch globalen Ausgleich und gegenseitige Anerkennung bestimmt ist, oder müssen wir die scharfen Klüfte und die schreiende Ungleichheit hinnehmen und sie allenfalls halbwegs effektiv im Sinne einer globalen Sozialpolitik verwalten?

Die Fragen der Anerkennung und der Gestaltung des bestehenden Weltzusammenhanges sind durch die Ereignisse nach dem 11. September 2001 besonders pointiert worden. Wir diskutieren daher im vierten Kapitel die Gefahren kriegerischer Lösungsversuche der ins Bewußtsein katapultierten Probleme in ihren externen wie internen Aspekten und verweisen auf die Notwendigkeit, sich diesem weiteren Schub zur Militarisierung internationaler Beziehungen entgegenzustellen. Wir beschließen den Band mit einem Plädoyer für den Mut zu utopischem Denken: für ein Denken, das dazu beiträgt, den Schein der Evidenz der Macht zu durchdringen.

In diesen Versuchen haben wir uns um stringente Argumentation bemüht, stellen uns aber dennoch den Risiken einer Streitschrift und experimentellen Denkens. Das Buch steht in unmittelbarem inhaltlichen Bezug zu unserem langjährigen gemeinsamen Engagement seit Beginn der 1980er Jahre im Vorstand der Informationsstelle Südliches Afrika (ISSA) und als Mitbegründer der Zeitschrift »Peripherie«. Zugleich setzen wir eine Ko-Autorenschaft zweier Jahrzehnte fort, die neben zahlreichen Aufsätzen in Zeitschriften und Büchern u.a. Niederschlag in dem gemeinsam verfaßten Band über »Chancen internationaler Zivilgesellschaft« (Frankfurt/Main: Suhrkamp 1993) gefunden hat. Daraus werden hier einige Themen wieder aufgegriffen und fortgeführt.

Unser Dank gilt neben Roland Apsel, dessen verlegerische Initiative uns diese Möglichkeit eröffnet hat, vor allem dem großen Kreis derer, die an den beiden genannten Arbeitszusammenhängen beteiligt waren und sind. Unser Dank gilt auch Ulf Engel und Robert Kappel, auf die nicht nur die Anregung für die erste Fassung von Kapitel 2 zurückgeht, sondern wesentlich auch die Provokation, aus der Kapitel 3 entstanden ist. Für Kapitel 4 erhielten wir wichtige Anregungen und Hilfestellungen von der Redaktion des »Widerspruch« in Zürich und von Conrad Schetter, Bonn. Die Redaktion der »Widersprüche« schließlich war mutig genug, gegen den Strom zu schwimmen und ließ Uwe Hirschfeld ein Schwerpunktheft zu »Utopie« organisieren, in dem die erste Fassung von Kapitel 4 erschienen ist. Schon aufgrund der teilweise erheblichen und heftigen Meinungsverschiedenheiten, die uns mit einigen (keinesfalls allen) der Genannten in manchen Punkten verbinden, versteht es sich von selbst, daß die inhaltliche Verantwortung ebenso wie diejenige für Irrtümer und Fehler allein bei uns liegt.

Bochum/Uppsala, 16. Juni 2002

1 Internationalismus und globale Solidarität: Eine historische Perspektive

...therefore never send to know
for whom the bell tolls – it tolls
for Thee.
John Donne

Bis vor kurzem haftete »Solidarität« eher etwas Abgestandenes an: irgendwo zwischen erinnerten Zwängen aus DDR-Zeiten und dem Mief, den manche Gewerkschaftsfunktionäre verbreiten sollen. Wohl auch assoziiert mit rheinischem Kapitalismus, von dem die Zeitungskommentare schrieben, er habe es nötig, endlich von Deregulierung und Marktkräften durchlüftet zu werden. Und wenn auf einer Demonstration niemandem mehr ein Sprechchor einfallen wollte, ließ irgendjemand eher halt die »internationale Solidarität« hochleben. Paßt eigentlich immer, anlaß-neutral und zeitlos unverfänglich sozusagen.

Neben vielem Anderem hat sich auch das schlagartig geändert, als nach dem 11. September 2001 »uneingeschränkte Solidarität« proklamiert wurde – sowohl international wie von deutscher Regierungsseite (s. dazu Kapitel 4). Freilich meinte Bundeskanzler Schröder in erster Linie Solidarität zwischen Regierungen. Daß die zugehörigen Völker ihnen folgen würden, wurde erst einmal als selbstverständlich unterstellt.

Daneben gibt es seit Menschengedenken (oder zumindest seit Bismarcks Zeiten, was bei manchen fast auf dasselbe hinausausläuft) die Solidargemeinschaften der großen staatlich garantierten und geregelten Sicherungsfonds, die neuerdings im Sinne der erwähnten Durchlüftung auf Kapitalzinsbasis umgestellt werden sollen.

Es scheint also gute Gründe zu geben, sich darüber zu verständigen und sich klar zu werden, was Solidarität alles bedeuten kann. Schon allein um abschätzen zu können, was damit im konkreten Fall gemeint sein könnte. Es ist absehbar, daß dies ein komplexes Unterfangen ist. Wir geben hier natürlich auf unser zentrales Anliegen zugeschnittene Hinweise. Daß sie kontrovers bleiben werden, ist damit bereits unterstellt. Allein schon unsere an deutschen Verhältnissen orientierten, ausschnitthaften Eingangsimpressionen belegen, welch breites Feld der Begriff der Solidarität umfasst. Das unterstreicht auch der begriffsgeschichtliche Befund.

Der Ruf nach Solidarität kann das Engagement für gemeinsame Interessen und den festen Bund unter Gleichen ebenso fordern wie die aktive Parteinahme für ausdrücklich als Andere Wahrgenommene, Fremde. Neben der im französischen Frühsozialismus artikulierten »symmetrischen Verpflichtung von allen gegenüber allen« (Wildt 1995: 1005) stehen »Sorgepflichten ..., die hauptsächlich auf persönlichen Sympathiegefühlen beruhen«, und »andererseits richten sich diese Pflichten gegen unpersönliche Empfänger, nämlich Fremde, seien es Individuen und Kollektive«. Das ergibt geradezu ein Paradox: »Solidarität verlangt Brüderlichkeitspflichten gegenüber Fremden.« (Preuß 1998: 402) Die Frage nach Solidarität stellt daher unmittelbar auch die nach Differenz und Identität und in aller Regel auch die nach Abgrenzung.

Das mag überraschen, wenn man sich an gängigen Vorstellungen orientiert, die während des 20. Jahrhunderts weitgehend das Bild von Solidarität bestimmt haben dürften, vor allem der Arbeitersolidarität. Fragt man etwas weiter, so zeigt sich, daß dahinter eine Vielfalt tieferer Schichten liegt. Zumindest im christlich geprägten Abendland schließt dies mit der langen Geschichte der Brüderlichkeit, die als »Fraternité« in die zentrale Parole der Französischen Revolution eingegangen ist, Postulate wie die Gotteskindschaft und damit die Gleichheit und gegenseitige Verpflichtung aller Menschen oder aber der Mitglieder einer bestimmten Gemeinschaft, eines Ordens oder einer Sekte ein (vgl. Schieder 1972: 554-563). Unmittelbarer auf den heutigen Terminus »Solidarität« verweisen Rechtsinstitute wie die solidarische Haftung etwa von Gemeindegenossen (vgl. Wildt 1998: 203). Die »Haftungsgenossenschaft« verweist auf den Kontext des »Soliden«: »Einer für alle, alle für einen.« (Brunkhorst 2002a: 10) Es geht also in aller Regel um die »Idee eines wechselseitigen Zusammenhangs zwischen den Mitgliedern einer Gruppe« (Bayertz 1998a: 11). In der Soziologie werden unter diesem Stichwort seit ihren Anfängen (vgl. Durkheim 1966) immer wieder die Bedingungen des gesellschaftlichen Zusammenhaltes diskutiert. All dies aber wirft immer wieder sogleich die Frage der Abgrenzung auf: Wer haftet gemeinsam, wer steht zusammen und gegen wen? Und zugleich schwingt doch die Erinnerung daran mit, daß es in nur wenigen historischen Augenblicken unternommen wurde, diese Grenzziehungen einzureißen, etwa in der französischen Revolutionsverfassung von 1793, die politische Rechte an lediglich ein Jahr Aufenthalt auf dem Territorium der Republik band (vgl. Maus 2002: 231). Ausländische Republikaner wie Thomas Paine oder Georg Forster waren selbstverständlich willkommen in einem »normativen Horizont«, in dem der »Status des Weltbürgers ... das praktische Projekt einer egalitären und selbstbestimmten Solidarität unter Fremden« (Brunkhorst 2002a: 110) zumindest in den Blick nimmt – auch wenn diese Offenheit nicht allzu lange Bestand hatte und die als »Verbündete des französischen Volkes« zu Ehrenbürgern mit gleichen Rechten Erkorenen ihren Status aufgrund wachsender Fremdenfeindlichkeit bereits binnen kürzester Zeit wieder abgesprochen erhielten (vgl. Kristeva 1990: 171 ff.).

Insgesamt ist – wie gerade auch dieses Beispiel verdeutlicht – in dem Einschluß »Solidarität« zugleich ein Ausschluß mit gedacht: Oft handelt es sich um sehr kleine Gruppen, die füreinander haften oder, die sich gegenseitig als die »wahren« Gläubigen anerkennen. Andererseits wird immer wieder deutlich, daß die moderne Staatsbürgerschaft ohne den Anspruch an Solidarität, zumal in der Form der sozialen Bürgerrechte der »dritten Generation« (vgl. Marshall 1992), schlechthin kaum zu denken ist. Auch dies wurde in der Französischen Revolution bereits – vorübergehend – vollzogen (vgl. Metz 1998: 174). Gerade dieser emphatische, mit dem Anspruch einer Einlösung der materiellen Voraussetzungen bürgerlicher Teilhabe ausgestattete Bürgerstatus transportiert sogleich auch das Postulat der Abgrenzung nach außen (vgl. Fijalkowski 1997).

Solidarität mit wem oder was?

Wenn wir vor diesem Hintergrund die naheliegende Frage stellen, auf wen sie sich denn also bezieht und von wem sie ausgeht, von wem sie aus welchen Gründen geübt wird, so oszilliert »Solidarität« zwischen unterschiedlichen Formen der Verbindung zwischen Menschen. Die verschiedentlich angesprochene Fremdheit, d.h. die persönliche gegenseitige Unkenntnis derer, die aus irgendwelchen Gründen Solidarität füreinander empfinden und gegeneinander üben, verweist darauf, daß es sich zunächst um ein »unpersönliches« Verhältnis unterschiedlicher Reichweiten handelt (Preuß 1998: 402). Dieses Changieren zwischen Nah- und Fernperspektive läßt sich geradezu auf das klassische Begriffspaar projizieren, das »Vergesellschaftung« der »Vergemeinschaftung« gegenüberstellt, also einerseits den objektiven, anonymen Bereich dessen, was anders auch als chancenreicher, aber unverfügbarer »effektiver Lebensraum« bezeichnet werden kann und andererseits den auf persönlichen Beziehungen beruhenden »beherrschten Lebensraum«.[1] Nicht zufällig rekurriert das Solidaritätspostulat im nationalen, zumal im nationalstaatlich verfaßten Rahmen denn auch auf gemeinschaftliche Motive oder Mythen der primordialen Zusammengehörigkeit (s. nur Anderson 1988; Hobshawm 1991: Kap. 2-3), um die »Super-Gemeinschaft« zu begründen (Schiel, Kößler/Schiel 1996:69ff). Deren Solidarzusammenhang lässt einerseits das formal hierarchische Prinzip der Armenpflege und Philanthropie zugunsten der gegenseitigen Zuerkennung von Rechten hinter sich (vgl. Metz 1998: 172ff), beruht andererseits aber ausdrücklich auf der Schließung nach außen – einer Schließung, die nicht nur durch zwischenstaatliche Kriege, sondern auch durch Grenzregime und die Diskriminierung von Menschen, die als gesellschaftlich Ausgeschlossene kategorisiert werden (vgl. Arendt 1986: Kap. 9) immer wieder aggressiv ins Werk gesetzt wird. Die Debatte über Staatsbürgerschaft und Zuwanderung, die in Deutschland seit nunmehr fast 20 Jahren mit wechselnder

---

[1] Die Termini »effektiver« und »beherrschter Lebensraum« hat Tilman Schiel im Anschluß an Hans Forsthoff entwickelt, s. Kößler/Schiel 1996: bes. 47.

demagogischer Intensität geführt wird, ist hierfür ein leider noch immer allzu aktuelles Belegstück.

Gerade wenn sie mit staatlichen Organisationsformen und Instanzen in Beziehung gesetzt wird, ist Solidarität demnach durchaus potentiell konfliktträchtig und kann auch herrschaftsstabilisierend wirken. Das kann gerade auch da der Fall sein, wo der gesellschaftliche Zusammenhang (durchaus etwa in der Nachfolge Durkheims) mit organizistischen Metaphern beschrieben oder bestätigt wird, bis hin zum Gesellschafts- oder Volkskörper. Als rationale Grundlage erscheint dabei der bereits von Durkheim ins Zentrum gerückte Zusammenhang der arbeitsteiligen Gesellschaft, die dem Gefühl und Postulat der Solidarität gleichsam eine objektive Struktur vorgibt. Freilich findet Arbeitsteilung nicht im luftleeren Raum und unter den Bedingungen gleicher Rechte und Verfügungsmöglichkeiten aller Beteiligten statt. In modernen Gesellschaften – gleich welcher Form im Einzelnen – sind Arbeitsteilung und die damit verbundene Kooperation der Arbeitenden vielmehr an Herrschaftsverhältnisse gekoppelt, die prägend für die gesellschaftliche Struktur im Ganzen sind (s. hier nur Kößler 1993; Kößler/Wienold 2002). Insofern ist der »Gegnerbezug« (Zoll 2000: 24), der im Fall der Klassensolidarität ausdrücklich innerhalb eines gemeinsamen, aber zerklüftet erlebten gesellschaftlichen Zusammenhanges gesehen wurde, in gesellschaftlichen Strukturen verankert gewesen, freilich nicht mit ihnen identisch. Ob solche Solidarität im Sinne von »Klassenstabilität« überhaupt je hergestellt werden konnte, ist eine empirische Frage, die aus sozialhistorischer Sicht wenigstens etwa für Deutschland eher skeptisch zu beantworten ist (Tenfelde 1998: 198). In jedem Fall aber hat deren Beantwortung den komplexen Prozeß in Rechnung zu stellen, in dem die Arbeiterklasse als historisches Kollektivsubjekt sich selbst durch ihre Erfahrungen hervorbringt und konstituiert (s. Thompson 1978).

Das soll hier nicht weiter verfolgt werden, doch wollen wir das Problem als Mahnung festhalten, zwischen dem Mythos und der Realität von Arbeitersolidarität klar zu unterscheiden. Gerade auch Mythen können wirkungsmächtig sein. Das gilt mit Sicherheit für die Vorstellung der Arbeitersolidarität. In einer klassischen Formulierung beanspruchte beispielsweise Ferdinand Lassalle Anfang der 1860er Jahre für die Arbeiterschaft die sittliche Überlegenheit über die Bourgeoise, eben weil sie im Gegensatz zu dieser aufgrund ihrer gesellschaftlichen Lage zur Solidarität fähig sei:

> *Die sittliche Idee des Arbeiterstandes ist die, daß die ungehinderte und freie Betätigung der individuellen Kräfte noch nicht ausreiche,*

sondern daß zu ihr in einem sittlich geordneten Gemeinwesen noch hinzutreten müsse: die Solidarität der Interessen, die Gemeinsamkeit und die Gegenseitigkeit der Entwickelung.(Lassalle 1970: 55)

Ein paar Jahre später pointiert das provisorische Reglement der Internationalen Arbeiter-Assoziation diese Perspektive im Sinne *internationaler* »Solidarität zwischen den verschiedenen Berufen in jedem Land und einer brüderlichen Union zwischen den Arbeitern der verschiedenen Länder«, was, wie J. Ph. Becker seinerzeit erläuterte, die »Brüderlichkeit der Tat« im Gegensatz zur »Brüderlichkeit der Phrase« bedeute, über die die Bourgeoisie nie hinauskommen könne (zit. nach Schieder 1972: 578f). In den folgenden Jahrzehnten, wie auch schon in Ansätzen zuvor, schlug sich diese internationale Arbeitersolidarität in einer Reihe von Unterstützungsaktionen für Streikbewegungen nieder. Besonders markant wurde sie Anfang des 20. Jahrhunderts in dem Versuch vor allem der Linken in der 1889 gegründeten Zweiten Internationale durch die gemeinsame Aktion der Arbeiterparteien und -organisationen sichtbar, die sich immer deutlicher abzeichnende Kriegsgefahr zu bannen. Diese Hoffnung wurde durch das »Augusterlebnis« 1914 bitter enttäuscht, als sich die sozialistischen Parteien der kriegführenden Länder in ihrer übergroßen Mehrheit von Chauvinismus und Kriegsbegeisterung mitreißen ließen. Als organisatorisch geschlossene Gruppen wendeten sich im Wesentlichen nur die Bolschewiki in Rußland und die Tesnjaki in Bulgarien gegen den Kriegseintritt ihrer Länder. Auch dies erklärt die Bedeutung des Bolschewismus während der folgenden Jahrzehnte.

Damit erfuhr internationale Solidarität eine doppelte Wendung: Die bereits in der Zweiten Internationale verbreiteten Lesart von »Solidarität« als Parteidisziplin (s. Wild 1995: 1007) wurde radikalisiert. Sie galt vor allem nach der Ausschaltung oppositioneller Parteien nach der Oktoberrevolution in Russland. Später wurde gar die bedingungslose Treue zur jeweils gerade geltenden Parteilinie und der (möglichst vorauseilende) Nachvollzug ihrer Schwenks zum Sinnbild von Solidarität. Andererseits schien die 1918 als Antwort auf das Scheitern der Zweiten Internationale gegründete Kommunistische Internationale eine neue Perspektive zu symbolisieren, indem sie an sich selbst Ansprüche der Verhinderung eines Krieges richtete, in dem sich die Proletarier gegenseitig abschlachteten. Erstmals wurde hier im Rahmen der Arbeiterbewegung systematisch der Versuch unternommen, über die weiße, vorwiegend qualifizierte Arbeiterklasse der europäischen Länder und der Siedlungskolonien in Nordamerika, Australien und in Ansätzen auch Südafrika hinauszugreifen. Freilich wurden die antikolonialen Bewegungen, die sich vor allem nach dem Ersten Weltkrieg verstärkt zu Wort meldeten, eher als »Reservearmee« betrachtet und bald wie die gesamte Komintern der sowjetischen Außenpolitik untergeordnet – wiederum mit dem Appell an die Solidarität und Disziplin der Revolutionäre. Die spätere Entwicklung sollte den Blick auf die unbestreitbare Leistung nicht verstellen, zumindest in Ansätzen eine wahrhaft weltumspannende Perspektive der Befreiung und Emanzipation aufgezeigt zu haben. Das wird insbesondere im Vergleich zu den mühseligen Debatten deutlich, in denen sich zuvor die Zweite Internationale um Stellungnahmen zum Kolonialismus in Asien und Afrika bemüht und sich letztlich nie deutlich von der Kolonialherrschaft distanziert hatte: Man konnte sich nicht klar entscheiden, ob sie abgeschafft oder nur reformiert werden solle. Erst jetzt wurde die Beseitigung des Kolonialismus erstmals offiziell zu einem zentralen Bestandteil in einem politischen Programm, das sich ausdrücklich auf eine universale Perspektive bezog. Freilich war die Art und Weise, wie dies geschah, folgenreich: Die »Kolonialfrage« wurde in der Komintern von Anfang an der »nationalen Frage« gleichgesetzt und mit demselben analytischen Instrumentarium angegangen wie diese – und deshalb im Prinzip auch mit denselben politischen Rezepten. Das bedeutete nicht nur das erklärte Bündnis mit der »nationalen« Bourgeoisie gegen die kolonialen und imperialistischen Mächte, sondern auch die Orientierung antikolonialer Kämpfe hin auf die Errichtung von Nationalstaaten. Staaten und Klassen wurden in Allianzen definiert, die zudem bald am außenpolitischen Kalkül der sowjetischen Diplomatie orientiert waren. Das führte Mitte der 1920er Jahre zu schweren, blutigen Niederlagen radikal antikolonialer Bewegungen vor allem in China und Indonesien. Die späteren Erfolge von antikolonialen Revolutionen nach dem Zweiten Weltkrieg, zunächst in Asien, später auch in Afrika und Lateinamerika, waren durchweg mit nationalen Mobilisierungen verbunden.

Die nationale Wendung der antikolonialen Revolutionen (s. auch Braun 1995; Kap. 1, 4), die für den weiteren Verlauf der politischen Geschichte des 20. Jahrhunderts von entscheidender Bedeutung war, begünstigte auch die Orientierung dieser Bewegungen auf die Übernahme der staatlichen Apparate, in denen sich die Macht der Kolonialherren konzentrierte und zugleich symbolisiert war; damit wurde letztlich die Reproduktion von Herrschaftsverhältnissen eingeleitet (vgl. Fanon 1966: Kap. 3; Davidson 1992; Mamdani 1996). Aus etwas anderer Perspektive läßt sich der Komintern-Einfluß auch in der nationalistischen und staatsorientierten Politiktradition des seit 1994 in Südafrika regierenden ANC nachweisen, mit weitreichenden Folgen besonders für das schnelle Einschwenken auf neoliberale Wirtschaftsrezepte (s. Marais 2001). Das kann hier nicht näher ausgeführt werden (s. auch Kößler 1982: Kap. 1; ders., 2002). Der

Komintern-Internationalismus bietet in jedem Fall ein gutes Lehrstück für die Ambivalenz politischen Handelns unter dem Anspruch der Solidarität. In diesem sicherlich extremen, aber auch historisch besonders signifikanten Fall wurden freilich nicht nur Organisationskonzepte und Modelle gesellschaftlicher Entwicklung mit geringer Leistungsfähigkeit zum Verständnis einer extrem vielgestaltigen sozialen Wirklichkeit transportiert, sondern es handelte sich auch um ein deutlich asymmetrisches Verhältnis. Das weicht zweifellos von klassischen, auf die Beziehung zwischen Gleichen und ihre »symmetrische Verpflichtung« abhebenden Konzepte von Solidarität deutlich ab, wie sie etwa für den hier wegweisenden französischen Frühsozialismus charakteristisch waren (Wildt 1995: 1005).

Wenn es richtig ist, daß heute aus der Sozialstruktur abgeleitete Interessen kaum mehr praktische Solidarität begründen können (vgl. Laclau/Mouffe 1985: bes. Kap. 3), dann wird Solidarität notwendig mit der »Verschiedenheit des Anderen« (Zoll 2000: 199) mindestens zu rechnen haben, wenn sie schon nicht dadurch »konstituiert« ist (ebd.). Damit ist offensichtlich mehr gemeint als die bereits zitierte allgemeine Feststellung, daß Solidarität als gesellschaftliches Verhältnis in der Regel nicht in direkten, sondern eben in gesellschaftlich vermittelten Beziehungen gegenüber »Fremden« geübt wird. Das eben schloß ja Interessenidentität nach dem Muster der Klassensolidarität keineswegs aus. Hier dagegen bleibt allenfalls der gemeinsame »Gegnerbezug«, etwa in Form von Imperialismus oder neoliberaler Globalisierung. Solche Schlagworte bezeichnen zwar einerseits, wie in Seattle Ende 1999, in Genua im Juli 2001 oder auch in Barcelona im März 2002 deutlich geworden ist, Möglichkeiten zu massenhafter Mobilisierung. Doch bündeln sie andererseits ganz offensichtlich höchst unterschiedliche Motive, die sich auf stark divergierende soziale Lagen beziehen. Das würde den Erfahrungen der internationalen Solidarität, nicht zwischen unterschiedlichen nationalen »Abteilungen« einer letztlich international gedachten Arbeiterklasse, sondern zwischen Menschen und Menschengruppen in ansonsten sehr *unterschiedlichen* Zusammenhängen, die zudem zueinander in einem *hierarchischen* Verhältnis stehen, eine besondere Bedeutung verleihen. Dafür stehen geradezu paradigmatisch die Beziehungen zwischen kolonisierten Gesellschaften und denen, die aus sehr unterschiedlichen Motiven von den jeweiligen Kolonialmetropolen aus etwas unternommen haben, an den dortigen Zuständen etwas zu ändern. Auch hier stoßen wir freilich auf die oben bereits kurz angesprochene Ambivalenz: Es besteht ein deutlicher Unterschied zwischen internationaler Wohltätigkeit einerseits und einer Solidarität andererseits, die sich niemals ausschließlich als gebend verstehen kann, weil sie sich mindestens über gemeinsame Anliegen und/oder die gegenseitige Anerkennung von universellen Menschenrechten definiert. Wir möchten das an ein paar besonders eindrucksvollen historischen Lehrstücken verdeutlichen.

Frühe Erfolge, Abenteuer und Irrwege internationaler Solidarität

Zunächst einmal fand die Französische Revolution gewissermaßen nicht nur in Frankreich und auch nicht nur in Europa statt, und sie wurde auch nicht ausschließlich von Weißen veranstaltet. Mit der Umwälzung in Frankreich verzahnt war vielmehr der gleichzeitige Aufstand der schwarzen Sklaven in der damaligen französischen Kolonie auf der Antilleninsel San Domingo, dem heutigen Haiti. Wie vor allem C.L.R. James (1980) nachdrücklich gezeigt hat, spielte die Politik gegenüber den Kolonien vor allem während der ersten Phase der Französischen Revolution eine entscheidende – in der älteren Literatur oft übersehene – Rolle. Vor allem die Kolonien in der Karibik mit ihrer mittels Sklavenarbeit betriebenen Zukkerproduktion waren wirtschaftlich von großer Bedeutung, und die Pflanzer konnten ihrem Anliegen im Mutterland kräftig Gehör verschaffen. Die Anerkennung der freien Schwarzen als Bürger, die häufig selbst reiche Plantagenbesitzer waren, traf in San Domingo auf den Widerstand der ärmeren Weißen, die sich ihrerseits von der Revolution Verbesserungen versprachen. Eine Unabhängigkeit der Kolonie wurde zuerst vor allem mit dem Ziel ins Spiel gebracht, die Privilegien der unterschiedlichen Siedergruppen vor den unkalkulierbaren Risiken der Revolution in Sicherheit zu bringen. In Paris nämlich waren die Sansculotten soweit von einer »etwas vagen Ideologie bewegt, die zumindest von den großen Parolen der Gerechtigkeit und der Gleichheit und auch des Glücks für alle inspiriert waren«, daß sie »natürlicherweise die allgemeine Freiheit begünstigten« (Benot 1989: 200). Ihre Massenbewegungen erzwangen auch die Anerkennung zunächst der Geltung der Menschenrechte für die freien Schwarzen und endlich die Sklavenbefreiung (vgl. James 1980: Kap. 3 und 4). Freilich waren die tatsächliche Befreiung der Sklaven und schließlich die Schaffung und erfolgreiche Verteidigung einer unabhängigen, von Schwarzen regierten Republik auf San Domingo nicht die Folge der Großherzigkeit der revolutionären Kommune von Paris, sondern Ergebnis von Prozessen auf der Insel selbst: des erfolgreichen Aufstandes der Schwarzen, der auch die Abgesandten des Konvents überraschte und überrollte, ihrer Bewaffnung, Organisation und Diplomatie.

In einem frühen, aber auch für die Folgezeit signifikanten Beispiel zeigt sich hier, wie so unterschiedliche Prozesse wie die vor allem von den städtischen Massen in Paris getragene Revolution mit ihren aufeinanderfolgenden Phasen und wie die gesellschaftlichen Kämpfen mit deren Konsequenzen im damals noch einige Wochen Schiffsreise entfernten San Domingo immer wieder ineinander griffen und doch zugleich ihren eigenen Logiken folgten. Diese Prozesse waren nicht zuletzt durch die Handelnden und die Art und Weise bestimmt, wie diese ihre Interessen wahrnahmen und an Ort und Stelle, aber auch in der revolutionären Metropole bzw. in der entlegenen Kolonie verfolgten. Dabei kam es immer wieder zu Allianzen, die in der entscheidenden Phase den Aufstand auf San Domingo auch in die kontinentale Konfrontation zwischen der Koalition und dem revolutionären Frankreich einbezogen haben: Wie James zeigt, geschah dies auf höchst widersprüchliche Weise, als der militärische Führer des Aufstandes und künftige »schwarze Napoleon« Toussaint L'Ouverture, momentan mit Spanien und bald auch mit Großbritannien verbündet, im Namen des Königs auf »Freiheit und Gleichheit« pochte (James 1980: 125). Für uns entscheidend ist hier die Form, in der ein Grundbestand an Menschenrechten, nämlich die politische Gleichheit aller freien Männer ohne Ansehen ihrer physischen Erscheinungsweise und die universelle Geltung des Verfügungsrechtes über die eigene Person, d.h. die persönliche Freiheit aller, durchgesetzt wurde: Sukzessive Fassungen der Deklaration der Menschenrechte, die in Paris im Lauf der Revolution verabschiedet wurden, hatten keineswegs die Wirkung, auf San Domingo Freiheit und Gleichheit herzustellen. Es kam vielmehr zu scharfen Konflikten zwischen reichen weißen Pflanzern und »kleinen Weißen«, zwischen Weißen (zumal wenig begüterten) und wohlhabenden schwarzen Pflanzern und schließlich zwischen Schwarzen (vor allem Sklaven) und Weißen. All dies verschränkt sich mit der Lobbyarbeit sowohl der Siedler als auch der Gesellschaft der Freunde der Schwarzen in Frankreich, die ihre Aufgabe als Teil der allgemeinen, immer weiter ausgreifenden Emanzipation innerhalb des Hexagons sieht, die auch Protestanten und vor allem Juden begünstigte. Der Anspruch von Gleichheit und Brüderlichkeit fand auch damals schon Ausdruck darin, daß »bei der Zusammenstellung von Geschworenen für ein Departement-Gericht sorgsam darauf geachtet (wurde), dass neben den Katholiken auch Protestanten und Juden, ja sogar ein Farbiger vertreten waren« (Zoll 2000: 44). Doch das hatte erst einmal kaum Auswirkungen für die Zustände im kolonialen Bereich. Hier wurde die – dann freilich grundlegende – Änderung erst mit dem massenhaften Aufstand der Sklaven eingeleitet, einschließlich seiner Grausamkeiten und Massaker.

Das Lehrstück San Domingo/Haiti kann als eindrucksvolles frühes Modell für *eine* Form der Beziehungen zwischen Bestrebungen im Norden und im Süden gelten, die zumindest vordergründig auf ein gemeinsames Ziel orientiert sind und von denen daher anzunehmen wäre, daß sie bündnisfähig sind. Die Möglichkeit eines politischen Bündnisses zwischen den Jakobinern in Paris und den »schwarzen Jakobinern« (James) in der Karibik wird zwar durch die wiederholten Anläufe zur Einlösung der Menschenrechte für die Schwarzen in den Kolonien gleichsam auf formeller Ebene beglaubigt. Zugleich zeigt sich aber, daß die universelle Durchsetzung der mit universellem Anspruch deklarierten Rechte vor allem von den Kräfteverhältnissen und den gesellschaftlichen Auseinandersetzungen im regionalen, in diesem Fall im kolonialen Rahmen abhängig war. In Anlehnung an einen berühmten Spruch ließe sich sagen, daß sich zeigte, daß die Sklaven von San Domingo nicht durch Assemblée Nationale, Konstituante oder Konvent in Paris befreit werden konnten, sondern daß ihre Befreiung nur ihr eigenes Werk sein konnte. Das aber schließt Unterstützung nicht aus.

Der Kampf gegen die Sklaverei, ein wichtiges Erbe der Aufklärung, erweist sich noch in verschiedenen weiteren Hinsichten als in einer für die aktuelle Klärung der Bedingungen und Möglichkeiten internationaler Solidarität aufschlussreichen Weise komplex und widerspruchsvoll. Die Sklaverei in Amerika und der transatlantische Sklavenhandel, der die Sklavenwirtschaft mit Nachschub an Arbeitskräften versorgte, waren nicht einfach ein Skandal oder eine Ausnahmeerscheinung, sondern vielmehr systematischer Bestandteil der Weltwirtschaft, wie sie nach den Großen Entdeckungen und der kolonialen Eroberung des größten Teils Amerikas entstanden war. Die Sklavenarbeit lieferte vor allem tropische Nahrungsmittel und Rohstoffe, zunächst Zucker und mit Beginn der industriellen Revolution in zunehmendem Maß Baumwolle, die von den mechanisierten Mules und Jennies versponnen wurde. Es handelte sich also nicht nur um einen hoch profitablen, sondern auch um einen strategisch wichtigen Bereich der damaligen Weltwirtschaft, die soeben ihre grundlegende Neuausrichtung durchmachte. Dabei wurde sie nicht nur auf die Bedürfnisse Westeuropas umorientiert, sondern entsprechend einer internationalen Arbeitsteilung strukturiert, nach der die Regionen einer immer deutlicher sich herausbildenden Peripherie auf die Lieferung von Rohstoffen für die in England und dann auch in anderen Teilen Westeuropas und Nordamerikas entstehende Industrie festgelegt wurden und zugleich dieser Industrie als Absatzmärkte dienen sollten. Die Umpolung Indiens vom konkurrenzlosen Exporteur feinster Kattunstoffe zur Rohstoffbasis und zum Markt für die Massenproduktion der britischen Industrie bleibt das eindrucksvollste und symbolträchtigste Beispiel für den sich vollziehenden Prozess.

Der mit dieser einschneidenden Neustrukturierung unlöslich verknüpfte industrielle Aufstieg Englands machte zumindest für die beherrschende Handelsnation den Merkantilismus des *Ancien Régime* mit seinen geschützten Märkten und privilegierten Unternehmerkasten sowohl im Mutterland als in den strikt reglementierten Kolonien obsolet – also auch das System, mit dem die Zuckerrohrpflanzer in San Domingo und anderen Gegenden der Karibik zu ihren Reichtümern gekommen waren. Großbritannien hatte zudem die wichtigsten seiner eigenen derartigen Kolonien gerade verloren: die Südstaaten der USA. In dieser Umbruchsituation verstießen Sklavenhandel und Sklavenhaltung nicht nur gegen menschenrechtliche Prinzipien oder philanthropische Gesichtspunkte. Sklaverei im Stil der vergangenen 200 Jahre war im Kontext der neuen Form des Kapitalismus schlicht unrentabel geworden, und der Widerstand der Sklaven ließ das Unternehmen auch aus anderen Gründen als höchst riskant erscheinen. Hinzu kam das Interesse an Produkten der Regionen Afrikas, die bisher durch den Sklavenhandel systematisch eines Großteils ihrer produktivsten Menschen beraubt worden waren. All dies trug zweifellos zur Bewegung der Abolitionisten bei, in deren Rahmen sich in den angelsächsischen Ländern vor allem christliche Gruppen wie Quäker oder Methodisten – etwa in Form der jahrzehntelangen Parlamentsarbeit von William Wilberforce – dafür einsetzten, die Sklaverei abzuschaffen. Die seit 1790 aktive *Anti-Slavery Society* kann als eine frühe Form einer international agierenden NGO gesehen werden. Großbritannien machte mit der Unterbindung des Sklavenhandels ernst, nachdem dieser vom Wiener Kongreß 1815 im Rahmen der neuen, monarchistischen Ordnung in Europa geächtet worden war (vgl. Loth 1981: 199-217). Festzuhalten bleibt, daß etwas Gutes zu tun oder vorzuhaben, gerade hier nicht bedeutete, ein gutes Geschäft auszuschlagen. Das setzt nicht unbedingt eine Personalunion zwischen Philanthropen oder Wohltätern aus Nächstenliebe voraus. Wie auch immer: Die Kombination zwischen der Bekämpfung des Sklavenhandels und der Sklaverei und dem Freihandel, der auch in Abkommen mit den früheren afrikanischen Partnern im Sklavenhandel vereinbart wurde, erwies sich für die Vormachtstellung Großbritanniens auf dem Weltmarkt als ebenso vorteilhaft, wie sie für einzelne Unternehmer profitabel war.

Die lokalen Herrscher vor allem in Westafrika, von denen gerade die britischen Sklavenhändler bisher hauptsächlich ihre Ware bezogen hatten, traten nun in Vertragsbeziehungen zu den Briten und stellten ihre Handelsbeziehungen auf die Lieferung von Rohstoffen für die Industrie um, wobei das Palmöl als Ausgangsstoff für Schmierstoffe, Seife und Margarine eine besondere Rolle spielte (s. Hauck 2002: 111). Zum »Informal Empire« der ersten Hälfte des 19. Jahrhunderts, also dem System der neuen industriellen internationalen Arbeitsteilung und ungleicher Handelsbeziehungen ohne direkte politische Herrschaft, gehörten auch die Kolonien, die an der westafrikanischen Küste eingerichtet wurden, um freigelassene Sklaven aus den USA (wie in Liberia) oder durch das Aufbringen von Sklavenschiffen befreite Menschen (wie in Sierra Leone) anzusiedeln. Auch hier verbanden sich die philanthropischen Bestrebungen der Abolitionisten mit anderen Zielsetzungen: Die schwarzen Siedler dienten unter anderem als Vorposten der Zivilisation – und sie und ihre Nachfahren fühlten und benahmen sich auch die nächsten 100 oder 150 Jahre entsprechend. Außerdem hatten Schwarze in diesen relativ kleinen Niederlassungen an der Küste bis zur vollständigen Kolonisierung die Möglichkeit, eine Ausbildung zu erhalten und bis in hohe Verwaltungsposten aufzusteigen. Noch vor der eigentlichen Kolonialzeit, als all dies undenkbar war, wurden daher Fakten geschaffen, die deutlich die Willkür rassistischer Diskriminierung durch Kolonialstaat und -verwaltung belegten (vgl. Davidson 1992). Auch das ist sicherlich ein Verdienst der Arbeit der Abolitionisten, sei es, dass sie im Namen der Menschenrechte geleistet wurde, sei es im Namen der Gotteskindschaft und Ebenbildlichkeit aller Menschen.

Zeigen sich an dieser Phase des Kampfes gegen Sklavenhandel und Sklaverei faszinierende Zweideutigkeiten, so lässt sich dies von den Begleitumständen zentraler Abschnitte der Errichtung der direkten Kolonialherrschaft in großen Teilen Afrikas nicht mehr behaupten: Die Erkundungs- und Eroberungszüge eines Livingstone und erst recht Stanley wurden zwar mit dem Skandal legitimiert, dass der Sklavenhandel ungeachtet britischer Parlamentsakte und Verträge europäischer Regierungen zwischen Zentral- und Ostafrika in verstärktem Ausmaß weiterging – das diente aber in erster Linie dem Ziel, die Aktionen zu legitimieren und zu finanzieren, mit denen es insbesondere dem belgischen König Leopold II. am Ende gelang, sich sein ganz privates Riesenstück Afrika – die heutige Demokratische Republik Kongo – zu sichern (vgl. Pakenham 1991: bes. 395-400). Die Zwangs- und Kontraktarbeit, mit der die Kolonie in Wert gesetzt wurde, stellte mit ihren Exzessen manche Formen der Sklaverei in den Schatten. Dabei waren sicher nicht alle Liberalen, die sich während des *Scramble for Africa* für Menschenrechte einsetzten, einfach Heuchler. Diejenigen, die es ernst meinten, wandten sich freilich damals schon grundsätzlich gegen den »Imperialismus«, wie vor allem John A. Hobson (1968) mit seinem erstmals 1902 erschienenen, immer noch wegweisenden Buch. Nicht zuletzt betonte bereits Hobson auch den Zusammenhang zwischen imperialistischer Politik nach außen und dem Verfall und der

Beschneidung staatsbürgerlicher Rechte und politischer Kultur im Innern. Auch William Schreiner, ehemaliger Premierminister der Kapkolonie, kann als ein Beispiel dienen: 1910 prangerte er den folgenreichen faulen Kompromiß an, mit dem die Buren in Südafrika durch die Gründung der Union mit der britischen Herrschaft versöhnt wurden. Dies vollzog sich unter der Bedingung, daß die Schwarzen – wie sich zeigen sollte, für mehr als acht Jahrzehnte – eben dadurch ausgeschlossen wurden.

Bevor wir unsere kurze Besichtigungstour zu den Formen beenden, wie in Nord-Süd-Richtung »Gutes« getan werden sollte, wollen wir einen kurzen Blick auf die wohl folgenreichste und nachhaltigste – in manchen Ländern des Nordens auch massenhafteste – Form dieses Tuns zu werfen: die christliche Mission. Man kann die Missionsgesellschaften als große zivilgesellschaftliche Organisationen verstehen, die mit verschiedenartigen Publikationen – etwa »Missionsblättchen« für Erwachsene und Kinder – oder im Jahreszyklus verankerten Festen sowie mit weitverzweigten lokalen Vereinigungen nicht nur beträchtliche Geldsummen mobilisierten, sondern auch intensives Interesse wenigstens für bestimmte Vorgänge in zuvor völlig exotischen Ländern weckten. Sie haben also dazu beigetragen, etwas wie Grundvoraussetzungen für Internationalismus zu schaffen. Dies geschah häufig in extrem paternalistischer Form und war zumeist Ausdruck der rassistischen Grundtendenzen, die das 19. und 20. Jahrhundert geprägt haben. Auch die Programmatik der Missionsgesellschaften ebenso wie die individuelle Einstellung vieler Missionare entsprachen in geradezu emblematischer Form den Grundzügen des kolonialen Blicks und seinen Widersprüchen (vgl. Melber 1992; Kößler/Melber 1993: 127-129). Der Missionar sah seine »Missionsobjekte« zwar als ihm erst einmal wesensgleich, weil er alle als Gottes Kinder und potentiell der Erlösung teilhaftig verstehen mußte, um sein Vorhaben überhaupt zu beginnen. Zugleich aber stand der Missionar eben dadurch auch von vorneherein eindeutig über seinen Schäfchen. Er verfügte ja über das überlegene Wissen nicht nur in religiösen Dingen – deshalb hatte er sich auf den Weg gemacht, sondern auch als Repräsentant der Zivilisation, als Vermittler von Handelsbeziehungen und mehr oder weniger nützlichen Fertigkeiten wie etwa der Bestellung von Äckern mit dem Pflug in der ariden Dornbuschsavanne des südlichen Namibia. Der Missionar vermittelte Lese- und Schreibfähigkeit und Disziplin und sah sich in aller Regel, als die formelle Kolonialherrschaft einmal errichtet war, ganz selbstverständlich als Partner der Kolonialverwaltung. So halfen die Missionare der Rheinischen Missionsgesellschaft, die damals schon mehr als vierzig Jahre lang im Land aktiv gewesen war, nach Kräften bei der Abfassung der Verträge, mit denen die deutsche »Schutzmacht« während der 1880er Jahre formal ihren Herrschaftsanspruch begründete. Und anläßlich des großen Nama-Aufstandes erblickte ein damals noch junger Missionar – der später wegen allzu progressiver Ansichten mit seinen Brüdern in ernste Konflikte geraten sollte – seine Aufgabe darin dazu beizutragen, daß die Kolonie »evangelisch bleibt und deutsch wird«.[2] Andererseits arbeiteten Missionare derselben Missionsgesellschaft zur selben Zeit daran, den Überlebenden der gegen die aufständischen Herero gerichteten Genozidstrategie des Generals von Trotha eine minimale Lebensperspektive zu verschaffen – die Mission wurde zum vorübergehenden Kristallisationspunkt einer Kollektividentität der Herero (s. Gewald 1999: Kap. 6). Schwarze als gleichberechtigt (etwa in der Form schwarzer unabhängiger Kirchen) anzuerkennen, war Teilen der Rheinischen Missionsgesellschaft und ihren Erben in Namibia erst ab Mitte der 1960er Jahre möglich, als sie allmählich auch begannen, sich gegen das Apartheidsregime zu wenden. In diesem Kampf haben die Kirchen als Institutionen der Zivilgesellschaft eine wichtige Rolle gespielt und wurden dabei von einigen ihrer Partner aus den Heimatländer der früheren Missionare unterstützt. Das ändert aber nichts daran, daß ungeachtet der Absichten Einzelner die Mission ein Gewaltzusammenhang bleibt (vgl. Hock 2000: 77), erst recht da, wo sie sich unmittelbar mit dem Kolonialstaat eingelassen hat. Dieses Gewaltverhältnis ist nicht situativ, sondern strukturell: Der Anspruch auf Verbreitung des wahren Glaubens verschränkt sich mit dem Sendungsbewusstsein, der wahren Lebensweise zum Durchbruch zu verhelfen. In konkreten historischen Fällen kostete dies notfalls jeweils diejenigen das Leben, die sich solchen Wohltaten widersetzten. Die Widersprüche, in denen sich christliche und mit Abstrichen sicher auch islamische und andere Missionsunternehmen in der Moderne verstrickt haben, können daher exemplarisch für die Probleme stehen, denen sich allgemein Versuche überregionaler Veränderung im Rahmen des uns vorgegebenen hierarchischen gesellschaftlichen Weltzusammenhanges gegenüber sehen.

Solidarität: Zur Begriffsbedeutung

Die Tatsache, dass die Geschichte der hier skizzierten Herangehensweisen an das Problem nicht-staatlicher internationaler Beziehungen weitergegangen ist, lässt die Probleme keineswegs als geringer erscheinen. Alle die genannten Strömungen haben ihre Fortsetzungen und Bezug-

---

[2] Christian Spellmeyer, Quartalbericht Gibeon, 16.2.1907; Archiv Vereinigte Evangelische Mission/Rheinische Missionsgesellschaft, Wuppertal, 2.500 (s. Kößler 1999: 23).

nahmen in Formen und Inhalten der Solidaritätsbewegung nach dem Zweiten Weltkrieg gefunden. Das geschah mit vielfältigen Brechungen, und es wäre ebenso ungerecht wie kurzsichtig, diese oft gewaltigen Verschiebungen nicht im Auge zu behalten. Zugleich wurden und werden aber einige grundlegende Probleme weiter mitgeschleppt oder in abgewandelter Form reproduziert. Das muss nicht wundern, wenn wir bedenken, dass sich am Grundmuster einer extrem ungleichen Welt nichts geändert hat. Die Welt hat sich nicht größerer Gleichheit angenähert. Im Gegenteil: die Gegensätze haben sich verschärft. Das Bewußtsein davon ist allein schon durch die Verallgemeinerung elektronischer Informations- und Kommunikationsmittel allenthalben gestiegen. All das kann nicht ohne Folgen für diejenigen bleiben, die sich um solidarisches Handeln in internationaler Perspektive bemühen.

Zunächst müssen wir daran erinnern, daß Solidarität etwas Schwieriges ist. Im klassischen Fall der Arbeitersolidarität, die ja auf der Gemeinsamkeit von Interessen beruhen soll, war (und ist) nicht Solidarität das zunächst Gegebene, sondern im Gegenteil die Konkurrenz der Arbeiter untereinander um Arbeitsplätze und individuelle Vorteile (s. Marx 1849: 420f). Die Assoziation, die es ermöglicht, diese Konkurrenz zu suspendieren und zugunsten gemeinsamen, solidarischen Handelns zu überlagern, ist erst die Frucht langer Lernprozesse und damit verbundener sozialer Kämpfe (vgl. Thompson 1978; Vester 1970). Der Mythos der Solidarität bedarf immer wieder harter Arbeit, damit er Wirklichkeit werde. Das gilt auch und gerade für diejenigen, denen es in ihrem gut gemeinten Bemühen um entsprechendes Handeln manchmal schwer fallen mag, die Hindernisse zu akzeptieren, nachzuvollziehen und zu verstehen. Die anstehende Arbeit betrifft daher nicht nur das Organisieren und Kommunizieren, sondern auch die Klärung der Grundlagen und Bedingungen, unter denen dies möglich ist und geschieht. Anders ausgedrückt: es geht auch um die Anstrengung des Begriffs.

Da es uns hier in erster Linie um die Möglichkeiten, Bedingungen und Hintergründe praktischer Politik geht, wollen wir nur kurz darauf eingehen. Wie schon erwähnt, ist das Thema Solidarität in der Sozialtheorie vor allem dort immer wieder aufgegriffen worden, wo es um den Zusammenhalt von Gesellschaften ging (s. Durkheim 1966; Bayertz 1998b; Zoll 2000; Brunkhorst 2002a). Auf Durkheim geht die Unterscheidung zwischen zwei Grundtypen des Zustandekommens dieses Zusammenhalts zurück: Einerseits sieht er die Möglichkeit der »mechanischen« Solidarität unter Gleichen: Dies betrifft idealtypisch segmentäre Gesellschaften, die aus stereotypen Einheiten bestehen. Die solidarische Beziehung der Segmente untereinander beruht vor allem auf realen und fiktiven Verwandtschaftsverhältnissen. Ihre Lebensprozesse sind jedoch wenigstens in materieller Hinsicht nicht voneinander abhängig. Anders im Fall der »organischen« Solidarität: Ihr Idealtyp ist die Arbeitsteilung in modernen, von industrieller Produktion geprägten Gesellschaften. Hier ist der Solidarzusammenhang bereits durch die produktive Struktur der Gesellschaft vorgegeben, die zumindest der Tendenz nach universalisierten Austausch und allseitige Abhängigkeit konstituiert. Seit Durkheim wurden beide von ihm unterschiedene Formen der Solidarität zugleich in eine Entwicklungslinie gestellt: »Mechanische« Solidarität soll demzufolge primitiven Zuständen entsprechen und relativ brüchig sein, während der moderne Typus von der »organischen« Solidarität repräsentiert wird, deren Stabilität durch funktionale Abhängigkeitsbeziehungen oder aus anderer Perspektive und in der Sprache der vorherrschenden Rezeption durch funktionale Differenzierung garantiert wird. Daraus lassen sich etwa in der politischen und Verfassungstheorie »Rechtsgenossenschaft« (vgl. Brunkhorst 2002) oder auch soziale Bürgerrechte (vgl. Marshall 1992) begründen. Zumindest die »Rechtsgenossenschaft« kann auch – zumal unter dem Aspekt der Globalisierung – über den nationalstaatlichen Rahmen hinausgreifen und sogar die Perspektive einer weltumfassenden Rechtsordnung mit verfassungsmäßigen Elementen einbegreifen, was vor allem den Anspruch betrifft, die Menschenrechte seien durch die Entwicklung seit dem Zweiten Weltkrieg zu unmittelbar geltendem Recht geworden (vgl. etwa Held 2002: 115-122; Brunkhorst 2002: 171-184). Andererseits begründet aus dieser Sicht die internationale wirtschaftliche Verflechtung einen steigenden Regelungsbedarf, der freilich vorwiegend auf nichtstaatlicher Ebene zu bearbeiten sei (vgl. bes. Zürn 1998). Wo diese Perspektive sich zum Projekt kristallisiert, ruft sie den ernstzunehmenden Einwand hervor, Diffusion und Entschwinden staatlichen Handelns auf großregionale und gar globale Ebenen reihe sich ein in die vielfältigen Tendenzen zur Untergrabung der Volkssouveränität als der wichtigsten Errungenschaft der großen Revolutionen (vgl. Maus 2002). Damit ist ein weites und kontroverses Feld eröffnet. Uns interessiert hier vor allem die Einsicht, daß die strukturfunktionalistischen Schlussfolgerungen aus objektiv gegebenen Zusammenhängen zwar ein Postulat von Solidarität auf der Ebene staatlicher Institutionen begründen können, aber offenbar ungenügend sind, als Annäherung zum Verständnis und zur Begründung solidarischen Handelns zu dienen.

Dies muß nicht verwundern: Die Mitglieder einer staatlich umgrenzten Solidargemeinschaft sind zwar aufeinander angewiesen und haben sich zumindest aus der Sicht des Gesellschaftsvertrages auch aufgrund ihres Willens zu einem politischen Verband zusammengeschlossen (Renan

1993: 309ff). Das ändert aber nichts daran, daß zumindest die Abgrenzung dieser Verbände, also die territorialen Grenzen der Nationalstaaten immer – und nicht allein, wie so oft betont wird, im postkolonialen Afrika – willkürlich sind (vgl. Schnapper 1994: 117f); auch im Fall des Gesellschaftsvertrages ist der Kreis der Bürgerinnen und Bürger, die ihn schließen, letztlich ihrem Willen entzogen (vgl. Offe 1999: 28ff). Das auf Immanuel Kant und Jean-Jacques Rousseau zurückgehende Postulat eines ganz der Territorialität entzogenen Subjektes der Volkssouveräntität (s. Maus 2002) kann zwar als wichtige Richtschnur für deren Inhalt gelten, erfaßt aber nicht die praktischen Probleme der Konstitution von Staaten, auch in Form von Demokratien als deren politischem System. Allein schon ihrer Abgrenzung liegen immer, wenn nicht undemokratische, so doch gleichsam vordemokratische Entscheidungen zugrunde. Und diejenigen, die in eine Staatsbürgerschaft und die damit verbundenen Solidaritätsrechte und -pflichten hineingeboren werden, müssen schon einiges unternehmen, wollen sie daran etwas ändern. Zu diesen Rechten und Pflichten gehört nicht zuletzt auch die Umverteilung zwischen Regionen, die zumal in föderal verfaßten Staaten zu Konflikten bis hin zur Abgrenzung oder gar Sezession wohlhabender Teileinheiten führt, die für schwächere, vorgeblich schlecht wirtschaftende föderale Einheiten nicht (mehr) aufkommen wollen. Beispiele unterschiedlicher Intensität sind die Abspaltung Sloveniens und Kroatiens vom damaligen Jugoslawien 1991, deren Anerkennung vor allem durch die deutsche Diplomatie entscheidend zur Auslösung des noch immer nicht wirklich beigelegten Krieges beigetragen hat; die viel zivilere, friedliche Politik, mit der Katalonien und andere nördliche Regionen im spanischen Staatsverbund einen wachsenden Anteil ihres Steueraufkommens für sich beanspruchen; die Bestrebungen zur Sezession Padaniens in Norditalien oder auch der südlichen Bundesstaaten Brasiliens; und nicht zu vergessen die Versuche, die in den letzten Jahren von den Landesregierungen Bayerns, Baden-Württembergs und Hessens ausgingen, durch die Modifizierung des Länderfinanzausgleichs und die Regionalisierung der Sozialversicherung die solidarische Form des Lastenausgleichs innerhalb des vereinigten Deutschlands zu ihren Gunsten zu verändern.

Solidarität als bewusster individueller Akt

Staatlich vermittelte Solidarbeziehungen sind demnach den Einzelnen vorgegeben, und diese Vorgaben lassen sich nicht leicht, häufig nur unter inakzeptablen Kosten verändern. Doch erfordert das Eingehen solcher

Beziehungen nicht notwendig eine bewußte Entscheidung oder entsprechendes Handeln. Es handelt sich für die Meisten um gleichsam primordiale, ihnen vorgegebene und oft als selbstverständlich erfahrene Gegebenheiten. Individuelle oder auch kollektive Entschlüsse sind eher nötig, wenn es darum geht, das Solidarverhältnis aufzukündigen. Das ist grundlegend anders, wenn es um solidarisches Handeln geht, das über derart starke Strukturzusammenhänge, wie wir sie gerade im Blick hatten, hinausreicht. Hier sind persönliche Entscheidungen notwendig, denen in aller Regel Reflexionsprozesse vorausgehen. Bei diesen handelt es sich um die Wahrnehmung von Problemen und Ungerechtigkeiten, die als nicht hinnehmbar oder deren Lösung als dringlich beurteilt wird. Sie haben den Entwurf von Strategien, um dieses Ziel zu erreichen, und nicht zuletzt einen irgendwie gearteten Organisationsprozeß zur Folge, durch den das Handeln, aber auch die Debatte über Gründe und Strategien koordiniert werden können. Die entstehenden Organisationszusammenhänge sind anders als viele der Solidargemeinschaften – zumal wenn es sich um staatlich instituierte Zwangsvereinigungen handelt – *freiwillige* Vereinigungen. Deren Mitglieder schließen sich mit einem bestimmten Anliegen oder Ziel zusammen, »engagieren« sich. Mit einer solchen Entscheidung sind Ambivalenzen verbunden. Adornos Satz gilt nicht nur für »engagierte« Literatur: »Engagement als solches, sei's auch politisch gemeint, bleibt politisch vieldeutig, solange es nicht auf eine Propaganda reduziert, deren willfährige Gestalt alles Engagement des Subjekts verhöhnt.« (Adorno 1973: 8) Gerade aus dieser Subjektperspektive aber gibt es fürs erste dafür keinen anderen Grund als persönliche Überzeugungen und das damit zusammenhängende Bedürfnis zu handeln. Selbst die Gemeinsamkeit solchen Handelns ergibt sich aus den individuellen Entschlüssen, aus denen dann in aller Regel folgt, daß es effektiver oder überhaupt nur möglich ist, das als gemeinsam erkannte Anliegen im Rahmen eines organisierten Zusammenhanges zu verfolgen. Daraus können sich für die Einzelnen längerfristige persönliche Konsequenzen von nachhaltiger Wirkung und lebensgeschichtlicher Prägung ergeben: Bindungen, auch Bindungen an eine Gruppe gehören dazu, sowie Festlegungen für Berufswege und andere biographische Weichenstellungen. All dies aber ist dem zielorientiert begründeten Entschluß zu handeln in aller Regel nachgeordnet. Der solidarische Zusammenhang solcher Vereinigungen läßt sich also nicht systematisch aus der gesellschaftlichen Lage der Mitglieder begründen. Es handelt sich nicht um Interessenverbände wie Gewerkschaften oder Berufsgenossenschaften. Sie sind offenkundig auch von vielen Frauengruppen zu unterscheiden; soweit Selbstorganisation und die Vertretung eigener Interessen im Vordergrund stehen, scheinen sie im Rahmen des hier entworfenen Rasters eine Mittelstellung einzunehmen – zumal dann, wenn sie *auch* »allgemeinpolitische« Themen wie Frieden, Umwelt oder »Dritte Welt« aufgreifen. Sehr wohl aber kann für freiwillige Vereinigungen im bezeichneten Sinn die wahrgenommene Bedrohung eine Rolle spielen, etwa im Fall von Bürgerinitiativen, die sich um Umweltprobleme herum bilden. Oder auch von Friedensgruppen, deren Arbeit sich in aller Regel an Kriegen und Kriegsgefahren festmacht, wobei es zunächst keine vordringliche Rolle spielt, ob die Mitglieder selbst oder andere davon betroffen sind. Freilich hängen Beteiligung an Aktionen und ihre Resonanz auch hier sehr stark mit der wahrgenommenen unmittelbaren und lokalisierten Gefahr zusammen. Ähnliches gilt für große Umweltverbände oder im Umweltbereich agierende Nichtregierungsorganisationen und ihre Unterstützergruppen. Alle diese, ebenso wie die vorwiegend oder ausschließlich im Nord-Süd-Bereich aktiven kleinen und großen lokalen Gruppen oder überregionalen Organisationen rekrutieren ihre Mitglieder aufgrund von gemeinsamen Anliegen und Überzeugungen. Ihr kurz- oder auch längerfristiges Engagement geht auf Krisensituationen oder auch wichtige lebensgeschichtliche (Partikular-)Erfahrungen zurück. Letzteres gilt gerade dann, wenn sich das Engagement auf ferne Regionen oder spezifische Länder richtet.

Es handelt sich um wichtige, mehr oder minder explizit politisch auftretende Teile dessen, was wir Zivilgesellschaft nennen (s. Kößler/Melber 1993: Kap. 3). Es ist das Feld gesellschaftlicher Auseinandersetzung und der an sie anschließenden Organisationsprozesse. Hier geht es nicht zuletzt um gesellschaftliche *Hegemonie*, also um die Definitionsmacht über Probleme und Lösungsstrategien, Relevanzkriterien und kausale Zurechnungen. Das ist von der berühmten »Lufthoheit über den Stammtischen« nicht zu trennen, erschöpft sich aber nicht in Stammtischgesprächen. Vielmehr handelt der Kampf um Hegemonie um Diskurse, Begrifflichkeiten, Denkroutinen auf allen Ebenen. Das gilt etwa für die langfristig über mehr als ein Jahrzehnt hinweg angestrebte »Akzeptanz« von Kampfeinsätzen der Bundeswehr auch weit außerhalb des NATO-Gebietes, die im Frühjahr 2002 schließlich erreicht zu sein schien, als es weder im Parlament noch in der Öffentlickeit eine spürbare Bewegung angesichts der ganz en passant auftauchenden Nachricht gab, Mitglieder der Sondertruppe KSK seien in Afghanistan in Kämpfe verwickelt (s. auch Kapitel 4). Hier tritt in der aktuellen Sprache deutscher Politik eine spezifische Form hegemonialer Argumentation besonders deutlich zutage: Die Behauptung, »objektive« Gründe erlaubten eigentlich nur diese und keine andere Entscheidung, eine Entscheidungssituation und ein demokratischer Entscheidungsprozeß stünden daher eigentlich gar nicht zur Debatte. Ein Teil derer, die heute so reden, haben vor 30 Jahren vermutlich ebenso wie wir die »Sachzwangideologie« kritisiert. Sie wollen vermutlich nicht wahrhaben, daß die inflationäre Behauptung der »Alternativlosigkeit« ihrer Entscheidungen darauf abzielt, das Politische – nämlich die öffentliche Auseinandersetzung über Entscheidungsalternativen – aus eben dieser öffentlichen Sphäre zu verdrängen. Diese hätte dann nur noch der Exekution angeblich sachlich vorgegebener Notwendigkeiten und deren medialer Vermittlung zu dienen, wäre als Austragungsort gesellschaftspolitischer Widersprüche hingegen abgeschafft.

Daß es in Wirklichkeit anders ist, indem Alternativen in so gut wie allen Entscheidungssituationen gegeben sind, aber häufig aus dem öffentlichen Diskurs und Bewußtsein verdrängt werden, belegt etwa auch die Wahrnehmung und Bewertung dessen, was zusammenfassend mit »Globalisierung« und ihren Folgen bezeichnet wird. Hier sind Chancen und Risiken, Gewinne und Verluste nach wie vor nicht ausdiskutiert. So unterstreicht dieses für die aktuelle Debatte zentrale Beispiel, daß es bei Hegemonie niemals nur um *einen* Diskurs, *eine* Lösungsstrategie geht, sondern um den Prozeß einer fortwährenden Debatte, der *gegenhegemoniale* Diskurse einschließt – solche, die darauf bestehen, daß Militäraktionen nicht die effektivsten, sondern in aller Regel die riskantesten Formen vorgeblicher Konfliktlösung sind. Oder die auf die Gefahren verweisen, die sich aus der Tendenz ergeben, höchst reale, sinnlich aber kaum erfahrbare Probleme unserer Welt zu verdrängen. Gleichgültig, ob es sich um die zunehmende Ungleichheit zwischen allen lebenden Menschen handelt, um unterschiedlichste Umweltprobleme und die damit verbundenen Gefahren oder um kriegerische Konflikte in für viele Bürgerinnen und Bürger dieser Länder noch immer ziemlich abgelegenen Weltgegenden.

Natürlich gibt es gute objektive Gründe, gemeinsam und kontinentübergreifend zu handeln: da ist die Gefahr der Vernichtung der Menschheit durch einen Atomkrieg; da sind ökologische Risiken, die wie der Treibhauseffekt eng mit den aktuellen Lebenschancen, aber auch mit den Entwicklungsmöglichkeiten ganzer Weltregionen zu tun haben (nicht zuletzt mit den Konsequenzen der in der »OECD-Welt« zumindest für zwei Drittel gültigen Lebensweise); und es gibt die Risiken der Ungleichheit, die immer wieder als Quelle bewaffneter Konflikte und riesiger Migrationswellen beschworen werden. Wenn wir verstehen wollen, warum es dennoch allenfalls unter großen Mühen zu solidarischem Handeln für gemeinsame Anliegen kommt, stoßen wir auf die komplexen Vermittlungsebenen dieser Probleme. Das gilt vor allem dann, wenn über die durch den Globalzusammenhang vorgegebenen Wirkungsmechanismen und Gefahrengemeinschaften hinaus sich zumindest auf den ersten Blick kaum »objektive« Gründe für eine solche Solidarität angeben lassen.

Für ältere Formen der Solidarität, auch der internationalen, wurden wie erwähnt in aller Regel objektive, sozialstrukturelle Gründe geltend gemacht. Der »Gegnerbezug« allein reichte nicht: Die Arbeitersolidarität vor allem sollte sich ja auch auf das gemeinsame Band stützen, das – ganz im Sinne von Durkheims organischer Solidarität – der gemeinsame, arbeitsteilige industrielle Arbeitsprozeß konstitutierte. Deshalb kämpften etwa aus Sicht der Komintern auch die Kolonialvölker gegen denselben Gegner, den imperialistischen Kapitalismus, und konnten daher als Bündnispartner gelten – ein zweifellos großer konzeptioneller Fortschritt, wenn er auch durch die Praxis, den außenpolitischen Interessen der jeweiligen sowjetischen Führungsgruppe absolute Priorität einzuräumen, bald wieder zunichte gemacht wurde. Aber selbst als Bündnispartner galten die Kolonisierten nicht als gleichwertig, sondern als »Reserve«, eben weil sie zwar in den objektiven Zusammenhang des Weltmarktes eingebunden waren, aber nicht als proletarisierte Lohnarbeiter, sondern in allen möglichen anderen gesellschaftlichen Positionen (Radek 1921). Es kann hier dahin gestellt bleiben, inwieweit die wesensmäßig wenn nicht vorgegebene, so doch begünstigte Klassensolidarität wenigstens punktuell historische Realität wurde. Wenn sie über die gemeinsame Verfolgung klar definierter, konkreter ökonomischer Interessen hinausgehen und zumal ein revolutionäres, emanzipatives Klassensubjekt begründen sollte, war sie wohl allermeist eher ein aus sozialontologischen Erwägungen abgeleiteter Mythos (s. auch Kößler/Wienold 2001). Diese Überlegungen ändern wenig an dem Grundproblem: Offensichtlich reicht der »Gegnerbezug« vor allem dann nicht (mehr) aus, um solidarisches Handeln zu begründen, wenn dieser Gegner nicht nur als übermächtig erscheint, sondern zugleich selbst immer diffuser oder im Grunde gänzlich ungreifbar wird. Das gilt auch und gerade für die Form eines anonymen Prinzips der Kapitalverwertung und -akkumulation, das noch selbst diejenigen unkontrollierbar beherrscht, die an den großen Finanzplätzen und in den Konferenzzentralen seine Logik unmittelbar exekutieren (vgl. Castells 2001: Schluß).

Worauf also soll sich solidarisches Handeln, zumal in internationaler, globaler Perspektive stützen? Die Frage ist auch vor dem Hintergrund zu stellen, daß es Motivation zu solchem Handeln, zu solcher Verbundenheit im Handeln ganz offenbar gibt.

Eindrucksvoll berichtet der große griechische Komponist Mikis Theodorakis von einem solchen Gefühl der Solidarität angesichts der Realität der faschistischen Besatzung seines Heimatlandes, die er 1941 mit 15

Jahren erlebte und die seinen weiteren Lebensweg prägen sollte, zunächst durch Illegalität, Bürgerkrieg, Deportation und Folter:

> *Zugleich fegte der Wind des alltäglichen Lebens und der Ereignisse alle bislang überlieferten Werte, Begriffe, Ideale und selbst den Glauben hinweg. Denn diese Ereignisse blieben nicht mehr allein auf die Provinz beschränkt. Das, was in unserer kleinen, vergessenen Stadt geschah, geschah genauso in den Städten Norwegens, Polens, der Donauebene, des südöstlichen Asiens, Nordafrikas. Die Welt rückte enger zusammen. Überall wurde die Forderung nach Freiheit laut. Die Erlösung war, wenn überhaupt, nur auf der ganzen Welt, zur gleichen Zeit, mit dem gleichen Ziel zu erringen. So dachten wir damals, was konkret nichts anderes bedeutete, als unsere Hoffnung nicht aufzugeben. Wir mußten also das Böse an der Wurzel packen. (Theodorakis 1998: 117)*

Neben demselben, allzu konkret spürbaren Gegner gab es hier auch ein verbindendes Ziel: die »Forderung nach Freiheit«. Nur dies und die gemeinsame, gar gleichzeitige Aktion über Kontinente hinweg schien die Hoffnung auf »Erlösung« aus einer unerträglichen Lage zu begründen, ohne die gewaltigen persönlichen Risiken zu verkennen, denen sich die Einzelnen durch ihre Beteiligung an diesem Kampf aussetzten. Unter »Freiheit« ließ sich freilich vielerlei verstehen. Vielleicht kann eine so umfassende Parole vor allem in Situationen extremer Unterdrückung, die beständig ins Alltagsleben eingreift, mobilisierend wirken. Wie viele spätere Erfahrungen zeigen, garantiert hingegen auch der Sieg über die aktuellen Unterdrücker noch keineswegs die erhoffte Freiheit. Zudem blieben Bewegungen und Organisationen in ihrem Schicksal, ihren Erfolgen und Niederlagen zumeist dem nationalstaatlichen Rahmen verhaftet. Auf ihn bezieht sich auch die klarsichtige Prognose des Theoretikers der afrikanischen Revolution Amilcar Cabral: Er sah selbst nach einem siegreichen Befreiungskampf nur »eine Schicht von Leuten ..., die (ge)lernt (hatten), wie man den Staatsapparat organisiert: die afrikanische Kleinbourgeoisie«, die zuvor selbst »im Dienst des Imperialismus« gestanden hatte: »So kommen wir zu der Schlußfolgerung, daß unter Kolonialbedingungen die Kleinbourgeoisie die Erbin der Staatsgewalt ist ... In dem Augenblick, wo die nationale Befreiung kommt ..., kehren wir wieder in die Geschichte zurück, und dann brechen die inneren Widersprüche wieder auf« (Cabral 1974: 25). Aus der Perspektive des Scheiterns der so hoffnungsvoll begonnenen und begrüßten gesellschaftlichen Rekonstruktion in den ehemaligen portugiesischen Kolonien, das nach mehr als einem Vierteljahrhundert staatlicher Unabhängigkeit wohl unstreitig ist, hat diese Aussage sich als realistisch erwiesen und zugleich auch als pessimistischer, als dies seinerzeit vielfach vermutet worden ist.

Gerade dann aber fragt sich, was die Inhalte internationaler Solidarität sein können. Für den größten Teil der in den späten 1960er und frühen 1970er Jahre sich formierenden Solidaritätsbewegung schien dies einfach (s. Kapitel 2): Es ging um »Befreiungsbewegungen«, wobei noch nicht einmal klar zwischen Bewegung und Organisation(en) unterschieden wurde. Dieser Euphorie aus Überidentifikation und Projektion eigener Wunschvorstellungen konnte nur der Kater folgen, der sich allzu oft in Demobilisierung und Rückzug ausdrückte, in anderen Fällen mit der Konzentration auf konkrete, handfeste Projekte.

Neue Formen von Solidarität

Über Resignation oder Pragmatismus scheinen neue Formen globaler Solidarität hinauszuweisen. In spektakulärer Weise artikulierten sich diese zunächst in der Resonanz auf den mittels einer brillianten Medienstrategie in die weltweite Öffentlichkeit projizierten Aufstand der Zapatisten in der mexikanischen Provinz Chiapas seit 1994. Spätestens seit dem Protest aus Anlass des WTO-Gipfels in Seattle 1999 folgten eine Reihe massenhafter Demonstrationen anläßlich medial inszenierter offizieller Ereignisse globaler Politik, mit denen die Aufmerksamkeit der Weltöffentlichkeit auf den Widerstand dagegen gelenkt wurde. Letzteres hat inzwischen dazu geführt, daß die Treffen der Mächtigen dieser Welt – ob Internationale Finanzinstitutionen, G8- und EU-Gipfel oder das Davos-Treffen – nicht nur von NGO-Foren und dem Versuch begleitet werden, inhaltliche Opposition auf diese Weise institutionell einzubinden. Sie werden vielmehr auch kontinuierlich mit fortgesetzt massenhaften Mobilisierungsprozessen bedacht, die immer wieder ein Mosaik von Initiativen, Gruppen, NGOs und Einzelpersonen – gerade im Fall von Seattle aber auch US-Gewerkschaften mit im Einzelnen sehr unterschiedlichen Motivationen und Zielen – vereint gegen die wahrgenommenen Folgen der ungehemmten Marktglobalisierung zusammenbringen (vgl. Waterman 2001: Castells 2002c: Kap. 5).

Einen vorläufigen Höhepunkt fand diese Entwicklung in der nach Hunderttausenden zählenden Demonstration in Genua am 21. Juli 2001. Sie wurde von der italienischen Polizei brutal zusammengeschlagen. Ein junger Demonstrant wurde unter unaufgeklärten Umständen erschossen, und es kam zu massiven Menschenrechtsverletzungen gegenüber den zahlreichen Festgenommenen. Die Aufarbeitung dieser Ereignisse wurde durch die Attentate des 11. September 2001 in den Hintergrund gedrängt.

Die Entwicklung wies aber in zwei signifikante und folgenreiche Richtungen: Zum einen ist die Tendenz unverkennbar, Großereignisse wie Gipfeltreffen an schwer zugängliche Orte wie Katar oder einen Bergkurort in den kanadischen Rocky Mountains zu verlegen. Dieser Tendenz zum forcierten Rückzug aus der Öffentlichkeit stehen zum anderen neue Organisationsansätze innerhalb der Bewegung gegenüber, die sich gegen Globalisierung zumindest in den aktuell dominierenden Formen wendet. Nach dem Genua-Gipfel kam es vor allem in Deutschland zur explosionsartigen Ausweitung von Attac, das zuvor schon in Frankreich und anderen europäischen Ländern erfolgreich war. Mit der Forderung nach Einschränkung und Kontrolle grenzüberschreitender Finanztransaktionen (»Tobin-Steuer«) konzentriert sich diese Bewegung auf ein zentrales, symbolisch markantes Thema. Dass ihnen das Etikett von den »Globalisierungsgegnern« allenfalls sehr unvollständig gerecht wird, belegen die Mobilisierungserfolge dieser Initiativen an den unterschiedlichen Orten der Welt und den so verschiedenen Anlässen wie den Weltsozialforen in Porto Allegre bis hin zum Kampf mit einer ausdrücklich auf die Weltöffentlichkeit gerichteten globale Medienstrategie der Zapatisten. Gerade die Weltsozialforen, aber auch die großen Demonstrationen, die immer wieder die öffentliche Aufmerksamkeit auf sich ziehen, unterstreichen die Vielgestaltigkeit und Vielstimmigkeit der weltweit aktiven, punktuell konvergierenden Bewegungen. Die institutionell, auf Parlamente und Regierungen orientierte Herangehensweise von Attac ist hier nur ein herausragendes und wichtiges Beispiel, das vermutlich nicht einmal typisch für die Mehrheit ist.

Es geht bei alledem nicht um die Ablehnung des globalen Zusammenhangs, der ja über das Internet auch als wesentliches Organisations- und Kommunikationsmedium genutzt wird, sondern um die Ungleichheit und Zerstörung, die durch die gegenwärtige Form der Globalisierung impliziert werden. Wenigstens für Westeuropa war die Mobilisierung von erneut weit über 100.000 Menschen anläßlich des EU-Gipfels in Barcelona Ende März 2002 ein eindrucksvoller Beleg für die anhaltende Stärke dieser Bewegung. Auf Dauer, zumal in globaler Perspektive, wird sich jedoch auch hier die Frage stellen, die für dieses Kapitel zentral ist: Wie lassen sich ihren regionalen, vor allem aber ihren sozialen und auch kulturellen Ursprüngen und Motivationslagen nach ganz unterschiedliche Bewegungen miteinander verbinden? Welche Ziele können ihnen gemeinsam sein?

Auch hier ist zunächst die Erfahrung mit der zapatistischen Mobilisierung lehrreich – weniger wegen der zweifellos vorhandenen, durch jahrelange Organisationsprozesse erreichten Verankerung im Lakandonischen Regenwald, auf die sich die Zapatisten stützen und berufen können, als vielmehr wegen der Art und Weise, wie sie erfolgreich an einen Großteil der weltweiten öffentlichen Meinung appelliert und so eine in der Tat globale Solidarität mit ihrer Bewegung hervorgerufen haben. Im Rahmen einer Gesamtstrategie, für die militärische Aktionen eindeutig politischen Mobilisierungsprozessen im nationalen mexikanischen ebenso wie im globalen Rahmen untergeordnet waren (vgl. Waterman 2001: 142), spielte die auf neue Medien und Informationstechnologien abgestellte Informationsstrategie eine entscheidende Rolle. Die internationale Mobilisierung schuf einen Resonanzboden, der die Aufmerksamkeit großer Teile der Weltöffentlichkeit auf diesen zuvor verloren erscheinenden Winkel Mexikos lenkte und damit sicherlich dazu beitrug, daß die Zentralregierung sich außer Stande sah, den Aufstand unter Einsatz aller verfügbaren militärischen Mittel zu unterdrücken. Neben dieser Schutzfunktion steht der Mobilisierungseffekt selbst, den die Taktik der Informationsguerilla hervorrief. Subcommandante Marcos ist weltweit zu einer Symbolfigur dafür geworden, daß Widerstand gegen Globalisierung nach dem Strickmuster einer durchgängigen Deregulierung der Märkte mit den Folgen verstärkter Ungleichheit und Ungesichertheit möglich ist – und zwar nicht so sehr als »Dschungelkrieger«, sondern vielmehr als »Kommunikationsexperte« (Heins 2002: 142). Ein Teil der Faszination geht ganz zweifellos auf die Erfahrung zurück, daß erstmals nach dem Ende des Ost-West-Konfliktes und der vielfach proklamierten, seltener ausdrücklich beklagten gesellschaftlichen Alternativlosigkeit eine solche Alternative erneut von einer sozialen Bewegung eingeklagt wurde, und das zudem an einem strategischen Wendepunkt – genau an dem Datum nämlich, als die nordamerikanische Freihandelszone NAFTA in Kraft trat. Doch der Mobilisierungserfolg war offenbar nicht zuletzt auch mit einer systematischen Vagheit verbunden, mit der die Zapatisten die Ziele ihrer Bewegung umschrieben. Ähnlich wie bei der sonst so anders gelagerten organisatorischen Expansion von Attac einige Jahre später mit der zumindest vorläufigen Fokussierung auf die Forderung nach der Tobin-Steuer dürfte diese diffuse Zielbestimmung sich eher günstig auf die Möglichkeit ausgewirkt haben, ein breites Spektrum von potentiellen Unterstützerinnen und Unterstützern anzusprechen. Wenigstens zunächst einmal.

Solche Unbestimmtheit läßt sich nicht einfach als Mangel auffassen, der den Bewegungen oder ihren Führungspersonen zuzuschreiben wäre. Sie kann vielmehr als Ausdruck der politischen und gesellschaftlichen Grundkonstellation verstanden werden, aus der sie entstanden sind und in der sie agieren. Gerade wenn gemeinsame gesellschaftliche Grundlagen lokaler oder auch globaler Oppositionsbewegungen nicht in Sicht sind, können auch die häufig beschworenen gemeinsamen Interessen nicht mehr der Grund sein, sich zusammenzuschließen oder doch zumindest punktuell in Aktionsgemeinschaften zusammenzukommen, wie sie sich in den großen Demonstrationen bei den verschiedenen Gipfel-Anlässen so eindrucksvoll manifestieren. Gefragt sind eher gemeinsame *Anliegen*, die sich aus den Überschneidungen der Motivationen ergeben, für die sich auf lokaler, regionaler oder globaler Ebene Menschen mobilisieren. Damit sind freilich die Themen, an denen sich »internationale Solidarität« festmachen kann, nicht erschöpft.

Peter Waterman, einer derjenigen, die am intensivsten und längsten über diese Problematik nachgedacht haben, nennt sechs »Bedeutungen«, die sie annehmen kann:

- »Identität«, d.h. »gemeinsame Interessen« mit dem klassischen Beispiel der Arbeiterbewegung;
- »Substitution«, d.h. der Einsatz für diejenigen, die sich nicht selbst wehren können, wobei Waterman ausdrücklich auf »Mildtätigkeit, Entwicklungszusammenarbeit« verweist;
- »Komplementarität«, d.h. der Austausch von Erfahrungen und gegenseitige Hilfe *unterschiedlicher* Art;
- »Reziprozität«, d.h. Austausch *gleicher* Gegenstände und Hilfeleistungen;
- »Affinität«, d.h. gemeinsame »Wertvorstellungen, Gefühle, Ideen, Identitäten«, etwa unter »Pazifisten, Sozialisten, Umweltbewegten, Indigenen«;
- »Restitution« auf der Grundlage der Anerkennung historischen Unrechts (Waterman 2001: 236).

Diese Auflistung von Dimensionen ist nicht nur nützlich, weil sie die Vielfalt möglicher solidarischer Bezüge dokumentiert, sondern auch, weil sie implizit auf die damit verbundenen Schwierigkeiten hinweist. Das gilt vor allem für Identitätspostulate. Wir haben ja schon gesehen, wie schwierig es sich mit dem klassischen Fall der Arbeitersolidarität verhält. Auch die Solidarität unter Frauen verweist auf das Problem, daß die erhoffte Einheit alles andere als sozialstrukturell vorgegeben ist (vgl. Schröter 2000). Vielmehr eröffnet sich ein Kaleidoskop unterschiedlicher Lagen, durch das Solidarität erst erarbeitet werden muß. Auf internationaler Ebene ist dies beispielhaft durch die langfristigen Kommunikationsprozesse geschehen, die durch die im Fünfjahresrhythmus abgehaltenen Weltfrauenkonferenzen angestoßen worden sind und in ihnen zum Ausdruck kamen (s. etwa Wichterich 1996).

Die Möglichkeit solidarischer Zusammenhänge und ihre Wünschbarkeit sagen daher noch nichts über deren reale Herstellung aus. Dies scheint eine Frage bewußten, politischen Handelns zu sein, damit aber auch ein Ausdruck von Schlußfolgerungen, die handelnde Subjekte aus ihrer Analyse der gesellschaftlichen Wirklichkeit ziehen. Vor diesem Hintergrund sehen sie die Notwendigkeit, aber auch die Schwierigkeiten globaler Solidarität. Zugleich verweisen diese Dimensionen darauf, daß die Inhalte von Solidarität sehr unterschiedlich gewichtet sein können, je nachdem, *welches* Anliegen damit verfolgt wird. So kann »Substitution« durchaus internationale Hierarchien abbilden und reproduzieren, ja sie tut dies in allzu vielen Fällen fast unwillkürlich und unweigerlich, wie wir an den historischen Beispielen des Kampfes gegen Sklaverei und Sklavenhandel sowie der christlichen Mission gesehen haben. Um sich in diesen verwirrenden Verhältnissen zu orientieren, ist offenbar noch ein anderer Kompaß notwendig. Das gilt nicht zuletzt für die Nord-Süd-Solidarität mit ihren komplexen Gemengelagen von begründeten historischen Schuldgefühlen, karitativen Impulsen und den entsprechenden, quasi eingebauten Hierarchien sowie einer ebenso bunten und instruktiven wie problematischen Ahnenreihe, zu der die Anti-Slavery Society genauso zu rechnen ist wie die Missionsgesellschaften oder die in Konzepten der Kommunistischen Internationale erstmals systematisch begründete Solidarität mit antikolonialen Emanzipationskämpfen (s. auch Kößler/Melber 1993).

In diesen Widersprüchen haben sich die unterschiedlichsten Initiativen verheddert: Wohlmeinende NGOs unterschätzten die Probleme, die sich aus ihrer Rolle als Geldgeber oder -vermittler gegenüber Partnerorganisationen im Süden und aus den auf beiden Seiten verständlichen Prozessen der Professionalisierung und Selbstperpetuierung ergaben, wodurch häufig die ursprüngliche Zielsetzung aus dem Blick gerät (vgl. Neubert 1998). Über die allgemeine und nicht zu unterschätzende Eigendynamik von Organisationen und ihre Tendenz zur Selbstreproduktion hinaus (vgl. DiMaggio/Powell 1991; schon Luxemburg 1905) wird hier die Schwierigkeit deutlich, partnerschaftliche, d.h. auf Gleichberechtigung, aber auch auf einer Gemeinsamkeit von Zielen gründende Beziehungen aufzubauen. Schuldgefühle oder auch der bloße Impuls, Gutes zu tun, können dem im Weg stehen. Hinzu kommen die bekannten Routinen, mit denen sich die »Partner« der »Entwicklungszusammenarbeit« auf deren wechselnde, in der Regel vom Norden vorgegebene Diskursschwerpunkte einstellen. Konzentrierten Ausdruck finden diese Probleme in der während der 1990er Jahre immer wieder aktualisierten Forderung nach Reparationen für die Greuel der Kolonialkriege.

Neben der auf der Anti-Rassismus-Konferenz der UN in Durban 2001 erhobenen Forderung nach materieller Wiedergutmachung für die Zerstörungen und Verluste, die Afrika durch den transatlantischen Sklavenhandel zugefügt worden sind, steht im deutschen Kontext vor allem die immer wieder im Namen der namibischen Herero erhobene Forderung nach Reparationen für die brutale Unterdrückung des Aufstandes von 1904, bei der die damalige deutsche Kolonialmacht bis zum Völkermord gegangen ist. Die deutsche Politik wird dadurch an einen Skandal und ein Verbrechen erinnert, das im Namen des Staates begangen wurde, dessen Rechtsnachfolge die Bundesrepublik nach wie vor beansprucht. Auf den ersten Blick gebietet das Anliegen historischer Gerechtigkeit, daß deutsche Bürgerinnen und Bürger diese Forderung auch gegenüber ihrer eigenen Regierung erheben. Bei näherem Hinsehen wird sich zeigen, daß dies eine massive Intervention in die politischen Kräfteverhältnisse und Spannungen des unabhängigen namibischen Staates bedeuten würde. Angesichts der sehr komplizierten, in vorkoloniale und koloniale Zeit zurückreichenden potentiellen Ansprüche unterschiedlicher Gruppen könnte dies latente ethnische Spannungen aktualisieren und verschärfen. Dieser Hinweis soll keinesfalls einer Flucht vor Verantwortung das Wort reden. Er begreift sich vielmehr als Appell, die eigene Verantwortung auch in den möglichen Folgen gut gemeinten Handelns zu reflektieren. Im konkreten Fall bedeutet dies etwa die Unterstützung von Initiativen zur Wiedergutmachung auf nationaler, nicht partikularer Ebene.

Erscheint es in diesem Fall relativ unproblematisch, an welche Gruppen sich solche Überlegungen und ihre praktischen Folgerungen richten können, so sind die Adressaten der Nord-Süd-Solidarität in den Jahren nach dem Ende der Blockkonfrontation und der Lösung der noch vorhandenen Unabhängigkeitskonflikte sowie der zumindest formalen Überwindung der Apartheid in Südafrika weit problematischer geworden als dies zuvor scheinen mochte. Wir werden auf die Entwicklung der (west)deutschen Solidaritätsbewegung mit dem südlichen Afrika noch ausführlich und exemplarisch in dem folgenden Kapitel eingehen. Auch über dieses Beispiel hinaus stellt sich jedoch für diejenigen, die sich vom Postulat internationaler Solidarität nicht abbringen lassen wollen, immer nachdrücklicher die Frage, mit wem sie es dann halten sollen.

Vom Internationalismus zur globalen Solidarität

Die Menschenrechte sind aus unserer Sicht nicht nur ein Maßstab, um diese Frage im Einzelfall zu entscheiden. Die Debatte, die sich vor allem in den 1990er Jahren und im Kontext der Menschenrechtskonferenz in Wien 1993 an dieser Frage entzündet hat, kann zugleich wesentliche Hinweise geben, um die Entscheidungssituation weiter zu konkretisieren und zu erkunden, vor die sich Versuche zu grenzüberschreitender Solidarität gestellt sehen.

Unsere Überlegungen zu den unterschiedlichen Grundlagen, Bedingungen und Widersprüchen von Solidarität und Internationalismus können wir jedoch nicht abschließen, ohne kurz die Frage zu stellen, ob »internationale Solidarität« oder »Internationalismus« in einer Welt noch zeitgemäß sind, wo wir immer wieder davon hören, daß sich die Bedeutung staatlicher Grenzen und die Wirkungskraft staatlicher Souveränitätsansprüche wenn nicht verflüchtigen, so doch deutlich relativieren. Das müßte auch Konsequenzen für eine politische Perspektive haben, die den Anspruch erhebt, wenn schon nicht immer »international« zu handeln, so doch auf Handlungs- und Wirkungszusammenhänge abzuzielen, die nationalstaatliche Grenzen systematisch nicht als Beschränkungen akzeptieren und sie überschreiten.

Bekanntlich ist der Nationalstaat als Solidarzusammenhang, als Instanz der Umverteilung und der Steuerung, also der Abfederung von sozialer Ungleichheit und von Lebensrisiken wie vor allem Arbeitslosigkeit, Krankheit und Alter auch dort brüchig geworden, wo noch vor einem Vierteljahrhundert von wohl etablierten »Sozial-« oder »Wohlfahrtsstaaten« gesprochen wurde. Das hat mit den handfesten Auswirkungen von Globalisierungsprozessen, der Abkoppelung der Finanzströme von territorialen Bindungen und Kontrollen und der Untergrabung von Möglichkeiten der Kontrolle über eine »nationale« Ökonomie zu tun. Der »nationale Wettbewerbsstaat« (Hirsch 1995) begründet zwar in der (vorgeblichen) Verteidigung von Märkten und Standorten nach außen die Ideologie einer Art negativen Solidarität der Einbezogenen gegenüber den äußeren Gefahren, zu denen nicht zuletzt die global oder regional Ausgeschlossenen selbst gezählt werden. Die Konkurrenz der Individuen untereinander verschärft sich jedoch durch die Deregulierung der Arbeitsmärkte und die Flexibilisierung der Arbeitsbeziehungen ebenso wie durch die verstärkte Unsicherheit, die mit dem Abbau des Sozialstaates einhergeht. Gerade für solidarische Beziehungen erscheint der in der gesellschaftlichen Moderne hergebrachte, geradezu normativ geforderte Rahmen des Nationalstaates daher zunehmend obsolet. Probleme, die Menschen zum Handeln, zur persönlichen politischen Intervention antreiben, sind immer weniger »national« verankert. Ebenso verliert die formale, in Demokratien durch Rituale wie vor allem Wahlen symbolisierte und abgesicherte Politik, immer mehr an Glaubwürdigkeit.

Vor diesem Hintergrund lassen sich gemeinsame Anliegen nicht auf nationalstaatliche Eingrenzungen beschränken. Sie *sind* »international« oder richtiger *global*. Das muß nicht heißen, daß konkrete Kooperationsbeziehungen zwischen Organisationen, Gruppen und Einzelpersonen nicht »eher regional als global« sind (Waterman 2001: 162). Ganz naturgemäß haben viele Politikinitiativen, gerade wenn sie informell sind und sich bewußt von den Fallstricken staatlich institutionalisierter Politik zu befreien suchen, wenigstens zunächst einmal lokalen Charakter.

Ein solcher empirischer Befund ändert nichts daran, daß die Ziele und Anliegen, die in diesem Rahmen verfolgt werden, oft buchstäblich weltweit vermittelbar und damit *im Prinzip* auch bündnisfähig sind. Nicht zuletzt die Großaktionen anlässlich globaler Gipfelereignisse sind eben dadurch zu erklären. Sie verweisen zugleich darauf, daß eine »globale Solidarität« auf den umrissenen Grundlagen keineswegs notwendig eine Art von internationaler Reisediplomatie entwickeln muß. Die war für die klassische Solidaritätsbewegung noch bis in die 1980er Jahre typisch gewesen und führte zu charakteristischen Perspektivverengungen, wenn Bewegungen mit Organisationen und diese mit Repräsentanten gleichgesetzt wurden (s. Kapitel 2). Die neuen Formen haben die Chance, daß nicht in erster Linie die Anliegen Anderer aufgenommen und vertreten werden. Dies hatte geradezu zwangsläufig immer wieder dazu geführt, daß Asymmetrien und Ungleichheit in bester, gelegentlich »mildtätiger« Absicht (oder auch in der Form der Projektion dessen, was man selbst nicht ist und kann) auf Andere, Fremde reproduziert wurden. Soweit *gemeinsame* Anliegen – wenn auch in unterschiedlicher Ausformung – erkannt und verfolgt werden, ist das Risiko solcher Hierarchien zwar weiterhin nicht auszuschliessen aber zumindest geringer.

Hierzu gehört nicht zuletzt auch der Abschied von einer Sichtweise die vor allem im Rahmen der Nord-Süd-Politik nach wie vor anzutreffen ist und Probleme vorab auf länderspezifisch definierte Räume bezieht. Zu Zeiten, als noch relativ klar unterscheidbare, auf territorial abgegrenzte Nationalstaaten bezogene Entwicklungsstrategien und -modelle zu erkennen waren, als diese Modelle zuweilen geradezu zu Kristallisationspunkten der nationalen Identität erklärt wurden, mag diese Sicht eine gewisse Berechtigung gehabt haben. Angesichts des Scheiterns der meisten dieser Entwicklungsmodelle und ihrer Nivellierung unter dem Druck von Verschuldungskrise, Strukturanpassung und Weltmarktöffnung gibt es dazu nur noch in wenigen Fällen Anlaß. Sicherlich lassen die mehr oder weniger erfolgreichen Schwellenländer Ost- und Südostasiens eher ein »nationales« Profil, gepaart mit aktiver Staatstätigkeit erkennen. *Die Grundprobleme haben sich hingegen nivelliert und verallgemeinert. Deshalb können sie auch unabhängig von spezifischen nationalstaatlichen Kontexten thematisiert werden.* Damit sind strukturelle Voraussetzungen für eine Kultur gegenseitigen *zivilen* Eingreifens (vgl. Kößler/Melber 1993;

Kößler 1993b) weit eher gegeben als früher. Umso weniger besteht unter solchen Umständen ein Grund, so umrissenes, bei allen notwendigen Vermittlungsschritten *gemeinsames* Handeln durch nationalstaatliche Souveränitätsansprüche einschränken zu lassen.

Gerade für ehemals kolonisierte Gesellschaften hat die staatliche Souveränität zweifelsohne das Ende kolonialer Herrschaft bedeutet. Häufig ging dies mit der Hoffnung auf eine Entwicklung nach dem Bild der einstigen Kolonialmacht einher. Die staatliche Selbständigkeit ist daher zunächst einmal von ebenso hoher realer wie symbolischer Bedeutung gewesen. Das heisst aber nicht, daß dies ein für allemal so bleiben muß. Wie wir in den folgenden Kapiteln in anderem Zusammenhang immer wieder betonen werden, muß es Maßstäbe geben, an denen staatliches Handeln beurteilt werden kann. Die Fetischisierung staatlicher Souveränität hat in zahlreichen postkolonialen Gesellschaften zu Katastrophen beigetragen und geholfen, Diktaturen einen Hauch von Legitimität zu verleihen. Sie entspricht daher weder der realen Macht von Staaten, deren Souveränität heute systematisch relativiert und eingeschränkt ist, noch den Zielsetzungen einer emanzipatorischen Politik.

Die Durchsetzung solcher Ziele ist zugegebenermaßen nicht problemlos. Gerade Menschenrechte werden immer wieder als Legitimationsgrund für militärische Intervention zitiert, mit besonders schwerwiegenden Folgen zuletzt im Kosovo 1999. Gegen diese Militäraktion im Besonderen und gegen die militärische Durchsetzung solcher zentralen Werte wie Frieden und Menschenrechte im Allgemeinen erheben sich systematische wie pragmatische Bedenken. So läßt sich im Anschluß an Kants klassischen Friedensentwurf *Zum ewigen Frieden* argumentieren, daß derartige Interventionsrechte, zumal wenn sie wie im Fall des Kosovo von Staaten oder Staatengruppen einseitig in Anspruch genommen werden, die gefährliche Tendenz zu einem sich verallgemeinernden Kriegszustand in sich tragen (vgl. Brock 2002). Der Anspruch grenzüberschreitender Solidarität gerade auch im Namen der Menschenrechte als solcher ist daher immer gegen die konkreten Umstände und absehbaren Folgen solcher Interventionen zu prüfen. Militärisches Vorgehen zieht so gut wie regelmäßig seinerseits massive Menschenrechtsverstöße nach sich. Auch lässt sich kaum ein konkreter Fall nennen, in dem Menschenrechte und Lebensbedingungen der betroffenen Menschen durch eine solche Intervention tatsächlich geschützt und verbessert worden wären. So gibt es gute Gründe zur Skepsis gegenüber militärischen Aktionen und ihrer Legitimation durch die vorgebliche Wahrung der Menschenrechte – besonders wenn diese sich unter Anrufung von Solidaritätsverpflichtungen vollziehen, von denen in anderen Zusammenhängen wenig die Rede ist.

Die durch die Menschenrechte zweifellos gegebene Verpflichtung zur Solidarität im Prinzip gegenüber allen Menschen ist eher einzulösen durch Strategien, die den Ursachen des Unfriedens in der Welt entgegenwirken. Dazu gehört nicht allein materielles Elend, wie die Wendung der deutschen Entwicklungszusammenarbeit hin zur Krisen- und Kriegsprävention unterstellt (vgl. Kapitel 3). Wesentliche Folgerung aus dem Postulat grenzüberschreitender Solidarität ist die Anerkennung der Gleichheit und gegenseitigen Verpflichtung aller Menschen, der Würde der Anderen. Das klingt vielleicht abstrakter als es ist. Vor diesem Hintergrund verbietet sich die Reduzierung von Nord-Süd-Politik zu einer Strategie der Stillstellung nach dem Muster einer Weltsozialpolitik. Wesentlich ist dagegen der Aufbau von Partnerschafts- und Bündnisbeziehungen mit denen, die gleiche Anliegen verfolgen, die Unterstützung zivilgesellschaftlicher Bewegungsspielräume, der Organisations- und Pressefreiheit. Darin kommt zugleich die zentrale Annahme zum Ausdruck, daß jeder Mensch das Recht hat, diese Freiheiten und Rechte zu beanspruchen, die nur dann einen Wert haben, wenn sie auch ausgeübt werden. Da unsere Welt immer näher zusammenrückt, kann es niemandem gleichgültig sein, ob diese Rechte und ihre Wahrnehmung an einem anderen Ort verletzt und eingeschränkt werden, auch wenn das ein paar Flugstunden weit weg sein mag. Zugleich aber ist immer wieder festzuhalten, daß es mit formalen Rechten nicht getan ist: Ihre Ausübung ist – abgesehen von extremen Mobilisierungsphasen – von materiellen Mindestvoraussetzungen abhängig. Aus diesem Grund muß wer von der weltweiten Durchsetzung der Menschenrechte redet, auch von globaler Umverteilung, vom Ausgleich der Lebenschancen reden. Anders gesagt, bedeutet dies trotz aller Gegenargumente die Einheit der Menschenrechte, von der Freiheit der Person bis hin zum Recht auf Entwicklung. Nur dann macht ihr Universalitätsanspruch Sinn, aber dann sind sie auch ein machtvolles Argument dafür, daß eine Praxis globaler Solidarität eine notwendige Bedingung für eine gerechtere, friedlichere, sicherere Welt ist. In ihr wären die verschiedenen Dimensionen der Solidarität, mit denen wir uns hier beschäftigen, gleichsam aufgehoben.

2 Die westdeutsche Solidaritätsbewegung: Ein (selbst-)kritischer Rückblick

Es ist besser, sich zu irren und niemanden umzubringen,
als recht zu haben auf einem Berg von Leichen.

Albert Camus

Solidaritätsbewegungen werden im herkömmlichen Sinne heutzutage allzu eilfertig einer Nord-Süd-Dimension zugeordnet. Wie wir gesehen haben (Kap. 1), ergibt sich dies aus dem semantischen Zusammenhang, der Wortbedeutung sowie Sinnhaftigkeit des Begriffs der Solidarität keinesfalls zwangsläufig. Diese dominante Assoziation betont das bestehende hierarchische Gefüge, das sich unter dem Begriff der »Weltgesellschaft« subsumiert, und spiegelt ein vorherrschendes Verständnis in der politischen Praxis wider. Internationale Solidarität umriss eigentlich über lange Zeit hinweg soziale Kämpfe der organisierten Arbeiterbewegung. Der mittlerweile etablierte Begriff der Solidaritätsbewegung mit eindeutiger Nord-Süd-Orientierung hingegen repräsentiert einen einschneidenden Bedeutungswandel. Einige mit diesem Perspektivenwechsel verbundene Probleme sollen im Zusammenhang unserer Argumentation verdeutlicht werden.

Das Kapitel beschäftigt sich hauptsächlich mit dem Beispiel der Unterstützung antikolonialer und anti-rassistischer Befreiungsbewegungen im Südlichen Afrika sowie in selbstkritischer Rückschau mit den verschiedenen Etappen und Schwerpunkten im (Selbst-)Verständnis der in einem unweigerlich diffusen Verständnis auf die »Dritte Welt« gerichteten westdeutschen Solidaritätsbewegung der 1970er und 1990er Jahre. Das ist nicht abzulösen von unseren eigenen politischen Sozialisationsprozessen innerhalb der skizzierten Bewegung.[3] Die spezifischen Erfahrungen der weitgehend staatlich inszenierten Solidaritätskampagnen in der DDR müssen dabei ebenso unberücksichtigt bleiben[4] wie die Versuche der innerdeutschen Integration jener Solidaritätsszene, die sich zumal während der Spätphase der DDR auch außerhalb der offiziellen Institutionen und in Opposition zu ihnen entwickelt hatte (vgl. Letz 1994).

Am konkreten Beispiel der auf eine bestimmte Region gerichteten Teile der breiteren Dritte-Welt-Bewegung soll nachgezeichnet werden, wie sich Akzente auch angesichts entscheidender Veränderungen in dieser Region verschoben haben. Schließlich war vor Ende des 20. Jahrhun-

---

[3] Dieses Kapitel basiert auf einem Beitrag für einen Sammelband zum Diskussionsstand der deutschen Afrikawissenschaften im Hinblick auf die deutsche Afrikapolitik (Kößler/Melber 2002b). Da uns keine vergleichbar ausführliche Darstellung des speziellen Themas bekannt ist (und wir dieses in unserem Argumentationszusammenhang für relevant halten), haben wir auch zu Informations- und Dokumentationszwecken viele (wenngleich nicht alle) der mitunter recht detaillierten Querverweise beibehalten. Für hilfreiche Hinweise und Anregungen bei der Er- und Überarbeitung des ursprünglichen Textes danken wir Lothar Berger und Hein Möllers, Tor Sellström und Martin Budich.

[4] vgl. an einschlägiger Aufarbeitung hierzu besonders Schleicher 1994, 1995, 1999, Schleicher/Schleicher 1997 sowie van der Heyden/Schleicher/Schleicher 1993 und 1994

derts ein wesentliches Ziel jener Bewegung mit der Erlangung zumindest formaler Souveränität der ehemaligen Kolonien als unabhängige Staaten erreicht: Das Postulat des Selbstbestimmungsrechtes unter einer Mehrheitsregierung war als zentrales Motiv internationaler Solidaritätsaktionen eingelöst. Damit hatte sich für viele auch die Frage erledigt, ob eine weitere Aktivität in diesem Bereich noch sinnvoll sein könnte. Sie wandten sich anderen Themen oder dem Privatleben zu. Dabei übersahen sie freilich, dass die formale Beseitigung von in Paragraphen gegossenem, durch Regierungen symbolisierten und nicht zuletzt durch Armee und Polizei gewaltsam bewehrten Unrecht nicht das Ende aller Probleme bringen konnte. Im Gegenteil: Staatliche Unabhängigkeit und Mehrheitsherrschaft schufen erst – freilich unverzichtbare – Voraussetzungen dafür, dass die Mehrheit der Menschen auf ein selbstbestimmtes, menschenwürdiges Leben hoffen konnte.

Auf dem Weg dahin bilden nach wie vor die internationalen Rahmenbedingungen eines ungleichen Weltmarktes und die innergesellschaftliche, strukturelle Erbschaft der Vergangenheit, nicht zuletzt aber auch Unzulänglichkeit, Inkompetenz und Eigennutz der in Machtpositionen eingerückten Eliten der Befreiungsbewegungen schwerwiegende Hindernisse. Sie verweisen darauf, dass der Bedarf an Solidarität sicherlich gründlich überdacht werden muss, aber ebenso gewiss nicht erschöpft ist.

Wir wollen einige dieser Probleme, die das Erreichen der formalen Ziele von Unabhängigkeit und Mehrheitsherrschaft überdauern, aufgreifen und zu zeigen versuchen, wie ihr Verständnis zu größerer Klarheit über Möglichkeiten und Grenzen einer solchen Solidaritätsbewegung beitragen und dafür sensibilisieren kann, welche wesentlichen neuen Herausforderungen für solidarisches Engagement sich auch nach dem Erreichen formaler Zielvorgaben stellen. In diesem Zusammenhang wollen wir die Notwendigkeit fortgesetzter politischer Einmischung und die Existenzberechtigung neuer sozialer Bewegungen außerhalb der gesellschaftlich etablierten Institutionen wie Parteien, Verbänden und Gewerkschaften betonen, wie sie auch von Solidaritätsbewegungen und -gruppen als Teilaspekt der »neuen sozialen Bewegungen« repräsentiert werden (vgl. Ramminger/Weckel 1997: 13). Dies erfordert nach unserer Auffassung eine gründliche Revidierung der hierarchischen Sicht von Solidarität, die den Dritte-Welt-Solidaritätsbewegungen seit deren Entstehung innewohnte. Zugleich ruft ein solcher Versuch Erinnerungen an eine staatliche westdeutsche Politik ins Gedächtnis zurück, die heutzutage viele lieber mit dem Mantel des Schweigens und Vergessens zudecken würden.

Ausgangspunkte und Herausforderung

Nachdem das Postulat internationaler Solidarität in den ersten zwei Jahrzehnten der bundesdeutschen Nachkriegsära ein Schattendasein fristete (vgl. Balsen/Rössel 1986: 31-113), gewann es mit der Entfaltung der Studentenbewegung ab Mitte der 1960er Jahre prominente politische Bedeutung. Teil einer Protestbewegung, die das politische Establishment in einigen der westlichen Staaten nachhaltig erschütterte, wurde die westdeutsche Studentenbewegung von einer Reihe miteinander verknüpfter Themen motiviert. Diese umfassten neben dem Protest gegen überfüllte Lehrsäle und autoritär verkrustete Universitätsstrukturen den Versuch zur Enttabuisierung der Nazi-Vergangenheit sowie eine wachsende Empörung über die US-amerikanische Kriegsführung in Vietnam. Letztere ging mit einer zunehmenden Bereitschaft unter den Aktivisten sowie einer breiteren Öffentlichkeit einher, sich auch anderen Dimensionen und Fragen zuzuwenden, die sich allgemein mit »Internationalismus« umschreiben lassen. Trotzdem blieben die Anfänge solch internationalistischen Bewusstseins weitgehend einem begrenzten Kreis Engagierter vorbehalten, der wohl oder übel nur wenig öffentlich in Erscheinung trat.

Die spektakuläreren Dekolonisierungsprozesse, die sich zu Beginn der 1960er Jahre auf dem afrikanischen Kontinent vollzogen, trugen als zusätzliche Dimension zu einem wachsenden politischen Bewusstsein hinsichtlich der aktuellen Emanzipationsbewegungen in der außereuropäischen Welt bei. Neugierde und Interesse weckte der Konflikt im »Belgisch«-Kongo, bei dem der UNO-Generalsekretär Dag Hammarskjöld unter mysteriösen Begleitumständen bei einem Flugzeugunglück starb und der in der Ermordung von Patrice Lumumba und den darauf folgenden Unruhen gipfelte, deren literarische Verarbeitung umgehend auch in deutscher Übersetzung zugänglich gemacht wurde (Césaire 1966). Für weitere und direktere Aufmerksamkeit sorgten die Kontroversen im benachbarten Frankreich um den algerischen Befreiungskrieg und die brutalen französischen Repressionsmaßnahmen. Die Kritik von Jean-Paul Sartre am französischen Kolonialismus trug schon Jahre vor Erscheinen seiner Texte in deutscher Übersetzung (Sartre 1968) zur Sensibilisierung bei. So fanden sich in der Bundesrepublik auch spätere hochrangige Politiker der SPD dazu bereit, den algerischen Befreiungskampf der NLF aktiv – und sei es auch nur als »Kofferträger« (Leggewie 1984) – zu unterstützen.

Eine erste erkennbare Ausdrucksform des erwachenden westdeutschen Internationalismus – besonders im Sinne einer Solidarität mit den Befreiungskämpfen in der Dritten Welt – waren Ausgaben von Zeitschriften im Umfeld der Studentenbewegung zu Mitte der 1960er Jahre. Es war gewiss mehr als nur blosser Zufall, dass 1965 fast zeitgleich »Das Argument« und das (von Hans Magnus Enzensberger herausgegebene) »Kursbuch« als prominente Foren einer kritischen intellektuellen Debatte jeweils eigene Schwerpunkthefte zu Fragen der Dritten Welt veröffentlichten.

»Das Argument« behandelte mit Heft 34 im 7. Jahrgang erstmals »Probleme der Entwicklungsländer (I)«. Die darin enthaltenen Beiträge nahmen u.a. expliziten Rekurs auf Sartre und Frantz Fanon. Das Heft erschien 1970 in dritter Auflage. Das ein Monat später (im August 1965) veröffentlichte »Kursbuch 2« enthielt u.a. Texte von Fidel Castro und Frantz Fanon. Ende der 1960er Jahre ging von Frantz Fanons ursprünglich 1961 veröffentlichtem Manifest über »Die Verdammten dieser Erde« (Fanon 1967) ein ähnlicher – und hier wenig gerechtfertigter – die emanzipative Gewalt und den bewaffneten Kampf verklärender Impuls aus wie von den Schriften des charismatischen Revolutionärs Ernesto »Che« Guevara. Nicht ganz so gewichtig, aber noch immer von bedeutendem Einfluss war zu jener Zeit auch die deutsche Ausgabe des über ein Jahrzehnt zuvor im Original erschienenem »Discours sur le colonialisme« von Aimé Césaire (Césaire 1968).

Parallel zum erwachenden Gefühl internationaler Solidarität, der damit einhergehenden Identifikation mit den Befreiungs- und Widerstandskämpfen und der Umsetzung der Empathie in handfestes politisches Engagement eskalierten die staatlichen Repressionsmaßnahmen gegen die Protestbewegung. Die öffentlichen Demonstrationen aus Anlass des Staatsbesuch des Schah von Iran führten zu brutalen Übergriffen der Polizei, die ihren Höhepunkt am 2. Juni 1967 fanden, als in West-Berlin Benno Ohnesorg erschossen wurde. Dieses Ereignis katapultierte die Studentenbewegung ins öffentliche Bewusstsein und förderte die Wahrnehmung deren internationalistischer Dimension auch innerhalb der innenpolitischen Arena.

Der internationalistische Schwung und die weite Perspektive in dieser relativen Frühphase des studentischen Protestes wurden insbesondere auf dem Internationalen Vietnam-Kongress deutlich, der im Februar 1968 in West-Berlin etwa 5.000 Teilnehmer anzog (Balsen/Rössel 1986: 184). Dieser Kongress war in verschiedener Hinsicht charakteristisch und folgenreich. In den Reden ebenso wie im Schlussmanifest wurde wieder und wieder die weltweite Einheit des revolutionären Kampfes betont. Dieser Tenor stimmte ein in die von einer italienischen Delegation vorgetragenen Rede des afrikanischen Revolutionärs Amilcar Cabral zu den Erfordernissen und Formen internationaler Solidarität (SDS-Westberlin/INFI 1968:

101; s. Cabral 1974: 13-30). Der Führer der Befreiungsbewegung für Guinea-Bissau/Kapverden (PAIGC) hatte im Mai 1964 auf einem Kongress in Mailand den (wenn auch rhetorisch verpackten, so doch letztlich militärischen) Kampf zum wesentlichen Aspekt der Solidarität erklärt:

> *Wir kämpfen in Guinea mit dem Gewehr in der Hand. Sie müssen in ihren Ländern ebenfalls kämpfen. Ich sage nicht, mit dem Gewehr in der Hand, ich werde Ihnen auch nicht sagen, wie Sie zu kämpfen haben, das ist Ihre eigene Angelegenheit. Aber Sie müssen die beste Form und die besten Mittel des Kampfes gegen unseren gemeinsamen Feind finden: das ist die beste Art der Solidarität. Es gibt noch andere, zweitrangige Formen der Solidarität: Veröffentlichungen, Versand von Medikamenten etc. Ich versichere Ihnen: Wenn wir morgen den Durchbruch schaffen, und Sie im bewaffneten Kampf gegen den Imperialismus in Europa stehen, werden wir Ihnen ebenfalls Medikamente schikken.* (Cabral 1974: 30)

Konsequent rief auch die Schlusserklärung des Vietnam-Kongresses zu einer militanten Kampagne mit dem Ziel auf, die NATO zu zerschlagen (SDS-Westberlin/INFI 1968: 158). Es gab aber auch mit Emphase vorgetragene Appelle zur Unterstützung des internen Widerstands in den USA in Form der anti-rassistischen Bewegung sowie der Kriegsdienstgegner und -verweigerer (s. bes. Krippendorff, ebenda: 154-155).

Die Euphorie und das entschlossene Engagement, die diesen Kongress und die Protestbewegung kennzeichneten, waren nicht auf Deutschland beschränkt. Schon die Verschränkung so unterschiedlicher Gefühlsregungen ist nicht leicht zu begreifen. Das »Gefühl der Dringlichkeit« (Rowbotham 2000: 191) richtete sich vor allem darauf, der unmenschlichen und verbrecherischen Kriegsführung der US-Armee in Vietnam entgegen zu treten, die in so krassem Gegensatz zu den Vorstellungen von Demokratie und Menschlichkeit stand, in der die Nachkriegsgeneration aufgewachsen war und die gerade in Westdeutschland viele dem dumpfen und starrsinnigen Leugnen und Verschweigenwollen entgegensetzten, mit dem ihre Eltern und Großeltern auf ihre eindringlichen, verzweifelten Fragen nach ihrem Verhalten unter dem NS-Regime reagierten. Die Euphorie speiste sich aus der Erfahrung und dem – gewiss übersteigerten – Gefühl, Teil einer explosionsartig anwachsenden, weltweiten Bewegung zu sein, die das Versprechen in sich trug, all das Elend endlich wegzufegen, eins zu sein mit denen, die in Paris Barrikaden bauten, in Kent State einer schießwütigen Nationalgarde gegenüber standen, sich in Tokyo in exotisch erscheinender Vermummung Straßenschlachten mit der Polizei lieferten oder – während der Tet-Offensive – die alte vietnamesische Kaiserstadt Hue vorübergehend befreien konnten. Genau in dieser in der Rückschau so bizarren Gleichsetzung lagen auch die Keime für spätere Irrwege, Katastrophen und bittere Enttäuschungen. Aber erst einmal brachen die Mauern, riss der Horizont in einem kleinen, aber immerhin als historisch erlebbaren Moment auf – in der Tat in der »Verheißung eines Traums« (Rowbotham 2000). Manche derjenigen die sich heute über die »68er« mokieren, tun dies vielleicht auch mit klammheimlichem Neid. Sie haben allen Grund dazu.

Es verdient der Erwähnung, dass in dem auf dem Vietnamkongress entrollten großen Panorama der weltweiten Konfrontation ausdrücklich die westdeutsche Unterstützung der portugiesischen Kolonialkriege im Rahmen des NATO-Bündnisses sowie die vermutete Kumpanei mit dem weißen Siedlerregime unter Ian Smith nach der einseitigen Unabhängigkeitserklärung in Rhodesien von 1965 ausgemacht wurden (vgl. Dutschke, ebd.: 114-115). Im Rückblick schien genau das Sonderverhältnis der westdeutschen Regierungspolitik und Wirtschaft zum Südlichen Afrika einen Bezugspunkt für die entstehende Solidaritätsbewegung herzustellen, den es in vergleichbarer Form zu den Kämpfen in Lateinamerika oder sogar hinsichtlich des Vietnam-Krieges nicht gab, da Bundeskanzler Erhards Zusage, US-Präsident Johnson die Bundeswehr zur Verfügung zu stellen, ja knapp vier Jahrzehnte zu früh kam. Die Komplizenschaft der »eigenen« Regierung am portugiesischen Kolonialkrieg wurde Anlass und Grund zur Konfrontation und zur Betonung einer besonderen Verantwortung in dem Sinne, dass die Beteiligung der Bundesrepublik an den Versuchen zur Niederschlagung des Widerstands in den portugiesischen Kolonien durch militärischen Terror die Frage nach den Möglichkeiten internationaler Solidarität mit den Kämpfen der Völker in dieser Region stellte (SDS-Westberlin/INFI 1968: 14).

Dies ist auch als Ausdruck des spezifischen Verständnisses einer Generation zu deuten, deren Erfahrungen dadurch geprägt war, die Auseinandersetzung mit der eigenen nationalen Vergangenheit und die bewusste, kollektive Verantwortung angesichts der Völkermorde des Nazi-Regimes einzuklagen. So prominente und richtungsweisende Schriftsteller wie Hans Magnus Enzensberger und Peter Weiss (1968 und 1971) dokumentieren sowohl die generelle Sensibilität wie auch das spezifisch antikoloniale, literarische wie auch politische Engagement dieser (Nach-) Kriegsgeneration. Es war daher kein Widerspruch, wenn der 8. Mai als Tag der Befreiung – und nicht des »Zusammenbruchs« – auch durch die US-Armee zum Anlass genommen wurde, vor dem europäischen Hauptquartier eben dieser Armee gegen deren Krieg in Vietnam zu demonstrieren. Die GIs wurden ja nicht verteufelt, sondern zur Desertion aufgefordert, und es gab Wege, diejenigen ins sichere befreundete Ausland zu bringen, die sich dem militärischen Abenteuer verweigerten.

In dieser Zeit stand Afrika innerhalb der westdeutschen Studentenbewegung keinesfalls ins Rampenlicht der Aktivitäten. Ein langwieriger Versuch zur Entfernung kolonialer Denkmäler vom Gelände der Hamburger Universität, der im ersten Anlauf 1961 scheiterte und 1968 schließlich von Erfolg gekrönt war (Zeller 2000: 206-211), mag allenfalls als Beispiel für die generelle Stoßrichtung gegen die Tendenzen zur politischen Restauration – in diesem Falle gegenüber sichtbaren Formen einer Kolonialideologie – gelten. Sogar die Schreckensnachrichten und -bilder aus Biafra vermochten dagegen trotz Zugang zu einigen Detailanalysen in der Studentenbewegung (Antonello u.a. 1969) kaum nennenswertes Interesse wecken. Dies wurde im Nachhinein auch von Joschka Fischer in einer bilanzierenden Diskussionsrunde bestätigt. Der seit 1998 amtierende erste, von den »Grünen« gestellte Außenminister verglich selbstkritisch die Biafra-Gräuel mit jenen in Vietnam (Cohn-Bendit u.a. 1979: 203). Als eine Erklärung dieses Versagens mutmaßte in derselben Gesprächsrunde der spätere Dezernent für Multikulturelles der Stadt Frankfurt am Main und heutige Europa-Abgeordnete der französischen Grünen Daniel Cohn-Bendit (1979: 199), dass die den Internationalismus der Studentenbewegung begleitenden Mythen »immer ganz direkt verbunden mit einer gewissen Machtvorstellung« waren.

Das Südliche Afrika hingegen etablierte sich im Unterschied zur generellen Ignoranz als ein wichtiges Dauerthema. Als beweiskräftiges Indiz hierfür kann u.a. gelten, dass einer der frühen Aktivisten der Studentenbewegung in den späten 1960er Jahren die erste umfassend kritische Analyse des südafrikanischen Apartheid-Systems vorlegte (Adam 1969). Ihr folgten bald darauf radikalere Beiträge (Decke 1972; Lee 1971 und 1973).[5] Eine populäre Sachbuch-Kritik des Apartheid-Systems zu Mitte der 1960er Jahre durch einen bekannten Publizisten und späteren SPD-Abgeordneten hatte bereits den Sonderstatus Südafrikas auch in der westdeutschen Öffentlichkeit angezeigt (Duve 1965).

1969 organisierte der Verband Deutscher Studentenschaften (VDS) gemeinsam mit dem Sozialistischen Deutschen Studentenbund (SDS) ei-

---

[5] Franz John Tennyson Lee studierte als Südafrikaner im Exil in der ersten Hälfte der 1960er Jahre u.a. bei Ernst Bloch in Tübingen, sowie später bei Iring Fetscher und Jürgen Habermas in Frankfurt. Er beeinflusste stark die Südafrika-Perzeption in der Studentenbewegung. Ähnlich nachhaltigen Eindruck hinterließ der Aufenthalt des südafrikanischen Humboldt-Stipendiaten Neville Alexander während der 1960er Jahre in Tübingen – zumal seine politisch motivierte Inhaftierung auf der Gefängnisinsel Robben Island eine massive Solidaritätskampagne zu seiner Freilassung hervorrief.

ne Informationskampagne, die mit einer Spendensammlung für die angolanische Befreiungsbewegung MPLA verknüpft war. Dabei wurde die westdeutsche wirtschaftliche wie auch militärische Verwicklung in die Kolonialkriege Portugals ausdrücklich vermerkt (Bluem 1969: 11, 14). Insgesamt blieben hingegen auch Solidaritätsbekundungen mit den Befreiungskämpfen im Südlichen Afrika der sporadischen Initiative einiger Enthusiasten und Spezialisten innerhalb der Studentenbewegung vorbehalten und ging über punktuelle Aktionen zu jener Zeit nicht hinaus.

Der Internationalismus der Studentenbewegung war Teil eines sehr viel allgemeineren Bewusstwerdungsprozesses, der mit der Herausbildung einer revolutionären Perspektive in Abgrenzung zur westdeutschen Nachkriegs-Restaurationsphase sich dem im Establishment vorherrschenden Anti-Kommunismus widersetzte. Diese Abwehr- und Protesthaltung förderte eine emphatische internationalistische Orientierung. Damit erschien nicht nur der Imperialismus als gemeinsamer Gegner, sondern es ließen sich auch gemeinsame Ziele auf die Befreiungsbewegungen in der ganzen Welt projizieren, um – in den Worten von Rudi Dutschke – mittels einer Weltrevolution die freie Gesellschaft freier Individuen zu erlangen (SDS-Westberlin/INFI 1968: 124). Dies ist eine höchst aufschlussreiche Projektion. Schließlich konnte es anhand der erklärten Ziele nationaler Befreiungsbewegungen letztlich wenig Zweifel daran geben, dass deren vordringlichstes Interesse in der Erlangung staatlicher Unabhängigkeit und der eigenen Konstituierung als Kontrollinstanz des jeweiligen Staates bestand (vgl. Kößler/Schiel 1996, Kap. 8). Die unkritische Über-Identifikation mit den Befreiungsbewegungen durch wichtige Exponenten der Studentenbewegung (vgl. Gäng/Reiche 1967) beruhte allerdings nicht nur auf selektiven oder irrtümlichen Wahrnehmungen der programmatischen und sozio-politischen Orientierungen der vermeintlichen Protagonisten einer Weltrevolution.

Der Abscheu über die US-Kriegsführung in Vietnam wurde von vielen der Aktivisten in eine aktive Parteinahme für den Vietcong umgemünzt. Damit einher ging die Identifizierung mit anderen bewaffneten Befreiungskämpfen. Die Ikonisierung von Che Guevara und die Auseinandersetzung mit seinen Schriften (Guevara 1968, o.J. und 1969) waren markanter Ausdruck dieser neuen Diskussion, in der auch die Theorie von Frantz Fanon (1967) eine wichtige Rolle spielte. Auch Amilcar Cabral fand als Theoretiker einer afrikanischen Revolution Aufmerksamkeit, die von den Herausgebern seiner Texte als konkrete Alternative zu einer »geschenkten« Unabhängigkeit gewürdigt wurde (vgl. Meyns/Schwiedrzik 1968: 3). Von eigentlichem Interesse bleibt hierbei die Frage, weshalb weder die politischen Aktivisten noch die führenden Theoretiker jener Zeit innerhalb der entstehenden westdeutschen Studenten- und Solidaritätsbewegung die offenkundigen Unterschiede innerhalb der vielen gesellschaftlichen Einzelverhältnisse und Prozesse zur Kenntnis nahmen. Statt dessen verdichteten sich diese in ihrer Sicht zu der einen großen und entscheidenden Herausforderung des Imperialismus weltweit. Aus dieser Dichotomie entwuchs genau besehen das spätere, über zwei Jahrzehnte hinweg wirksame Dilemma innerhalb der westdeutschen »Dritte Welt Bewegung«. Die verengte Sichtweise emanzipatorischer Prozesse (bzw. der diesen innewohnenden Grenzen) wurde von führenden Aktivisten der damaligen ersten Generation im nachhinein ausdrücklich anerkannt, indem sie unter dem traumatischen Eindruck der Realitäten der »befreiten« Länder Kambodscha und Vietnam eingestanden, dass »unsere Identifizierung weit eher mit einer kämpfenden Bewegung zu tun (hatte) als mit einer siegreichen« (Cohn-Bendit u.a. 1979: 199).

Wie schon angedeutet, stach Afrika »südlich des Sambesi« (um eine seinerzeit gängige Formel zu benutzen) innerhalb der Welt der Solidaritätsbewegung deutlich hervor. Zwar war das westliche Nachkriegsdeutschland nicht müde immer wieder offiziell zu betonen, dass es schon längst keine formale Kolonialmacht mehr sei (dabei unterblieb zumeist der Hinweis, dass dies nicht gänzlich freiwillig, sondern als Folge des Versailler Vertrages geschehen war). Dessen ungeachtet blieben zumindest einige Regionen Afrikas von beträchtlichem Interesse für die Bundesrepublik, die sich dort erheblich engagierte. Besonders umstritten war die Frage des NATO-Engagements, durch das die portugiesische Kriegführung in den Kolonien zum Teil sogar ganz direkt unterstützt wurde. Zu bundesdeutscher Verwicklung kam es auch durch ausländische Direktinvestitionen insbesondere in Angola und Mozambique (wie dem Cabora Bassa Staudamm, der unter Beteiligung von Siemens gebaut wurde oder der Beteiligung von Krupp am Eisenerzbergbau im angolanischen Cassinga) und in steigendem Maße auch in Südafrika, wo Mercedes und Volkswagen eigene Fabrikationsanlagen eröffneten, aber auch mittelständische Unternehmen ein attraktives Investitionsfeld fanden. Diese expansive Tendenz des westdeutschen Kapitals in Südafrika setzte sich während der gesamten 1970er Jahre fort (vgl. Geisler/Wellmer 1983). Eine besondere Komponente bundesrepublikanischer Affinität zum Südlichen Afrika stellte auch die deutschsprachige Minderheit in Namibia (der ehemaligen Kolonie »Deutsch-Südwestafrika«) dar (vgl. Melber u.a. 1984). Dieser wurde erhebliche Unterstützung zur Pflege ihrer kulturellen Identität zuteil und damit zur Beibehaltung eines privilegierten Sonderstatus innerhalb eines Territoriums, das von Südafrika weiter völkerrechtswidrig besetzt gehalten wurde.

Demnach hatte eine zunehmend kritischer gesinnte, internationalistisch orientierte studentische Bewegung reichlich Anlass, die westdeutsche Regierung auch bezüglich ihrer Haltung zum Südlichen Afrika zur Rechenschaft zu ziehen. Alsbald zeigte sich, dass dieses Engagement zum Südlichen Afrika weit über den Kreis jener hinaus ging, die sich als Teil einer revolutionären Studentenbewegung begriffen. In der staatlichen wie auch kirchlichen Entwicklungshilfe Tätige gehörten zu den aktivsten Teilen der Solidaritätsarbeit zum Südlichen Afrika. Skandale wie die westdeutsche Beteiligung am Bau des Cabora Bassa Staudamms trugen dazu bei, dass sich jenseits der Studentenbewegung Menschen gezielt und kontinuierlich für gesellschaftliche Veränderung im Südlichen Afrika zugunsten der kolonisierten Mehrheiten engagierten. Ein sichtbares Resultat dieser Bemühungen war die Gründung des Informationszentrums Dritte Welt 1968 in Freiburg, das seit 1970 für die bis heute am meisten verbreitete Zeitschrift in der deutschen Dritte-Welt-Szene verantwortlich zeichnet (vgl. Balsen/Rössel 1986: 289 f.).[6]

Die Entstehung solcher institutionalisierter Initiativen markierte einen wichtigen Wendepunkt. Bis gegen Ende der 1960er Jahre war die Dritte-Welt-Solidarität mehr oder weniger integraler Bestandteil einer sich dynamisch entwickelnden Studentenbewegung. Einen der Schlüsselsätze dieser Bewegung, die weithin gebrauchte Aussage von Theodor W. Adorno, es gebe kein wahres Leben im Falschen, bezog die Bewegung eindeutig auch auf Kolonialismus und Kolonialkriege als zentrale Aspekte des Falschen. Innerhalb dieses breiteren Zusammenhangs entwickelte sich die Solidarität mit den Kämpfen in der Dritten Welt in den universitären Großstädten zumindest im studentischen Milieu zur Massenbewegung. In Heidelberg etwa, einer Uni-Stadt in der Provinz mit politisch hoch mobilisierter Studentenschaft, gingen bei Demonstrationen zu Vietnam oder Cabora Bassa weit über tausend Leute auf die Straße. Das nimmt sich zwar im Vergleich zu den Massenkundgebungen gegen Kernenergie und Wiederaufrüstung während der 1970er und 1980er Jahre recht bescheiden aus, vermag dennoch die Behauptung zu widerlegen, dass es sich bei der Dritte-Welt-Bewegung nie um eine aktionsorientierte Massenbewegung gehandelt habe (Bräuer 1994: 37). Eine solche Behauptung verstellt den

[6] Die »Blätter des iz3w« haben trotz vielfältiger Unkenrufe bislang alle Konjunkturschwankungen überstanden. Zu den wichtigeren Periodika der 1970er und 1980er Jahre, die den Niedergang des Internationalismus oder das Versiegen der Unterstützung aus dem Osten nicht verkrafteten und zu Beginn der 1990er Jahre auf der Strecke blieben, gehörten die im kirchlichen Bereich verankerte »Entwicklungspolitische Korrespondenz« (EPK) und das eher dem DKP-Spektrum zuzurechnende »Antiimperialistische Informationsbulletin« (AIB), das zuletzt als »Dritte Welt« erschien.

Blick auf die Anfänge einer relativ breiten Mobilisierung zu Dritte-Welt-Themen, die zugleich auch den Nährboden für das spätere Engagement spezialisierter Kampagnen bereitete und zu vertiefter, auch fachlicher Beschäftigung mit den Themen führte (wie dies u.a. die relative Vielfalt einschlägiger Titel im Literaturverzeichnis dokumentiert).

Das Ende der studentischen (Massen-)Bewegung und Revolte in den frühen 1970er Jahren kann so besehen also auch als der Ausgangspunkt der Formierung von Gruppen mit relativ langfristiger Perspektive gelten, die daher auch dazu neigten, sich zusehends zu professionalisieren. Wir finden es hierbei schwierig, eine Unterscheidungslinie zwischen einer »Bewegung« im Sinne basisorientierten Verständnisses einerseits und einem sich etablierenden Sektor von Nicht-Regierungsorganisationen mit professionellerer Ausrichtung zu unterscheiden (s. z.B. Bräuer 1994; Ramminger/Weckel 1997). Mag dies für die Situation in den 1990er Jahren durchaus eine sinnvolle Unterscheidung sein, so wird das Bild der frühen 1970er Jahre doch verzerrt, wenn man sie auf diese deutlich andere Situation zurückprojiziert.

Sektierertum und organisatorische Konsolidierung

Die Blütezeit der westdeutschen Studentenbewegung hielt bekanntermassen nicht allzu lange. Bereits ab Mitte des Jahres 1969 machten sich unter den politisierten Studenten und anderen Gruppierungen revoltierender Jugendlicher starke Tendenzen bemerkbar, sich in politischen Parteien zu organisieren. Viele wurden von den Jugendverbänden der Sozialdemokraten (Jusos) und zu einem geringeren Teil der Liberalen (Jungdemokraten oder Judos) unter der ersten sozialliberalen Koalition unter Willy Brandt absorbiert. Andere schlossen sich der neu konstituierten »traditionell-kommunistischen« Deutschen Kommunistischen Partei (DKP) – in West-Berlin der SEW – an, die dem Regime der Sozialistischen Einheitspartei Deutschlands (SED) in der Deutschen Demokratischen Republik (DDR) treu verbunden und finanziell von ihr abhängig waren. Viele derjenigen, die sich mit keiner der bestehenden politischen Parteien anzufreunden vermochten, wurden in einer der mehreren strikt hierarchisch und rigide organisierten Gruppierungen aktiv, die sich am Rande oder innerhalb des studentischen Milieus formierten und ganz unbescheiden jeweils für sich reklamierten, die Partei des Proletariats zu sein oder wenigstens zu werden; hier kombinierten sie Sendungsbewusstsein und Opferbereitschaft mit dem sicheren Gefühl, der richtigen Linie zu folgen. Die übrigen, denen diese Anleihen bei der leninistischen

Organisationstheorie anachronistisch oder auch organisatorische Bindungen generell als suspekt schienen, kultivierten anarchistische oder spontan »unorganisierte« Bewegungen als Abgrenzung und Gegentendenz (wobei sich die Sponti-Szene als durchaus organisiert erweisen sollte). Diese ohnehin schon verwirrende Lage wurde noch durch die Entstehung militanter Gruppierungen kompliziert, die den »bewaffneten Kampf« zum revolutionären Erfordernis auch in der Bundesrepublik deklarierten. Sie waren dabei inspiriert von ihrer spezifischen Lesart der internationalistischen Dimension der frühen Studentenbewegung und revolutionärer Gruppierungen wie der brasilianischen Stadtguerilla (vgl. Alves u.a. 1971) oder der Tupamaros in Uruguay. In diesem Gesamtzusammenhang entwickelten sich die internationale Solidarität und die Unterstützung von Befreiungskämpfen und -organisationen in bestimmten Regionen der »Dritte Welt« zu einer Spezialität von Ablegern oder Frontorganisationen der Möchtegern-Parteien des linksradikalen Spektrums. Oft als Komitees oder Bündnisse institutionalisiert, erinnerten sie vage an die früheren Zeiten einer weniger rigide strukturierten politischen Bewegung.

Zu den wichtigeren Zentren organisierter Solidaritätsbewegungen und -aktivitäten gehörten Städte mit größeren und kleinerer Studentenpopulation wie Bielefeld, Bremen, Frankfurt, Freiburg, Göttingen, Hamburg, Heidelberg, Marburg, Münster und Tübingen, wo die Bewegung jeweils spezifisches Lokalkolorit annahm (wobei die Liste keinesfalls Anspruch auf Vollständigkeit erhebt, sondern eher die Vielfalt an Initiativen dokumentieren soll). Das einzigartige Milieu Westberlins dokumentierte während der ersten Hälfte der 1970er Jahre in einem einzigartigen Mikro-Kosmos die Vielfalt und Unterschiedlichkeit politischer Splittergruppen, die neben einem riesigen Spektrum anderer Anliegen auch Unterstützung für afrikanische Befreiungsbewegungen mobilisierten. Einige unter diesen hatten bemerkenswerten Einfluss auf die lokale Szene und erzielten beträchtliche Erfolge im Sinne materieller und ideologischer Hilfsaktionen. So wurde das »Afrika Komitee« (AK) von einer Handvoll Aktivisten der maoistischen Kommunistischen Partei Deutschlands (KPD) und deren Kommunistischen Studentenverein (KSV) in den Räumen einer Wohngemeinschaft organisiert. Über Jahre hinweg verbreiteten sie regelmäßig die Zeitschrift »Afrika kämpft« und veröffentlichten eine Reihe von Broschüren in der Reihe »Brennpunkt Afrika«. Die »in-group« des Komitees war auch in anderen publizistischen Aktivitäten rege und zeichnete für mehrere Bücher mit Einfluss auf die ideologische und theoretische Debatte verantwortlich.[7] Weiteres Ergebnis des spezifischen Engagements innerhalb des KPD-Spektrums waren die Unterstützung und Verbreitung der Positionen des südafrikanischen Pan Africanist Congress (PAC) und der Bewegung des schwarzen Bewusstseins (»black consciousness«). Eigens gegründete Verlage zur Publizierung einschlägiger, der politischen Linie der jeweiligen Gruppe entsprechender Literatur eröffneten auch deren Repräsentanten Zugang zu einer deutschsprachigen Leserschaft (Sobukwe 1977; Biko 1979). Als weitere maoistische Partei betrieben der Kommunistische Bund Westdeutschland (KBW) und dessen Studentenorganisation KHG (Kommunistische Hochschulgruppe) das Komitee Südliches Afrika (KSA) mit Ortsgruppen in West-Berlin, aber auch in anderen Zentren der Organisation. Zwar brachte es das KSA nicht zur Effizienz des AK, doch der KBW erzielte einen der größten konkreten Erfolge praktischer Solidarität mit der Sammlung erheblicher Gelder zum Erwerb militärischer Geräte zur Unterstützung des bewaffneten Kampfes der Zimbabwe African National Union (ZANU). Als Ergebnis der bundesweiten Kampagne erlangte der Slogan »Pamberi ne Chimurenga« (in der Bedeutung identisch mit dem früher skandierten »Sieg im Volkskrieg«) erstaunliche Verbreitung. KBW-Initiativen sammelten auf Grundlage eines Appells der ZANU an »die kämpfende deutsche Arbeiterklasse«, um eine Kompanie der ZANU-Armee auszurüsten und »bis an die Zähne« zu bewaffnen (Afrika Zeitung, Mai 1978: 4), 1977/78 innerhalb von nur fünf Monaten angeblich über 100.000 DM. Der Betrag wurde von der badenwürttembergischen Staatsanwaltschaft konfisziert, die auch die Spendenkampagne selbst als verfassungswidrig verbot. Während sowohl die Aktion wie auch deren Begleitrhetorik eine weithin unkritische Identifikation mit dem bewaffneten Kampf der ZANU zum Ausdruck brachte, organisierte der KBW darüber hinaus gegen Ende der 1970er Jahre eindrucksvolle Massenkundgebungen mit so prominenten ZANU-Vertretern wie Edgar Tekere und Robert Mugabe, denen tausende Sympathisanten zujubelten. Eine weitere bemerkenswerte Aktion war in diesem Zusammenhang die Entfernung des Bronzeadlers vom Göttinger »Südwestafrika Denkmal« 1978. Teile davon wurden während der Feiern zum 1. Mai zugunsten der ZANU versteigert. Über zwanzig Jahre danach wurde der Kopf des Adlers der »Student History Society« an der Universität von

---

[7] So ist es auch nicht überraschend, dass die Kernmitglieder des Komitees auch nach dessen Ableben fast alle der Sache Afrikas verbunden blieben. Zwei von ihnen landeten als Professoren an deutschen Hochschulen mit einem sozialwissenschaftlichem Schwerpunkt auf der Afrikanistik bzw. Entwicklungssoziologie, einer ist Journalist bei einer entwicklungspolitischen Zeitschrift und ein weiterer als Berater zum Südlichen Afrika in einer staatlichen Behörde tätig.

Namibia in Windhoek mit der Anregung übergeben, diesen am Eingang der Universitätsbibliothek zur Erinnerung an Anti-Kolonialismus und internationale Solidarität anzubringen (Zeller 2000: 214). In den Reihen des KBW entstand auch eine ernst zu nehmende Analyse des Siedlerkolonialismus in Namibia (Nachtwei 1976).[8]

Während der revolutionäre Enthusiasmus dieser Gruppierungen kaum ein Jahrzehnt nach deren Gründung allmählich ebenso verflog wie ihre Wirkung, führte dies nicht zum Ende der Organisationen und Bewegungen, die sich insbesondere für die Befreiungskämpfe im Südlichen Afrika engagierten. Ganz im Gegenteil konsolidierte sich dazu allmählich unter ausdrücklichem Verweis auf diese Region (vgl. Weisse 1977; Ripken 1978) eine spezifische neue Konstellation solidarischer Einmischung. Dies war jenseits der politischen Partikularsichten im parteipolitisch linken Spektrum in wesentlichen Teilen auch Ergebnis einer Debatte, die hauptsächlich in den protestantischen Kirchen vieler Länder geführt wurde. Nachdem Apartheid vom Weltrat der Kirchen als »Sünde« verurteilt und die drei führenden »weißen« südafrikanischen Kirchen aus dem Weltverband ausgeschlossen worden waren, kam zu Beginn der 1970er Jahre eine breite moralisch-ethische und politische Diskussion in Gang. Sie wurde zusätzlich noch durch einen Beschluss der Synode der Evangelischen Kirche Deutschland (EKD) verschärft, dem Sonderfonds des Programms zur Bekämpfung des Rassismus des Weltkirchenrats Gelder zur Unterstützung der Befreiungsbewegungen im Südlichen Afrika zur Verfügung zu stellen (vgl. Stiers 1983: 278). In der BRD führte dies zu großen innerkirchlichen Auseinandersetzungen, die – wie später bekannt wurde – z.T. auf Initiativen des südafrikanischen Geheimdienstes zurückzuführen waren. Besonders die innerhalb des deutschen Protestantismus relativ verbreitete Strömung der »Evangelikalen« entpuppte sich als starker Verfechter des Apartheid-Regimes. Dies provozierte parallel zur allgemein kritischeren Stimmungslage bezüglich der Menschenrechtsverletzungen im Südlichen Afrika, die während der 1970er Jahre stetig zunahm,

[8] Wie so viele seiner Generation, die – nicht nur, aber auch im Umfeld der damaligen K-Gruppen – im außerparlamentarischen Spektrum politisch engagiert waren, endete auch dieser Aktivist des KBW bei den »Grünen«. Er ist derzeit (Sommer 2002) Mitglied des Deutschen Bundestags und als Vertreter seiner Partei im Verteidigungsausschuss. Zu den halbwegs prominenten Angehörigen der »neuen Linken« der 1960er und 1970er Jahre, deren Internationalismus-Engagement diese Phase überdauert hat, zählen der mittlerweile verstorbene Verleger (und frühere KPD-Funktionär) Jürgen Horlemann sowie der ebenfalls im Verlagswesen tätige (und früher im undogmatischen Sozialistischen Büro Offenbach aktive) Volkhard Brandes. Durch seinen Roman »Morenga« und dessen spätere Fernsehfilmversion schaffte es der ehemalige Münchner SDSler Uwe Timm, ein Publikum weit über das herkömmliche Solidaritätsmilieu hinaus für die deutsche Kolonialvergangenheit in Namibia zu sensibilisieren (Timm 1978).

eine Koalition politischer Aktivisten mit engagierten Akademikern und Journalisten, Apartheid-Kritikern aus dem kirchlichen Spektrum, Gewerkschaftern sowie zurückgekehrten Entwicklungshelfern, die gemeinsam zwei unterschiedliche, aber sich ergänzende Organisationen begründeten. In ihren Wurzeln nahmen sie beide in unterschiedlichem Grad ihren Ausgang in einer Wohngemeinschaft in der Bundeshauptstadt Bonn, die zur Unterstützung des Befreiungskampfes in den portugiesischen Kolonien das AGM-Komitee (für *A*ngola, *G*uinea-Bissau und *M*osambik) gründete und betrieb. Als Lobbyisten operierten sie im Umfeld der ihren Zielen gegenüber aufgeschlossenen politischen Organisationen und Parteien. Auch waren sie als Mittler und Initiatoren für die Herstellung von Kontakten zwischen Vertretern der Befreiungsbewegungen im Südlichen Afrika und bundesdeutschen Nichtregierungsorganisationen tätig, um ein Netzwerk herzustellen, das den Befreiungskampf im Südlichen Afrika unterstützt.[9]

Dank der Pionierarbeit des AGM-Komitees gründete sich 1971 ebenfalls in Bonn die Informationsstelle Südliches Afrika (ISSA). Sie war in erster Linie dem Ziel verpflichtet, durch Gegeninformationen im Umfeld der neuen und alten Linken jener Zeit die Realitäten unter den kolonialen Minderheiten-Regimes im Südlichen Afrika zu dokumentieren sowie die westdeutsche Unterstützung portugiesischer Kolonialherrschaft, des südafrikanischen Apartheid-Systems und der deutschsprachigen Minderheit in Namibia aufzudecken und publik zu machen. Zu den weiteren Prioritäten zählte es, ein Gegengewicht zu den in den Medien verbreiteten Falschinformationen oder Zerrbildern über den Kampf gegen Kolonialismus mittels systematischer, von Parteinahme und Sachlichkeit geprägter Hintergrundanalysen zu schaffen und damit Aufklärungsarbeit zu leisten. Seit mittlerweile über 30 Jahren vermochte es die ISSA, sich mit dieser Linie der Vereinnahmung durch andere Organisationen weitgehend zu entziehen. Vielleicht verdankt sie ihr – wenn auch prekäres Fortbestehen – ge-

---

[9] Als prominentes Beispiel für die erfolgreiche Unterwanderung bestehender »staatstragender« Institutionen kann während der frühen 1970er Jahre die Transformation der bis dahin konservativen, von Mitteln des Auswärtigen Amtes subventionierten und die Interessen der deutschen Wirtschaft vertretenden Deutsche Afrika Gesellschaft (DAG) in ein Forum zur Unterstützung der Befreiungskämpfe gelten. Die von der DAG publizierte Hochglanzzeitschrift »Afrika heute« diente fortan der Entlarvung neokolonialer und imperialistischer Schweinereien ebenso wie der propagandistischen Flankierung von Befreiungsbewegungen. Nach dem Kollaps der DAG durch den Entzug staatlicher Zuwendungen setzte eine Verlagsinitiative »progress dritte welt« die Veröffentlichung der Zeitschrift »Afrika heute/III. welt« bis Ende der 1970er Jahre fort. Ein 1974/75 erschienenes Sonderheft zur Opposition in Südafrika wurde mit anderem Umschlag im März 1975 sogar als Sonderausgabe des JUSO Magazins veröffentlicht (vgl. Stiers 1983: 365).

rade diesem Umstand, der auch auf die Prioritäten zurückzuführen ist, die sich aus der Entscheidung ergaben, jenseits politischer Alltagspraxis vor allem Informationsarbeit zu betreiben und so für alle Fraktionen ansprechbar zu bleiben.[10]

Vom Ursprung und Umfeld her ähnlich gelagert widmete sich demgegenüber die Anti-Apartheid-Bewegung (AAB) mehr der aktionsorientierten Kampagnenarbeit. Ungefähr zwei Jahre später gegründet, entpuppte sie sich als die zweite Organisation, die halbwegs von Dauer die Region des Südlichen Afrika zu ihrem Anliegen machte. Die AAB organisierte sich bundesweit in einem Netzwerk lokaler Gruppen. Sie zeichnete über die Jahre für eine Reihe von öffentlichkeitswirksamen Kampagnen verantwortlich, die erhebliche politische Wirkung zeigten. Aufgrund ihrer Orientierung auf die praktische Politik ergriff die Organisation fast schon automatisch direkte Partei für spezifische von ihr bevorzugte Befreiungsbewegungen. So zeigte sie deutliche Affinität in ihrer politischen Unterstützung für die ZAPU (zumindest bis zum Zeitpunkt der Unabhängigkeit Simbabwes), und kooperierte nahezu exklusiv mit der SWAPO und dem ANC. Während es stets eine relativ enge Kooperation mit der ISSA bei der Informationsarbeit gab, sorgte diese ziemlich prinzipielle Verengung der AAB auf einzelne Organisationen des Befreiungskampfes immer auch für Reibungspunkte. So musste sich die ISSA in ihrer Anfangsphase erst einmal den Kontrollversuchen durch jene entziehen und widersetzen, die im Sinne der AAB eine stärkere ideologisch-politisch festgelegte Linientreue gegenüber einzelnen Organisationen des Befreiungskampfes vertraten.[11]

---

[10] Zu den frühen Ergebnissen einer einschlägigen Buchproduktion, die sich auf insgesamt mehr als 50 Titel summierte, zählen wegweisende Analysen und Dokumentationen zu gesellschaftlichen Grundstrukturen, Unterdrückung und Widerstand in Südafrika (Ripken/Wellmer 1976; Wellmer 1976 und 1977). Die Einstellung der eigenen Verlagstätigkeit für die zwei Buchreihen (»wissenschaftliche reihe« und »edition südliches afrika«) war in den 1990er Jahren Ausdruck sowohl eines geringeren öffentlichen Interesses und dem Wegfall der politischen Notwendigkeit solcher Informationsarbeit, wie der damit zusammenhängenden Schwierigkeit, weiterhin die erforderlichen Subventionen für solche Publikationen zu erhalten. Der lange Zeit monatlich erscheinende »Informationsdienst Südliches Afrika« hingegen hat trotz zunehmender finanzieller Schwierigkeiten bisher unter dem Titel »afrika süd« bei zweimonatlicher Erscheinungsweise überlebt.

[11] Dies gelang zumindest während des ersten Jahrzehnts nicht immer, als die Verfechter einer strikten Ausrichtung unter Ausgrenzung anderer Organisationen des Widerstands im Südlichen Afrika mitunter ihre orthodoxe Sichtweise durchzusetzen vermochten. Die Veröffentlichung eines Aufsatzes zu Südafrika, der sich bewusst auf eine Darstellung auch anderer Positionen als nur des ANC einließ (Melber 1979), führte so zur zeitweiligen Marginalisierung des Autors als »Abweichler«, der sich dem Verdacht des gedungen Agententums für das Apartheid-Regime ausgesetzt sah.

Die unterschiedlichen bis widersprüchlichen Akzentsetzungen führten immer wieder zu Kontroversen bis hin zu öffentlich geführten massiven Auseinandersetzungen um die »korrekte Linie«, die auch mit anderen einschlägigen Organisationen im Spektrum der Solidaritätsbewegung wie insbesondere dem Aktionskomitee Afrika (Akafrik) in Münster ausgetragen wurden. Letzteres (das mit dem Akafrik und späteren Dritte Welt Haus in Bielefeld weder verwandt noch verschwägert war) operierte als relativ emsiges Komitee recht eindeutig und radikal gegen die Hegemonialbestrebungen insbesondere von SWAPO und ANC und jenen Kräften in der Bundesrepublik, die sie dabei tatkräftig unterstützten. Das latente Spannungsverhältnis sorgte sowohl für produktive wie auch destruktive Formen der internen Standortsuche und -bestimmung der Akteure im deutschen Solidaritätsspektrum.[12]

Die Auseinandersetzungen verwiesen auf die Interessenkonflikte bei der Wahrnehmung und Vermittlung »solidarischen« Handelns, wenn es um die Parteinahme für politische Organisationen und die Stellvertreterrolle für deren spezifische Interessen im deutschen Zusammenhang ging. Die »Organisationsfrage« war somit eine, die sich bezogen auf beide Seiten der Parteinahme stellte. Wer es in den deutschen Landen mit einer spezifischen Solidaritätsgruppe hielt, signalisierte damit oftmals auch zumindest implizit und häufig explizit die Präferenz für eine Strömung innerhalb des breiteren Spektrums an gesellschaftlichem Widerstand in den Siedlerkolonien des Südlichen Afrika. Diese Problematik verdeutlicht auch die Schwierigkeiten bei der Herstellung einer Verbindungslinie und der Wahrnehmung einer Brückenfunktion zu sozialen Auseinandersetzungen und gesellschaftlichen Veränderungsprozessen in anderen Gesellschaften: Die Parteinahme war häufig gleichbedeutend mit der dezidierten Einnahme eines eigenen politischen Standpunktes, dessen Fixierung auf bestimmte Organisationen und deren Repräsentanten enger war, als die generelle Identifizierung mit emanzipatorischen Strömungen dies notwendigerweise erfordert hätte. So besehen enthielt die Überwindung des Sektierertums der frühen 1970er Jahre durch die relativ breiter orientierten Solidaritätsbewegungen und -initiativen der 1980er Jahre noch immer einen Kern von partikular ausgerichteten politischen Präferenzen jenseits des allgemeinen Engagements für Menschenrechte.

Die Verallgemeinerung der Kampagnenarbeit resultierte im Falle der

[12] Dies wird u.a. in den unterschiedlichen Beiträgen eines Schwerpunktheftes des »Informationsdienst Südliches Afrika« (»Solidarität: Fragen – Standpunkte – Diskussionen«) vom März 1986 deutlich erkennbar. Der über Jahre ihrer Mittlerrolle hinweg angesammelte Frust unter Vorstandsmitgliedern der ISSA manifestierte sich in zwei Artikeln (Kößler/Melber 1986; Reichert 1986) die nicht ungewollt für einigen Wirbel sorgten.

ISSA und AAB in einer Halb-Professionalisierung der Solidaritätsarbeit. Die Schaffung bescheiden entlohnter und höchst begrenzter Arbeitsverhältnisse (wie sie nicht ganz von ungefähr auch der englische Begriff des »solidarity worker« umreißt) ging mit dem Beginn der Phase einer strukturierten Vertretung der Befreiungsbewegungen und derer Zielsetzungen durch eigene Repräsentanten auch in den westlichen Metropolstaaten Mitteleuropas einher. Halbprofessionelle Solidaritätsarbeiter und Vertreter der Befreiungsbewegungen entwickelten persönliche Formen der Zusammenarbeit. Hierbei spielte der jeweilige (ungleichgewichtige und selektive) Kontakt zu den Repräsentanten von Befreiungsbewegungen für die weitere Differenzierung innerhalb der Solidaritätsbewegung gewiss ebenfalls eine Rolle (vgl. Ramminger/Weckel 1997: 48-59 und 117-118). Damit vertiefte sich die Bevorzugung etablierter organisierter Kräfte im Widerstand gegen die Minderheitsregime im Südlichen Afrika. Es mag sich dabei um die unvermeidbare Reproduktion strukturell angelegter Muster und Verzerrungen gerade auch im Bereich inter-kultureller und transkontinentaler Kommunikation handeln. Allerdings bleibt es wichtig, sich diese zu vergegenwärtigen und (selbst-)kritisch zu reflektieren, wenn nicht gar zu hinterfragen, um den voreiligen (Über-)Identifikationen entgegenzuwirken, die in weiten Teilen der westdeutschen Solidaritätsbewegung so offenkundig zutage traten.

So war die geschilderte Nähe der AAB zu »etablierten« Befreiungsbewegungen vor allem in Südafrika und Namibia nur ein Ausdruck der vielfältigen Diversifizierung innerhalb des Spektrums der westdeutschen Solidaritätsbewegung(en). Politische Gruppierungen suchten sich »ihren« Bündnispartner zumeist nach ihrer ideologischen Präferenz aus. Die maoistisch beeinflussten Gruppen tendierten zur Unterstützung der ZANU in Simbabwe und der FRELIMO in Mosambik, auch zur Propagierung der Positionen des PAC (und abgeschwächt auch der »black consciousness« Bewegung) in Südafrika. Vorübergehend hegten sie auch Sympathien für die FLNA und die UNITA in Angola. Auf der anderen Seite des Spektrums wurden die ZAPU, der ANC und die MPLA mehr als Partner der als Ableger des DDR-Regimes operierenden DKP wahrgenommen. Aber sowohl FRELIMO wie auch ANC und MPLA waren zugleich Bündnispartner der weniger parteipolitisch festgelegten Gewerkschaften und kirchlichen Gruppen. Eine Sonderrolle fiel der SWAPO zu, als deren von der Vollversammlung der Vereinten Nationen bereits Mitte der 1970er Jahre zugesprochener Status als einzig legitime und authentische Vertretung des namibischen Volkes dafür sorgte, dass sie eine nahezu unangeochtene Dominanz hinsichtlich aller Belange von Bedeutung für den namibischen Befreiungskampf auszuüben vermochte. Mit dem Sturz des Salazar-

Regimes am 25. April 1974 eröffnete sich schließlich nicht nur eine neue Perspektive für die einstmals portugiesischen Kolonien im Südlichen Afrika. Vielmehr sorgte dies auch für einen unverhofften Aufschwung bei der Mobilisierung für die weitere Unterstützung von Befreiungskämpfen in den verbleibenden Ländern der Region.

Hochkonjunktur der Solidaritätsarbeit zum Südlichen Afrika

Die portugiesische »Nelkenrevolution« löste innerhalb der westdeutschen Linken eine nachgerade enthusiastische Stimmung aus. Sie hatte auch nachhaltige – wenngleich ziemlich uneinheitliche – Auswirkungen für die bis dahin portugiesischen Kolonien des afrikanischen Kontinents. Innerhalb von 20 Monaten vollzog sich bis zum Ende des Jahres 1975 der Machttransfer auf insgesamt fünf souveräne afrikanische Staaten. Die Etablierung einer unabhängigen Regierung unter der FRELIMO in Mosambik verschob den Frontverlauf gegen die Apartheid von der Grenze mit Tansania am Ruvuma um mehr als 1.500 km nach Süden bis in die unmittelbare Nachbarschaft des Witwatersrand und Pretorias, des Machtzentrums des Rassistenregimes selbst. Mit dem Aufbau eines erklärtermaßen sozialistischen Systems in diesem Lande verbanden sich zahlreiche Hoffnungen. Ebenso wie aus anderen westeuropäischen Ländern machten sich freiwillige »cooperantes« auch aus den deutschen Landen auf den Weg nach Mosambik, um sich dort für die Entwicklung und den Aufbau der gesellschaftlichen Alternativen als Techniker, Ingenieure, Entwicklungsexperten, Akademiker und in praktischen Handwerksberufen zu engagieren. Ähnliche Tendenzen galten für die Kapverden und Guinea-Bissau. Dies waren die ersten breiteren Erfahrungen für Angehörige der westdeutschen Linken, ihre Hoffnungen auf eine bessere Gesellschaft nicht nur relativ unkritisch auf eine entfernte Gegend zu projizieren (s. z.B. Meyns 1977), sondern einen handfesten Beitrag zur Verwirklichung solcher Ideale zu leisten. Demgegenüber implodierte Angola zu einem chronischen Bürgerkrieg, dessen externe Faktoren durch die Intervention Südafrikas und die Hilfsmaßnahmen kubanischer Truppen zur Stützung der MPLA-Regierung zu einem fortgesetzten auch internationalen Konflikt führten, der gänzlich vom Ost-West-Gegensatz bestimmt wurde. Die Analyse der länderspezifischen Entwicklungen (z.B. für Angola von Decke 1981 und für Simbabwe von Reichert 1984) sowie des wachsenden sowjetischen Einflusses in der Region führte zu scharfen Kontroversen. So kontrastierte die maoistisch inspirierte vehemente Kritik am sowjetischen »Sozialimperialismus« (Melchers 1980) massiv mit der reformistischen, pro-sowjetischen Linie des DKP-beeinflussten ANC-Lagers, das sich eher auf die Kritik am westlichen Imperialismus (und insbesondere die Rolle der BRD) konzentrierte und zugleich ihren Bündnispartnern vor Ort die ideologische Rückendeckung offerierte (vgl. Ostrowsky/Geissler 1978; Falk/Wahl 1980; Falk 1985 und 1986).

Die ideologischen Kontroversen wurden allerdings zeitweilig in den Hintergrund gedrängt, als die Revolte in Soweto am 16. Juni 1976 eine Welle von Solidarität mit den südafrikanischen »townships« einleitete, die heute als entscheidender innenpolitischer Wendepunkt in Südafrika gelten kann. Das Regime antwortete mit intensivierter, brutaler Unterdrückung. Sie fand ihren Höhepunkt in der kaltblütigen, gezielten Liquidierung von Aktivisten der Widerstandsbewegung – nicht zuletzt der Ermordung des inhaftierten Steve Biko, des charismatischen Protagonisten der neu erwachten Bewegung des schwarzen Bewusstseins. Beide Ereignisse – der Soweto-Aufstand und die Ermordung von Steve Biko – führten zu Großdemonstrationen in mehreren westdeutschen Grosstädten und zahlreichen anderen Orten.[13] Die auch außerhalb Südafrikas sichtbare Artikulation von Widerstand gegen die scheinbar erdrückende Übermacht staatlicher Repression weckte enormes Interesse und trug zur Sensibilisierung einer bis dahin eher indifferenten breiten Öffentlichkeit bei. Für das Apartheid-Regime und seine Sympathisanten wurde es nunmehr erheblich schwieriger, die schönfärberischen Versionen »getrennter Entwicklung« an den Mann bzw. die Frau zu bringen. Die bisher dominierende, eher wohlwollende Berichterstattung über die Versuche zur Aufrechterhaltung von Recht und Ordnung im Vielvölkerstaat am Kap wurde in den westdeutschen Medien allmählich von einer zunehmend kritischeren Berichterstattung über die tatsächlichen Verhältnisse abgelöst. Bundesweite wie örtliche Apartheid-kritische Informationsveranstaltungen und Seminare von Komitees und anderen Initiativgruppen stießen auf steigendes Interesse und fanden größere Resonanz. Die Teilnehmerzahlen wuchsen. In der Kirche engagierte Christen gründeten u.a. mit dem Mainzer Arbeitskreis Südliches Afrika (MAKSA) eigene einschlägige Organisationen, die durch die von der »black consciousness Bewegung« inspirierte

[13] Aktivisten in Westberlin demolierten Teile einer Ausstellung der konservativen Deutsch-Südafrikanischen Gesellschaft (DSAG) in einem renommierten Café am Kudamm (wobei die Polizei geflissentlich zu spät erschien und nur noch achselzuckend den Schaden registrierte). Dies führte zu einem relativen Prestigeerfolg, so dass diese vom südafrikanischen Apartheid-Regime mitfinanzierte Propagandagesellschaft sich eine Zeitlang nur noch unter Polizeischutz traf, was ihre Bemühungen zur Werbung neuer Mitglieder erheblich beeinträchtigte. Doch darf dies nicht über die realen Kräfteverhältnisse hinwegtäuschen: Die DSAG hatte allein in Westberlin mehr Mitglieder als die AAB bundesweit.

schwarze Theologie der Befreiung Anregungen und Auftrieb erhielten. Gerade die Ermordung Steve Bikos und das Verbot der Organisationen des schwarzen Bewusstseins führten in den kirchlichen Kreisen zu einem verstärkten Engagement gegen das Unrecht unter der Apartheid. Insbesondere die Evangelische Frauenarbeit initiierte mit unerwartet großem Erfolg einen bundesweiten Boykott südafrikanischer Produkte (»Kauft keine Früchte der Apartheid«). Diese »Politik mit dem Einkaufskorb« (Stelck 1980) entwickelte sich zur dauerhaften Kampagne bis weit in die 1980er Jahre. Sie entpuppte sich als effektives Vehikel zum Transport von Hintergrundinformationen und erwies sich als Initialzündung für tiefer gehende Aufklärungs- und Mobilisierungsarbeit auch über die punktuelle Kritik an der Verstrickung westdeutscher Interessen mit dem Apartheid-Regime hinaus. Damit ging die Verankerung der Solidaritätsarbeit im kirchlichen Spektrum durch die regelmäßige Präsenz von Initiativen zum Südlichen Afrika auf dem alle zwei Jahre stattfindenden Deutschen Evangelischen Kirchentag einher. Dass genau 1977 auch der Bundeskongress entwicklungspolitischer Aktionsgruppen (BUKO) als koordinierender Dachverband für ein breites Spektrum undogmatischer Dritte Welt Gruppen gegründet wurde (s. Bräuer 1994: 34), ging zwar auch auf eine Reihe anderer Ursachen zurück, war aber zugleich auch Ausdruck der steigenden Konjunktur entsprechender Nord-Süd-Solidaritätsarbeit.[14]

Es war das spezielle Verdienst der AAB, über Jahre hinweg den Skandal der westdeutschen Kollaboration mit dem südafrikanischen Apartheid-Regime im Bereich der Nukleartechnologie aufzudecken und hartnäckig an den Pranger zu stellen. Nach heutigem Kenntnisstand darf diese Zusammenarbeit als ein wesentlicher Beitrag zur nuklearen Aufrüstung Südafrikas gelten. Trotz jahrelanger Dementis musste die Regierung de Klerk unter dem Zwang der Verhältnisse die Atomwaffenkapazität im März 1993 öffentlich eingestehen. Die kriminellen Verbindungslinien einer nuklearen Zusammenarbeit ausfindig und öffentlich zu machen, erforderte langjährige akribische Detektivarbeit, die von Mitgliedern der AAB in einem Verbund internationaler Bemühungen unternommen wurde. Die Ergebnisse der Recherchen wurden in einem spektakulären und international beachteten Kongress gegen Ende 1978 bekannt gemacht und führten zu einer heftigen Debatte, die weit über die Grenzen der BRD hinaus Wirkung entfaltete und zu ärgerlichen Erwiderungen und zu aus heutiger Sicht noch erheblich weniger glaubwürdigen Leugnungen der Vor-

---

[14] Unter den BUKO-Aktivisten jener und darauffolgender Jahre machten eine Reihe späterer Grünen-Mitglieder Karriere im politischen Establishment; so u.a. Uschi Eid als Parlamentarische Staatssekretärin im Bundesministerium für wirtschaftliche Zusammenarbeit und Entwicklung oder Ludger Vollmer als Staatsminister im Auswärtigen Amt.

würfe durch die Regierung Schmidt führten.[15] Wenngleich weniger spektakulär und mit weniger Erfolg, wurden in der Folgezeit auch besondere Anstrengungen unternommen, die illegale Einfuhr von Uranoxid aus dem völkerrechtswidrig besetzten Namibia aufzudecken (s. AG gegen die militärisch-nukleare Zusammenarbeit der BRD mit Südafrika 1982; Lund 1984; Akafrik/Umwälzzentrum 1988).

Mit der Aufdeckung der nuklearen Zusammenarbeit auf der Grundlage gesammelter stichhaltiger Erkenntnisse zur Untermauerung der Vorwürfe gelang der Solidaritätsbewegung zum Südlichen Afrika ein Erfolg, den wenig andere Gruppen mit Regionalbezug für sich reklamieren konnten. Sie schaffte es, in einem eher sensiblen Bereich die westdeutsche Außenpolitik in einer öffentlichen Debatte zu stellen. Die Vorwürfe zwangen die Regierung zu Rechtfertigungsversuchen in aller Öffentlichkeit. Zum Bereich nuklearer Zusammenarbeit gesellte sich eine ganze Reihe weiterer relevanter Aspekte. Sie reichten über den eng mit der Nuklearfrage verknüpften Vorwurf von Waffenlieferungen an Südafrika und die Zusammenarbeit mit Polizei und Militär des Apartheid-Staates bis hin zu den wirtschaftlichen Beziehungen, die in diesem Zusammenhang ebenfalls öffentlich thematisiert werden konnten. Dazu gehörte auch die kritische Diskussion der Vergabe von Hermes-Bürgschaften für Direktinvestitionen und Exportgeschäfte sowie die Kritik an der nachlässigen oder gänzlich ausgebliebenen Prüfung, ob und inwieweit die in Südafrika investierenden westdeutschen Firmen sich tatsächlich an den von der EG festgelegten Verhaltenskodex hielten. Das Spektrum der direkten Wirtschaftsbeziehungen zwischen deutschen Konzernen und Südafrika wurde detailliert erfasst und dokumentiert (vgl. Geissler/Wellmer 1983). Im Rahmen der Debatte um die Verhängung wirtschaftlicher Boykottmaßnahmen stand auch eine Kampagne, die durch Aufklärungsarbeit dem Kauf des damals populären Krüger-Rands – südafrikanischen Goldmünzen, die als praktische kleinere Investitionsobjekte propagiert wurden – entgegenzuwirken versuchte (s. Kößler 1981a). Wie schon der Früchte-Boykott der evangelischen Frauen bildeten diese Initiativen Teile größerer internationaler Anstrengungen, die sich als relativ effektiv erwiesen. Besonders erfolgreich waren diese konkreten Aktionen, weil sie bewusstseinsbildend wirkten und durch Aufklärungsmaterial zu Einsichten führten, die vielen der Angesprochenen bis dahin auch aufgrund mangelnder Kenntnise neu waren. So fügten diese Kampagnen vielleicht dem Apartheid-Regime direkt relativ wenig wirtschaftlichen Schaden zu, sie vermochten aber doch erheb-

[15] vgl. bes. Cervenka/Rogers 1978, All Africa Conference of Churches o.J. und Press and Information Office of the Government of the Federal Republic of Germany 1979.

lich zur Sensibilisierung gegenüber der Situation in Südafrika und damit zu einem Imageverlust des weißen Minderheitsregimes beitragen. Darüber hinaus bot die Gegeninformation den damit Konfrontierten auch die Möglichkeit, erstmals in ihrem hiesigen Alltag und ihrer Lebensweise einen unmittelbaren Bezug dazu herzustellen, was an anderen, weit entfernten Orten dieser Erde vor sich ging.

All diese Initiativen waren Bestandteil der Bemühungen, die Verhängung bindender und wirksamer internationaler Sanktionen gegen das Apartheid-Regime zu erwirken. Es ist demgegenüber ernüchternd aufschlussreich, dass sogar noch 1978 Eugen Loderer als Vorsitzender der IG Metall und der internationalen Metallarbeitergewerkschaft Südafrika bereisen und sich erlauben konnte, weitere Direktinvestitionen bundesdeutscher Firmen als den besten Weg zur Abschaffung der Apartheid zu propagieren (Neumann 1978). Neun Jahre später wohnte Ernst Breit als DGB-Vorsitzender dem Kongress des südafrikanischen Gewerkschaftsdachverbands COSATU bei und unterstützte Sanktionen zu einem Zeitpunkt, als das Apartheid-System schon ins Wanken geraten war. Zu jener Zeit waren die international bindenden Sanktionen bereits verhängt und die allmähliche Erosion der Machtbasis des Apartheid-Regimes in Südafrika durch den Widerstand insbesondere im eigenen Land – dessen Wirkung wiederum die externe Haltung veränderte – deutlich sichtbar. Trotzdem kann mit einiger Berechtigung davon ausgegangen werden, dass der erkennbare Wandel im Standpunkt eines einflussreichen Teils der westdeutschen Öffentlichkeit, die in diesem Falle ein Mitte-Links-Spektrum der Gesellschaft repräsentierte, auch von den fortgesetzten und geduldigen Bemühungen um aufklärende Gegeninformationen einer trotz aller relativen Bedeutung insgesamt eher kleinen Solidaritätsbewegung zum Südlichen Afrika beeinflusst war.

Befreiungsbewegungen an der Macht

Zu Beginn der 1980er Jahre wurde die Solidaritätsbewegung mit dem Südlichen Afrika erstmals mit neuen Entwicklungen auch in der Region konfrontiert, die eine Herausforderung für das Selbstverständnis darstellten. Die Unabhängigkeit Simbabwes 1980 ließ für die unmittelbaren Aufgaben der Unterstützung nationaler Befreiungskämpfe nur noch Namibia und Südafrika als Projektionsflächen zu. So rückten auch die nachkolonialen Entwicklungsprozesse stärker in den Blickpunkt. Aus dieser Konstellation ergaben sich drei miteinander verknüpfte Gesichtspunkte, die Aufmerksamkeit forderten: die unterschiedlichen Verlaufsgeschichten der einzelnen Entwicklungswege in den ehemaligen Kolonien, das offenkundige Scheitern des sozialistischen Wiederaufbaus sowie das Wechselverhältnis zwischen diesen Problemen und den fortgesetzten Destabilisierungsbemühungen des Apartheid-Regimes gegen die nördlichen Nachbarstaaten (s. dazu Hanlon 1986). Die Bedingungen, unter denen Simbabwe seine Unabhängigkeit erreichte, unterschieden sich deutlich von der Situation Mosambiks und Angolas knapp fünf Jahre zuvor. Sie bestanden vor allem einerseits in einem Kompromiss mit dem Siedlerregime und eröffneten andererseits der neu gewählten ZANU-Regierung unter Robert Mugabe Handlungsmöglichkeiten zur Initiierung eines relativ friedlichen (wenn auch durch verfassungsrechtliche Auflagen strukturell begrenzten) gesellschaftlichen Transformationsprozesses ohne die Rückschläge, die der Exodus der Siedler und Fachkräfte in den zwei ehemals portugiesischen Kolonien (im Verbund mit einer Politik der verbrannten Erde und systematischen Destruktion der vorhandenen Infrastruktur) zur Folge hatte. Dies erforderte eine vorsichtigere Politik als in den beiden anderen Fällen, sogar jenseits der durch das Lancaster House Abkommen ohnehin formulierten Auflagen. Hinzu kam Mitte der 1980er Jahre als Folge innenpolitischer Rivalitäten die brutale Vorgehensweise gegen die als ZAPU-Anhängerschaft wahrgenommene Bevölkerung in Teilen des Matabelelandes (vgl. Catholic Commission for Justice and Peace in Zimbabwe/Legal Resources Foundation 1997). Verschärft durch die Versuche Südafrikas, aus dieser blutigen internen Auseinandersetzung selber Kapital zu schlagen, entwickelte sich in einer schwierigen Situation ein ungekanntes Ausmaß an Gewalt (vgl. Ranger 1999: Kap. 8; Alexander u.a. 2000: Kap. 8-10).

Einige unter den Aktivisten, die von außen die Eskalation mitverfolgten, wurden sich – so weit sie sich den Ereignissen und ihren Folgen stellten – wohl erstmals der schwierigen Frage bewusst, wem denn Solidarität zu gelten habe: den Befreiungsbewegungen, die jetzt Regierungsgewalt ausübten bzw. der herrschenden Partei oder dem Staat; den Prinzipien, für die sie eigentlich eintreten sollten; oder den Menschen, die unter dem Kolonialismus gelitten und sich am Kampf beteiligt hatten?

In einer parallel dazu erfolgenden selbstkritischen Reflektionsphase der späten 1970er Jahre wurde dies auch auf der Grundlage der Erfahrungen in Indochina von einem Teil der Aktivisten diskutiert, die noch in den frühen 1970er Jahren auf Demonstrationen die Parole »Kambodscha, Laos, Vietnam – Sieg im Volkskrieg« skandiert hatten. Im Rückblick merkte dazu Daniel Cohn-Bendit an, dass es eigentlich »um die Solidarität mit den Opfern des imperialistischen Völkermords am vietnamesischen Volk ... hätte ... gehen müssen, nicht um die Solidarität mit einer politischen Bewegung wie der des Vietcong« (Cohn-Bendit u.a. 1979: 220). Ähnliche Anliegen wurden als treibende Motivation auch bei der Gründung einer neuen Vierteljahreszeitschrift formuliert, die sich seither auch aus der Perspektive kritischer Solidarität mit Fragen zur Politik und Ökonomie in der Dritte Welt auseinandersetzt.[16] Einer der ersten (selbst-) kritischen Beiträge dieses neu geschaffenen Forums schließt »Reflektionen über Indochina« mit der Erkenntnis: »Kritik darf daher nicht länger ein Fremdwort in der Sprache der internationalen Solidarität bleiben.« (Garbe 1980: 88) Ähnliche Einsichten wurden in derselben Zeitschrift schon zu Beginn der 1980er Jahre auch bezogen auf andere ernüchternde Erfahrungen gemacht, die den revolutionären Mystifikationen durch die Realität nachkolonialer Entwicklung entgegenstanden.[17]

Im Kontext des Südlichen Afrika jedoch dominierten nach wie vor andere Prioritäten. Unter denjenigen Ländern, in denen sich Befreiungsbewegungen nach Übernahme der Macht in Regierungen umformten, hatte sich Mosambik am deutlichsten einem sozialistischen Kurs mit der Orientierung auf das sowjetische Modell und der Absicht einer schnellen Industrialisierung verschrieben. Dieses ehrgeizige Szenario war auch mithilfe westdeutscher Sympathisanten, die sich an dem gesellschaftlichen Entwicklungsprozess beteiligten, formuliert (vgl. Schoeller 1981) oder doch von ähnlich Gesinnten mit großem Wohlwollen propagiert worden (vgl. Meyns 1979). Zugleich setzte eine Debatte mit gegenläufiger, kritischer Tendenz ein. Sie war von der Einsichtnahme in reale gesellschaftliche Verhältnisse vor Ort geprägt, die den Vorstellungen jener Befürworter einer befreiten Gesellschaft eher abträglich waren (vgl. Schröer 1980 und 1983). Die Schaffung neuer gesellschaftlicher Machtverhältnisse war keinesfalls nur eine analytische oder theoretische Angelegenheit (vgl. Kößler 1981b), sondern lenkte den Blick auf die grundsätzlichen Fragen und Probleme internationaler Solidarität. Wie schon zuvor in Vietnam zeigten sich krasse Unterschiede zwischen dem Politikverständnis der FRELIMO als Befreiungsbewegung an der Macht und den Projektionen der meisten, die innerhalb der Solidaritätsbewegung aktiv waren. Diese hatten oft ihre eigenen Ziele und Wünsche, die von den Wirklichkeiten daheim enttäuscht wurden, in einen exotisch fremden Bezugsrahmen übertragen. Nicht von ungefähr wurden so auch ganz unterschiedliche Auseinander-

---

[16] Vgl. hierzu das Editorial in der »Peripherie – Zeitschrift für Politik und Ökonomie in der Dritten Welt«, Nr. 1/1980, S. 1-7.

[17] Neben der kritischen Analyse der sandinistischen Revolution in Nicaragua – aber auch der Hinterfragung des auf die Miskito projizierten Exotismus (Bollow/Weiss 1982) – gehörte dazu auch die kritische Bilanz der Entwicklung in Guinea Bissau (Schiefer 1982).

setzungen mit den Erfahrungen in Mosambik als das Ende der Träume umschrieben (Egerö 1987; Kößler 1980). In dieser Sichtweise gab es nur wenig Raum für eine kritische Solidarität, die in der Lage gewesen wäre, einerseits die massiven negativen Auswirkungen der südafrikanischen Destabilisierungsstrategie zu denunzieren und doch andererseits die so offensichtlich autoritären sozialen und politischen Realitäten in Mosambik zur Kenntnis zu nehmen, ohne eine solidarische Parteinahme aufzugeben (vgl. Egerö 1987: 185-192). Dieses Kunststück hätte es erfordert, eine Gesamtperspektive zu wahren, die einerseits die südafrikanische regionale Hegemonie entsprechend kritisch berücksichtigt und andererseits zugleich die Wirklichkeit in Mosambik mit den Perspektiven menschlicher Emanzipation als dem eigentlichen Kern sowohl der Befreiung von den Folgen des Kolonialismus wie auch der Solidarität konfrontiert und die so einen Maßstab gewonnen hätte, um auch die nachkolonialen Entwicklungen und die Maßnahmen der alten Bündnispartner kritisch zu bewerten.

Überlegungen dieser Art hatten innerhalb der Solidaritätsbewegung hingegen zu jener Zeit wenig Raum. Sie war ganz überwiegend mit praktischeren Fragen beschäftigt. Sie handelten neben der wachsenden Bedeutung sowohl der Unterstützung für den Kampf in den südafrikanischen »Townships« und den fortwährenden diplomatischen und militärischen Verwicklungen um die Unabhängigkeit Namibias eben gerade auch von den Konsequenzen, die die verheerende Wirkung der südafrikanischen Destabilisierungsstrategie auf die gesamte Region des Südlichen Afrika nach sich zog. Das Treffen zwischen dem mosambikanischen Präsidenten Samora Machel und dem südafrikanischen Präsidenten P.W. Botha in Nkomati 1984 war für viele eine überraschende und unbequeme Erfahrung. Die beiden gegnerischen Präsidenten schlossen ein Abkommen, das zwar Mosambik von einigen Problemen entlastete, aber zugleich mit der Schließung von Ausbildungs- und Basislagern des ANC eine weitere Herausforderung für die sogenannten Frontstaaten bedeutete (s. Meyns 1987). Auch die Solidaritätsbewegung wurde durch einen Pakt dieser Art dazu gezwungen, ihre praktischen Hilfsmaßnahmen gegenüber Verbündeten in der Region zu überprüfen. Das wich grundsätzlich mitunter dem Konkreten und konnte auch ein willkommenes Ausweichmanöver gegenüber unbequemen Wahrheiten sein. So gewannen pragmatische Unterstützungsaktionen wie z.B. Schulpartnerschaften (bevorzugt mit Einrichtungen in Simbabwe) zunehmend an Gewicht.

Ein eher ungewöhnliches Solidaritätsprojekt war hingegen die zu Ende der 1970er Jahre initiierte und über ein Jahrzehnt andauernde bildungspolitische Zusammenarbeit zwischen dem Land Bremen und der namibischen Befreiungsbewegung SWAPO (vgl. Hinz 1982). Finanziert vom

Landesamt für Entwicklungszusammenarbeit des Landes Bremen, von Terre des Hommes und später auch aus EU-Mitteln, wurden im Rahmen der unterschiedlichen Phasen des Projektes zahlreiche Grundagenbücher für die Verwendung in Schulen erarbeitet. Entsprechend dem Anspruch und Selbstverständnis der »doppelten Entkolonisierung« richtete sich ein Teil des erarbeiteten Materials auch ausdrücklich mit der Absicht zur Aufklärung über die Folgen deutscher Kolonialherrschaft in Namibia an ein deutsches Publikum (Patemann 1984; Mbumba u.a. 1988), während das übrige Unterrichtsmaterial in den Bildungseinrichtungen im Exil und nach der Unabhängigkeit in den Schulen Namibias Verwendung fand (Melber 1983/84; Mbumba/Noisser 1988; Mthoko u.a. 1990).

Durch dick und dünn ...

Wie anderswo in Westeuropa waren auch in der BRD die 1980er Jahre durch eine ganze Reihe innenpolitischer Massenmobilisierungskampagnen geprägt, die sich insbesondere gegen die nukleare Aufrüstung und die Kernenergie richteten. Diese Bewegungen waren dank ihrer Zielgerichtetheit und ihrer klaren, zeitlich begrenzten Perspektiven, aber auch wegen der unmittelbaren Berührungspunkte mit dem Gefühl der eigenen Bedrohung für viele erheblich attraktiver als die nach außen gerichtete internationale Solidarität. Vorübergehend vermochten auch Nicaragua und (noch vorübergehender) Grenada die Phantasie der solidarisch Gesinnten zu beflügeln. Dieses Phänomen wandelnder Präferenzen wurde mitunter auch als Solidaritätstourismus tituliert, der sich in weniger als einem Jahrzehnt von Vietnam über Chile nach Nicaragua und El Salvador bewegte (vgl. Balsen/Rössel 1986). Innerhalb dieses Bezugsrahmens spielte das Südliche Afrika eine eher merkwürdige Rolle.

Länderspezifische Netzwerke und Organisationen hatten im Zuge des Dekolonisierungsprozesses vor oder nach der Unabhängigkeit sich insbesondere zu Mosambik und Simbabwe gebildet. Sie sahen ihre Aufgabe hauptsächlich darin, andernfalls wenig miteinander verbundene Einzelaktivitäten zu koordinieren, etwa die bereits erwähnten Schulpartnerschaften. Diese Netzwerke wurden teilweise von zurückgekehrten Entwicklungshelfern ins Leben gerufen, die Projekte für die Aktion Solidarische Welt (ASW) und den Weltfriedensdienst (WFD) durchführten, zwei von Westberlin aus tätige Organisationen, die ihre Wurzeln im Umfeld der Solidaritätsbewegung hatten. Ländergruppen mit geringerem Profil gab und gibt es auch zu Angola und Botswana. Das Hauptaugenmerk galt jedoch während der 1980er Jahre Südafrika. Dies ging nicht allein auf das sich immer stärker vor einer internationalen Öffentlichkeit entfaltenden Drama von Unterdrückung und Widerstand im Lande zurück. Der andauernde Krieg Südafrikas gegen seine Nachbarstaaten trug ebenso dazu bei wie die mitunter hitzig geführte Debatte um die Frage von Sanktionen und deren möglichen Beitrag, das Ende der Apartheid endlich zu erzwingen. Noch gewichtiger war die Einsicht, dass letztlich die weitere Entwicklung der gesamten Region entscheidend davon abhing, was in Südafrika passieren würde. Diese Konstellation führte unter dem Eindruck der südafrikanischen Aggressionspolitik sogar zu einer der ganz seltenen politischen Grundsatzerklärungen der in einem eher akademisch orientierten Interessenverband zusammengeschlossenen westdeutschen Afrikanisten (Vereinigung von Afrikanisten in Deutschland e.V. 1986).

Ganz offensichtlich konnte Namibia seine Unabhängigkeit nur dann erlangen, wenn die südafrikanische Besetzung des Landes beendet würde. Dies führte nicht nur in den öffentlichen Kampagnen der AAB zu der Tendenz, vorzugsweise dem Widerstand in Südafrika als der ursächlichen Kraft zur Beseitigung der Hindernisse in der gesamten Region die Priorität einzuräumen. Auch die praktischen Hilfsmaßnahmen legten den Schwerpunkt auf Südafrika – trotz der besonderen geschichtlichen Verbindung zur ehemaligen Kolonie »Deutsch-Südwestafrika«. Dies führte gelegentlich zu kritischen Einsprüchen (vgl. Hillebrecht 1988; Möllers 1988), die eine stärkere Gewichtung der Solidaritätsarbeit auch zugunsten Namibias einforderten. Rückblickend kann man sagen, dass angesichts der aus den bereits genannten Gründen durchaus gegebenen besonderen Bedeutung Südafrikas der Solidarität mit Namibia ein vergleichsweise herausgehobener Stellenwert – wenn auch nicht unbedingt im Hinblick auf praktische Projektarbeit oder die eher tagesaktuelle Berichterstattung – eingeräumt wurde. So provozierten mehrere einschlägige Kolonialdenkmäler u.a. in Hamburg, Göttingen, Münster und Bremen die besondere Auseinandersetzung mit der Hinterlassenschaft des deutschen Kolonialismus in Namibia (vgl. Zeller 2000). Auch fand die Befassung mit dem Land einen Niederschlag in relativ frühen wissenschaftlichen Aufarbeitungen diverser Aspekte (vgl. Nachtwei 1976; Hubrich/Melber 1977) sowie der Veröffentlichung populärer Einführungen (Melber 1981 und 1988). Der hundertste Jahrestag der offiziellen kolonialen Besitzergreifung Namibias durch das deutsche Kaiserreich, nahezu zeitgleich mit einem Jahrhundert Berliner Afrika-Konferenz als des Datums der kolonialen Aufteilung des Kontinents, wurde in mehreren Veröffentlichungen kritisch begleitet, von denen sich zwei exklusiv auf Namibia bezogen (Helbig/Helbig 1983; Melber u.a.

1984).[18] Mit dem Einzug der Partei »Die Grünen« in den deutschen Bundestag eröffneten sich auch der politischen Propagierung der in Form zahlreicher Resolutionen der Vereinten Nationen definierten völkerrechtlichen Vorgaben ein wirksames neues Forum. Dies vermochte sowohl eine Anhörung im Deutschen Bundestag 1985 zu dokumentieren, die sich mit der westdeutschen Unterstützung der fortgesetzten Besetzung Namibias befasste (Die Grünen im Bundestag/ISSA 1987), sowie ein Symposium, das die zehnjährige Wiederkehr der Sicherheitsrat-Resolution 435 (1978) und deren bevorstehende Anwendung zum Anlass hatte (Die Grünen im Bundestag 1989).

Zu jener Zeit hatten die durch das südafrikanische Apartheid-Regime und die USA unterstützten Rebellenorganisationen der UNITA in Angola und der RENAMO (oder auch MNR) in Mosambik eine erhebliche Destabilisierung durch willkürliche Gewalt und Grausamkeit ein erschütterndes Ausmaß an menschlichem Leid ausgelöst. Doch auch die Länder ohne eigenen Zugang zur offenen See waren davon betroffen, weil Südafrika die wichtigsten Verbindungsrouten zum Meer kontrollierte oder durch seine Handlanger zerstören ließ. Die südafrikanische Strategie des »total onslaught« (s. Hanlon 1984 und 1986) mobilisierte auch verstärkte Anstrengungen zur Unterstützung der betroffenen Regionen. Gemäß dieser Logik wurden die Frontlinienstaaten, die sich schließlich in der *Southern African Development Co-ordination Conference* (SADCC) zusammenschlossen, als wichtiger Bestandteil einer weltweiten Front gegen die Apartheid begriffen. Dies kam im Dezember 1988 in der Konferenz der *European Campaign on South African Aggression Against Mozambique and Angola* (ECASAAMA) zum Ausdruck, die mit über 400 Teilnehmern aus Europa, dem Südlichen Afrika und anderen Teilen der Erde in Bonn stattfand. Solche Aktivitäten und die dabei verabschiedeten Solidaritätserklärungen mit den jeweiligen Regierungen ließen auch eine nachvollziehbare, fortgesetzte Loyalität gegenüber den Befreiungsbewegungen an der Macht erkennen, die ihre jeweilige Vormachtstellung durch die Ereignisse gefährdet sahen.

Die AAB initiierte eine weitere gezielte Kampagne gegen die fortgesetzte Unterstützung des Apartheid-Regimes durch bundesdeutsche (Groß-)Konzerne, dieses Mal mit Orientierung auf die Banken, die Kredite

[18] Auch dank der Lobby-Arbeit einiger Namibia-Aktivisten gründete die Gewerkschaft Erziehung und Wissenschaft (GEW) gegen Ende der 1980er Jahre ein dem Hauptvorstand zugeordnetes Komitee »Erziehung gegen Apartheid«, das eine gleichnamige bundesweite Informationskampagne startete, die neben Südafrika ausdrücklich auch Namibia als Schwerpunkt hatte und zu beiden Ländern eine umfangreiche kommentierte Materialsammlung zur Verwendung im Unterricht vorlegte (Helbig/Melber 1988).

zur Finanzierung südafrikanischer Staatsgeschäfte vergaben. Neben der Früchte-Boykott-Aktion entwickelte sich mit »Kein Geld für Apartheid« eine weitere eigenständige Initiative, die ihren Niederschlag in einer breiteren Öffentlichkeit und entsprechender Medienberichterstattung fand. Bei der jährlichen Aktionärsversammlung der Deutsche Bank 1988 konfrontierte eine Gruppe »kritischer Aktionäre« das Management der Finanzinstitution mit dem Thema Südafrika. Kurz danach dominierten die Finanzgeschäfte mit dem Apartheid-Staat auch erneut (wie seit 1983 fast schon als Ritual etabliert) die Jahresversammlung der Dresdner Bank. Körper blockierten als menschliche Teppiche die Eingänge zu zwei Bankfilialen in Hamburg, und die Teilnehmerzahl an einer Demonstration war vierstellig. Das Hauptaugenmerk der Kritik richtete sich gegen die Verlängerung auslaufender Kredite, die in deutlichem Kontrast zur generellen Haltung der Banken in der Verschuldungsfrage gegenüber Ländern der Dritten Welt stand. Parallel dazu wurde die Kampagne gegen den Kauf von Krügerrands weitergeführt.

So wichtig dieses Engagement gegen die fortgesetzte Unterstützung der Apartheid durch westliches Kapital war, trug es doch auch dazu bei, von den wachsenden inneren Widersprüchen in der weiteren Entwicklung der unabhängigen Staaten der Region abzulenken und die Beteiligten gegen die Wahrnehmung interner Versäumnisse der Befreiungsbewegungen an der Macht gleichsam zu immunisieren. So wurde häufig einfach übersehen oder nicht zur Kenntnis genommen, dass die empfindlichen Rückschläge, die die ehrgeizigen Plänen einer sozialistischen Entwicklung in Mosambik und Angola erlitten, keinesfalls immer nur den mit US-amerikanischer und südafrikanischer Unterstützung von außen operierenden Interventionskräften zugeschrieben werden konnten. Wie mittlerweile hinreichend dokumentiert und ausführlich analysiert (vgl. Egerö 1987; Hodges 2001), müssen die katastrophalen Versäumnisse oder auch die Enttäuschung der von hochtrabenden Versprechungen ausgelösten Erwartungen (Saul 1991: 149) ebenso den internen Schwächen der angolanischen und mosambikanischen Projekte organisierter Befreiung angelastet werden. Hätte man sich gefragt, welche für die dauerhafte und sogar relativ erfolgreiche Präsenz von Pseudo-Guerilleros in beiden Ländern jenseits der imperialistischen Unterstützung von außen verantwortlich zu machen waren, wäre auch eine sorgfältigere Untersuchung der internen Verhältnisse der betreffenden Länder unvermeidlich gewesen, und man wäre gezwungen gewesen, auch die verfehlte Regierungspolitik der ehemaligen Befreiungsbewegungen in Betracht zu ziehen (vgl. Nilsson 1993).

Die politische Kultur großer Teile der Solidaritätsbewegung war hingegen auf eine Dichotomie fixiert, in der die Standpunkte der Befreiungsbewegungen bzw. ihrer neuen postkolonialen Regierungen mehr oder weniger bedingungslos gegenüber einer bestenfalls indifferenten, oftmals feindlich gesinnten westdeutschen Öffentlichkeit propagiert und verteidigt werden mussten. Ähnliches galt für die offizielle Regierungspolitik der Bundesrepublik nahezu unabhängig von der jeweiligen Orientierung der einzelnen politischen Parteien. Angesichts dieser Polarisierung ist es zumindest erklärbar und vielleicht auch verständlich – hingegen kaum zu akzeptieren –, dass sich die Haltung einer *kritischen* Solidarität gegenüber Befreiungsbewegungen – ob sie nun an der Macht waren oder sich erst noch auf dem Weg dahin befanden – allenfalls unter großen Schwierigkeiten durchzusetzen vermochte.

Dieses Problem überdauerte als Herausforderung auch das Ende des Kolonialismus und der Apartheid. Nicht nur ist die aktuelle Politik der Mehrheitsregierungen z.T. erheblich von den zuvor proklamierten Zielen abgewichen. Einige der früheren Befreiungsbewegungen entschieden sich darüber hinaus auch für zweifelhafte Wege, sich mit der eigenen Vergangenheit (nicht) auseinanderzusetzen. So wurden seit spätestens Mitte der 1980er Jahre Berichte über in Erdlöchern festgehaltene Gefangene, deren Folterung und Liquidierung als der Spionage für Südafrika beschuldigte Agenten – vor allem in Lagern der SWAPO im südlichen Angola – in weiten Teilen der westdeutschen Solidaritätsbewegung tabuisiert und einfach totgeschwiegen. Aufmerksamkeit wurde dem Thema auch nach verschiedenen Versuchen unmittelbar oder indirekt Betroffener sich international Gehör zu verschaffen (vgl. Groth 1995: 144-154) allenfalls im Sinne einer Pseudo-Debatte um die damit verknüpften ideologischen Kontroversen geschenkt. Leider wurde tatsächlich der vorhandenen Repression innerhalb der Befreiungsbewegungen im Exil die erste systematische Publizität durch konservative bis reaktionäre politische Kräfte zuteil, die versuchten, daraus ihrerseits für die Verteidigung der weißen Minderheitsregime Kapital zu schlagen und das Anliegen der nationalen Befreiung zu diskreditieren. Solch manipulativen Darstellungen, die motiviert vom Geiste des kalten Krieges eine objektive und sachliche Einordnung der Geschehnisse erschwerten, wurden u.a. durch die Internationale Gesellschaft für Menschenrechte kolportiert (s. Graw 1986). Zwar waren diese Diffamierungsversuche erkennbar scheinheilig und damit unglaubwürdig; doch lässt sich inzwischen nachweisen, dass sie trotz zahlreicher Ungereimtheiten im Detail im Kern einen zutreffenden Sachverhalt zur Sprache brachten. Die meinungsbildenden Teile der Solidaritätsbewegung reagierten allerdings ebenfalls nach dem Reiz-Reaktions-Schema des kalten Krieges und unternahmen keinen Versuch, den vorgetragenen Anschuldigen auch nur halbwegs ernsthaft auf den

Grund zu gehen. Statt dessen entledigten sie sich jeglicher Verantwortung für die Überprüfung der Behauptungen mit der griffigen Formel »Offensive ist die beste Verteidigung« (Hinz 1986: 83). Mit dieser Einstellung reproduzierte die Solidaritätsbewegung – wenngleich eher aus Bequemlichkeit, Indifferenz oder Nachlässigkeit – die Verhaltensweise der SWAPO-Führung im Exil, die Opposition und Zweifel im Interesse der Aufrechterhaltung einer vorgeblichen »Einheit« massiv unterdrückten (vgl. Leys/Saul 1995: Kap. 1 und 2).

Erst Ende der 1980er Jahre zeichnete sich bei einer Minderheit der Solidaritätsbewegung die Bereitschaft ab, sich dem Thema auch öffentlich zu stellen. Dies ging mit einer prinzipiellen Debatte zu Menschenrechtsfragen einher, als im Zuge des Übergangs zur Unabhängigkeit Namibias von ehemaligen Gefangenen der SWAPO die Berichte über Menschenrechtsverletzungen im Exil in wesentlichen Zügen beweiskräftig vorgetragen wurden und sich das Problem nicht mehr verleugnen liess (Causemann 1989; Groth 1989; Kößler 1989; Helbig/Helbig 1990; Melber 1990b). Zugleich hielten andere dennoch weiterhin hartnäckig daran fest, solche Überlegungen und Denkanstöße seien als Anti-SWAPO-Propaganda abzuqualifizieren, die danach trachte, die Ziele des antikolonialen Befreiungskampfes zu diskreditieren (Roloff 1989). Wie ein weniger direkt politisch verwickelter Beobachter im nachhinein zu Recht feststellte, trug diese Verleugnung von Missständen als zweifelhafte Vasallentreue zur Vertuschung ebenso zweifelhafter Methoden und Praktiken der internen Repression – die im übrigen kein besonderes Versäumnis nur der westdeutschen Solidaritätsbewegung war, sondern als Scheuklappen-Mentalität weite Teile der internationalen Unterstützung der Dekolonisierungsprozesse im Südlichen Afrika charakterisierte – beschämende Züge, die der moralischen Glaubwürdigkeit sicher nicht zuträglich waren (Ansprenger 1991: 53). Die Menschenrechtsverletzungen der SWAPO, die hierzulande deshalb besonders prominent ins Gewicht fielen, weil sie von einer prosüdafrikanischen Lobby-Gruppe massiv zur Diskreditierung der Ziele des antikolonialen Widerstands ausgenutzt wurden, waren beileibe nicht das einzige Beispiel, das Solidaritätsgruppen zur Nachdenklichkeit und sorgfältigen Prüfung ihrer Standpunkte hätte anregen müssen. Die bereits erwähnten Ereignisse im Matabeleland zu Mitte der 1980er Jahre hätten ebenfalls hinreichend Anlass zur Selbstreflektion geboten und vielleicht sogar schon etwas von dem, was erst noch Jahre später kommen sollte (vgl. Melber 2002b), erahnen lassen.

Bevor die Konflikte um Menschenrechtsverletzungen zum offen ausgetragenen Thema wurden, das Protagonisten mehr als zuvor auseinanderdividierte, wahrte die Solidaritätsbewegung hingegen ein (wenn auch nicht immer überzeugendes) Maß an relativer Geschlossenheit. Dieses Zweckbündnis dauerte bis zur Erlangung der Unabhängigkeit Namibias und der nahezu gleichzeitigen Freilassung Nelson Mandelas – beides einschneidende Wendepunkte, die das absehbare Ende der weißen Vorherrschaft im Südlichen Afrika und die endgültige Abschaffung der Apartheid in greifbare Nähe rückten. Selbst nach der Erlangung der Mehrheitsherrschaft auf der Grundlage demokratischer Wahlen in Südafrika 1994 lösten sich die Organisationen nicht auf. Allerdings wuchsen die Zeichen einer fortschreitenden Erosion und des Zerfalls der Bewegung seither massiv. Viele der Aktivisten hielten ihr Ziel für verwirklicht und ein fortgesetztes Engagement für die Region für entbehrlich. Sie erachteten andere politische Herausforderungen nunmehr als vorrangig oder zogen sich aus der aktiven politischen Arbeit zurück. So besehen glich die Tendenz der Solidaritätsbewegung zum Südlichen Afrika in ihrer End- und Auflösungsphase der einer gewissen Beliebigkeit, die für die meisten der früheren Solidaritätsinitiativen mit anderweitigem Regionalbezug so typisch war. Bloß dauerte es halt ein bisschen länger, bis auch diese der beschämenden Regel folgte, dass es mit der Solidarität vorbei war, sobald die Dekolonisierung erreicht wurde (Becker 1991: 38).

Unabgegoltenes – oder weiter so?

Viele haben irgendwann einmal die Parole »a luta continua« als Ausdruck der Überzeugung skandiert, dass der Kampf um Befreiung und menschenwürdiges Leben im Grunde nie aufhören darf. Nur wenige hingegen betrachteten die Etappen nachkolonialer sozialer Veränderungen als eine Sache fortgesetzter Solidarität, die eine Neubestimmung der Parteinahme erforderlich macht. Selbstgerechtigkeit und -zufriedenheit, die für Teile der Solidaritätsbewegung aufgrund der kritiklosen Überzeugung so charakteristisch waren, eine moralisch und politisch richtige und damit vorbehaltlos »gute« Sache zu unterstützen, erwiesen sich als wenig geeignetes Rüstzeug, um die weniger erfreulichen und keinesfalls glorreichen nachkolonialen Entwicklungen mit dem gleichen Engagement zu verfolgen. Die meisten unter denjenigen, die die Erlangung staatlicher Souveränität durch die einzelnen Befreiungsbewegungen derart enthusiastisch feierten, als wäre es zuvörderst ihr eigener Sieg, kümmerten sich danach allenfalls noch am Rande um die Schattenseiten, die dem Glanz folgten – und erst recht unternahmen sie kaum jemals besondere Anstrengungen, um diese zu erforschen und zu klären (s. als Ausnahme allgemein Foitzik/Marvakis 1997, darin auch Melber 1997). Für die Mehrheit der einstigen Aktivisten war die Sache erledigt und zu einem guten Ende gebracht. Für eine Minderheit hingegen eröffneten sich auch neue Möglichkeiten und Perspektiven. Die neuen Zeiten ermöglichten einen Austausch auf anderer Ebene und ließen einen Perspektivenwechsel sowie verändertes Engagement auf der Grundlage bis dahin unbekannter Interaktion und Kommunikation zu. Mitunter führte dies – wie z.B. in der Frage des relativ orthodox und dogmatisch vertretenen akademischen Boykotts auch gegenüber jenen, die innerhalb der Gesellschaften um Reformen und Veränderungen kämpften – zu einer nachträglichen Infragestellung des seinerzeit eingenommenen Standpunktes.

Andere mögliche Bezugspunkte selbstkritischer Reflektion bot der immer wieder zur Schau gestellte offene Paternalismus gegenüber den früheren Objekten der Solidarität und die Übertragung kritikloser Projektionen, die mitunter an offene Vorurteile und Diskriminierungen grenzten (s. zu solchen Ambivalenzen Beispiele in Melber 1992). Dies traf auch auf die Herausforderung, sich innerhalb der Schnittbereiche von partikularen und universellen Sichtweisen neu zu verorten, die sich in den Diskussionen um kulturellen Relativismus vis-à-vis universelle Werte und Normen in Fragen von Demokratieverständnis und Auslegung von Menschenrechten im Zuge der nachkolonialen gesellschaftlichen Aufbauprozesse unter dem Etikett des »nation building« aufdrängten (vgl. Kößler/ Melber 1993: Kap. 4). Die neuerliche Debatte über Menschenrechtsverletzungen der SWAPO im Exil kulminierte 1996 in Namibia in einer radikalen Kontroverse um ein ursprünglich in Deutschland veröffentlichtes Buch, das in englischer Übersetzung die breitere namibische Öffentlichkeit in Aufruhr versetzte (Groth 1995 und 1996). In seiner Empörung ließ ein hochrangiger SWAPO-Funktionär und Parlamentsabgeordneter sich zu dem öffentlichen Aufruf hinreißen, das Buch zu verbrennen. Allerdings blieb die Resonanz auf die Enthüllungen in Deutschland selber bzw. unter den verbleibenden Resten der einstigen Solidaritätsbewegung eher dünn. Von ganz wenigen Ausnahmen abgesehen, hegten die Aktivisten von einst keine Ambitionen, sich mit den eigenen Versäumnissen der Vergangenheit und den nicht immer einer Emanzipation förderlichen Erblasten von Befreiungsbewegungen an der Macht (s. Melber 1990a) auseinanderzusetzen.

Das wachsende Desinteresse schien die Vermutung nahe zu legen, zumindest Teilen der früheren Solidaritätsbewegung seien zu der Schlussfolgerung gekommen, die Erlangung des formalen Selbstbestimmungsrechts völkerrechtlicher Souveränität und das Ende von Kolonialismus und Apartheid seien gleichbedeutend mit dem Ende der Geschichte. Die Frage nach einer Befreiung mit oder ohne Demokratie wurde bis vor kurzem von jenen kaum gestellt, die den Befreiungskampf von außen als einen Beitrag zu mehr sozialer und politischer Gleichheit unterstützten. Dabei hätte es schon länger gute Gründe und handfeste Anzeichen gegeben, eine solche Debatte zu initiieren (vgl. Saul 1999; Melber 2001 und 2002d). Erst in jüngerer Zeit haben insbesondere die Ereignisse in Simbabwe (vgl. Melber 2002b) auch in den deutschen Landen zumindest in Ansätzen eine neue Debatte bewirkt, wie Stellungnahmen in den weiter erscheinenden Zeitschriften wie »afrika süd« und »blätter des iz3w«, aber auch Erklärungen aus dem noch bestehenden organisierten Spektrum der früheren Solidaritätsbewegung wie der Koordination Südliches Afrika (KOSA) dokumentieren. Die Ereignisse provozieren unweigerlich aufs Neue die Frage, mit wem wir es zu welchem Zwecke eigentlich halten. Es ist stellt sich erneut die Frage nach dem gesellschaftlichen Interesse und dem Inhalt von Solidarität. Nur wenn wir uns der Beantwortung dieser Frage auch in den Zeiten nach der Apartheid im Kontext des Südlichen Afrika stellen, und diese unter Berücksichtigung der Aspekte beantworten, die vom ungleichen Welthandel bis zum Aufbau eines globalen militärischen Eingreifpotentials durch die Bundeswehr reichen (vgl. Becker 1991: 38), können wir dem Solidaritätsbegriff seine volle Bedeutung und Glaubwürdigkeit verleihen.

Im Rückblick auf die Verlaufsformen, Erfolge und Versäumnisse der westdeutschen Solidaritätsbewegung insbesondere zum Südlichen Afrika bietet dieses Kapitel so jenseits der Bilanzierung auch einen Überblick über einige der ungelösten Aufgaben und weiter bestehenden Herausforderungen, die Anlass zu weiterer Diskussion sein sollten. Wir bleiben auch weiterhin gefordert, unsere Position gegenüber den »Verdammten dieser Erde« zu bestimmen und Partei zu ergreifen. Allerdings lässt sich die Frage, bei wem es sich denn eigentlich im nachkolonialen gesellschaftlichen Zusammenhang des Südlichen Afrika (oder auch anderswo) um die Verdammten dieser Erde handelt, nicht mehr ganz so einfach beantworten. Die Kämpfe im Südlichen Afrika haben sich verändert, aber sie sind keinesfalls beendet. Dies wurde auch den Teilnehmern einer Konferenz auf der ehemaligen Gefängnisinsel Robben Island deutlich ins Bewusstsein gerufen. Viele unter ihnen hatten sich dort Ende des 20. Jahrhunderts eher zur schulterklopfenden Selbstbeweihräucherung in trauter Runde eingefunden, um die Errungenschaften der Befreiungskämpfe gegen die kolonialen Minderheitenregime und ihren eigenen Beitrag dazu in nostalgisch verklärter Erinnerung zu zelebrieren. Dass es dabei nicht nur gänzlich unkritisch zuging, war weniger das Verdienst der Aktivisten der älteren als vielmehr das der Vertreter einer nachkolonialen Generation. So mahnte ein jüngerer Sozialwissenschaftler aus Simbabwe, dass eine

Unterstützung während der Tage nationaler Befreiungskämpfe heute die Verpflichtung begründe, den Widerstand gegen nachkoloniale Ungerechtigkeit zu unterstützen. Sich dem zu entziehen, hieße die politischen, wirtschaftlichen und sozialen Ziele der nationalen Befreiung nachträglich zu desavouieren und für nichtig zu erklären. Während die politische Befreiung von kolonialer Herrschaft und insofern auch die Ziele einer Unterstützung von außen erreicht worden seien, sei es jetzt an der Zeit, die nachkoloniale Wirklichkeit kritisch zu überprüfen. Dabei zeichne sich ganz offenkundig ab, dass das Südliche Afrika an einer Schwelle zur »zweiten Befreiung« stehe, einer Befreiung von nachkolonialer Unterdrückung (Kambudzi 1999: 78).

Wir wünschten uns, dass auch diese vom Verlangen nach Teilhabe und Gerechtigkeit an einem menschenwürdigen Dasein motivierten Kämpfe einen ähnlichen Grad an Sympathie, Identifikation und Unterstützung von jenen erhielten, die im Geiste globaler Solidarität die ursprünglichen Etappen eines Befreiungsprozesses begleiteten und – mitunter auch ganz handfest – aktiv förderten. Wie nötig das ist, und welche Widerstände der »zweiten Befreiung« entgegenstehen, haben die Präsidentschaftswahlen in Simbabwe im März 2002 auf drastische Weise gezeigt. Wenn in einem Land, dessen Regierungspartei sich nach wie vor auf die antikoloniale Befreiungsbewegung beruft, nicht nur Wahlen schamlos manipuliert, sondern Wählerinnen und Wähler von der Polizei von den Wahllokalen weggeprügelt werden, weil sie in Verdacht stehen, »falsch« abzustimmen – spätestens dann müssen alle diejenigen, die diesen Befreiungskampf unterstützt haben, ihre Verantwortung erkennen, nun das Ihre dazu beitragen, der Opposition zu ihrem Recht zu verhelfen. Wenn heute in Simbabwe Bürgerrechte mit Füßen getreten werden, so ist das nicht nur ein Verrat an den Zielen des Befreiungskampfes, sondern es bedeutet auch eine Verantwortung für diejenigen, die von außen dafür eingetreten sind. Diese Verantwortung lässt sich nicht mit der formellen Machtübergabe ad acta legen. Wer vor dem Unabhängigkeitsdatum richtig gehandelt und die Befreiungsbewegung unterstützt hat, sollte sich heute ein waches und eingreifendes Interesse für die Anliegen und Ziele der Befreiung bewahren. Das gilt natürlich nicht allein für Simbabwe oder das Südliche Afrika: Der weltweite gesellschaftliche Zusammenhang bedeutet auch einen Aufruf zu weltweiter Verantwortung und Solidarität.

3 Deutsche Süd- und Entwicklungspolitik zu Beginn des 21. Jahrhunderts: Das Lehrstück Afrika

Take up the White Man's burden –
The savages wars of peace –
Fill full the mouth of famine
And bid the sickness cease;
And when your goal is nearest
The end for others sought,
Watch Sloth and heathen Folly
Bring all your hopes to nought.

Rudyard Kipling

Die deutsche Entwicklungs- und Afrikapolitik ist zu Beginn der rot-grünen Regierungskoalition sanft entschlummert – zumindest tat sie dies, wo ein öffentlicher Diskurs gefragt ist und sehr zum Unmut jener, die sich vom grünen Element der neuen Allianz gerade auch hier Alternativen versprochen hatten. Immerhin sind die Führungsetagen sowohl im Bundesministerium für Wirtschaftliche Zusammenarbeit (BMZ) wie dem Auswärtigen Amt (AA) mittlerweile teilweise auch von einstigen Aktivistinnen und Aktivisten einer Dritte-Welt-Bewegung okkupiert, die sich – wie Kapitel 2 ausführlich dokumentiert – während der 1970er und 1980er Jahre für internationale Solidarität auch mit den Befreiungskämpfen insbesondere im Südlichen Afrika engagiert hatten. Inzwischen scheint die deutsche Afrika-Politik aus dem Dornröschenschlaf wachgeküsst worden zu sein. Die hierauf bezogene politische Debatte hat neuerdings ein Ausmass angenommen, das in einer aktuellen Zusammenschau als »eine kleine Renaissance« gewürdigt wurde (Engel 2001: 2).

Jedoch ist diese Konjunkturbelebung mit Vorsicht zu genießen und sicherlich kein Grund zu vorbehaltloser Euphorie. Das soll die folgende Begebenheit als thematische Einstimmung zum Gegenstand dieses Kapitels verdeutlichen. Denn Merkwürdiges trug sich am 4. April 2001 in der deutschen Hauptstadt zu, als die Bundestagsfraktion von Bündnis 90/Die Grünen zur Präsentierung eines »Millennium Africa Renaissance Program« durch die Botschafter Südafrikas und Nigerias in Anwesenheit des deutschen Außenministers lud. Da erinnerte der nigerianische Botschafter, Senator Emeka Patrick Echeruo, in seiner Ansprache daran, dass sein Staatsoberhaupt Obasanjo anlässlich eines Aufenthaltes in Berlin im Dezember 1999 für die Einberufung einer »Neuen Berliner Konferenz« zur Neubestimmung der europäisch-afrikanischen Beziehungen plädiert hat. Er teilte weiterhin die Auffassung, dass Deutschland wie schon beim Berliner Kongress 1878 und der Berliner Konferenz 1884/85 historisch und moralisch gut positioniert sei, um an führender Stelle einen solchen neuen Dialog voranzubringen. Der Botschafter schlussfolgerte daraus, dass »Die Neue Berliner Konferenz«, auf der die afro-europäischen Beziehungen geprüft und neu definiert würden, einer der grössten Beiträge zur Unterstützung der emanzipatorischen Bemühungen auf dem afrikanischen Kontinent selbst sein könnte (Bundestagsfraktion Bündnis 90/Die Grünen 2001: 20).

Dies wurde vom Bundestagsabgeordneten Ströbele in seiner Funktion als Vorsitzender der Veranstaltung in den Schlussbemerkungen zustimmend aufgegriffen. Den Hinweis auf die Berliner Konferenz quittierte er mit der Feststellung, »dass Deutschland das Glück hatte, sehr früh aus der Kolonialisierung gewaltsam herausgetrieben worden zu sein. ... Dies ist eine Chance und das, was Sie, Herr Botschafter uns hier sagen, habe ich von vielen Gesprächspartnern ... gehört. ... Deutschland kann eine Rolle übernehmen, die unbelastet ist und die deshalb eine Vorreiterrolle sein kann.« (ebd., 55) Der Grad kollektiver und geradezu offiziöser Amnesie in puncto deutscher Kolonialgeschichte ist verblüffend – dazu noch in einer Stadt, in der diese Kolonialpolitik konzipiert, diskutiert und beschlossen wurde. Dass dies der Vergessenheit anheim fällt, kann keinem mangelnden Zugang zu entsprechenden Informationen geschuldet sein, und die gute Absicht reicht zur Entschuldigung nicht aus. Wer Bescheid wissen will, findet spätestens seit der hundertjährigen Wiederkehr der Berliner Afrika-Konferenz von 1884 und des fast zeitgleichen Eintritts Deutschlands in den Kreis der Kolonialmächte Informationen zuhauf. Sie sind auch in relativ aktueller Form leicht erhältlich (s. nur Melber 1992). Der Jubel, der vor über 100 Jahren in deutsch-nationalen Zirkeln über den Schritt zum heiß ersehnten »Platz an der Sonne« ausgebrochen ist, wurde seither umfassend dokumentiert. Ausreden lassen sich weder für Ströbele noch für Echeruo geltend machen. – Es sei denn, im Rahmen der PR für das afrikanische »Policy Paper« gilt einmal mehr die pragmatische Formel, dass der Zweck die Mittel heilige und jedes Argument recht sei, wenn es letztlich einer »guten Sache« diene. Das scheint ein wenig zu einfach und rückt das Ganze in gefährliche Nähe zu den Denkansätzen der damaligen Kolonialbefürworter und deren Apologetik von der zivilisatorischen Mission kolonialer Herrschaft. Ebenso schlimm ist an dieser falschen und verkürzten Sichtweise, dass sie Geschichte negiert oder abtreibt, die auch dann erinnerungswürdig ist und zum kollektiven Gedächtnis gehört, wenn sie unbequem und schuldbeladen ist. Gerade ein solches Eingedenken und Erinnern darf nicht selektiv verfahren.

Im Rahmen der Veranstaltung zum »Millennium Africa Renaissance Program« philosophierte Christian Ströbele in seinen Schlussbemerkungen auch über sein ureigenstes Verhältnis zu Afrika. Er stellte sich vor dem anwesenden Publikum die Frage, warum er von diesem Kontinent emotional so stark beeindruckt ist, wenn er sich als Mitglied mit dem Arbeitsbereich Afrika im Ausschuss für Wirtschaftliche Zusammenarbeit des Deutschen Bundestages dort befindet. Er bemühte dabei auch seinen zeitweiligen Tischnachbarn während dieser Veranstaltung, Außenminister Fischer, als zustimmende Autorität hinsichtlich seines spontanen Erklärungsversuchs: »Vielleicht gibt es so eine Art genetische Erinnerung, weil wir wissen, dass sich möglicherweise auch unsere Herkunft aus Afrika zurückleiten lässt. Lang, lang ist es her, aber irgend etwas in uns scheint sich da zu erinnern.« (Bundestagsfraktion Bündnis 90/Die Grünen 2001: 52) – Wie schön wäre es doch, wenn auch das (relative) Kurzzeitgedächtnis selbst solcher deutscher Politiker, denen eine kritische Haltung in anderen Bereichen nicht abzusprechen ist, dabei nicht so massiv zu Schaden kommen würde. Oder verdient Afrika vielleicht nicht dieselbe Aufmerksamkeit wie der Untersuchungsausschuss zur Parteispendenaffäre?

Die erwähnte Werbeveranstaltung hatte einen besonderen Anspruch. Hier wurde eine neue – mittlerweile unter dem Etikett »New Partnership for Africa's Development« (NEPAD) firmierende – Initiative führender afrikanischer Politiker (vgl. Melber 2002a) relativ früh auch in den bundesdeutschen Kontext eingeführt. Die hehren Postulate dieses Unternehmens wurden von einem anwesenden Afrikanisten zurecht in der gebührend offenen Form hinterfragt. Dabei gehörte der Skeptiker, dessen beißende Kritik am vorgelegten afrikanische Entwicklungsstrategie-Dokument (Robert Kappel in Bundestagsfraktion Bündnis 90/Die Grünen 2001: 44-49) nachgerade auf Empörung in den Reihen der ganz überwiegend wohlwollend gestimmten Anwesenden stieß, zu den Verfassern eines Grundsatzpapiers, das seit Oktober 2000 in einschlägigen Kreisen für einige Aufregung gesorgt hatte. Die Rede ist von dem »Memorandum zur Neubegründung der deutschen Afrikapolitik« (Engel u.a. 2000), das von sechs Afrikawissenschaftlern erarbeitet und sowohl per elektronischer Post als durch eine Reihe von Artikeln breit gestreut wurde. Die Verfasser sind allesamt an etablierten Institutionen mit der Wissensproduktion zu Afrika beschäftigt. Sie haben damit eine erstaunlich weite Resonanz hervorgerufen, wobei sich die Diskussion nicht nur aus dem kontroversen Charakter der Analyse und der daraus abgeleiteten Politikempfehlungen ergibt, sondern auch allgemein unter Beweis stellt, wie überfällig diese Debatte ist. Wir können hier weder die inhaltlichen Details des Memorandum noch die Auseinandersetzungen darüber referieren (vgl. Jakobeit/Weiland 2002) und verzichten im Interesse einer exemplarischen Auseinandersetzung mit den im Memorandum vertretenen Grundpositionen auch darauf, die späteren Dokumente deutscher Afrikapolitik zu analysieren (s. http://www.epo.de/ specials/afrikapolitik). Es geht uns auch um Grundsätzlicheres als um die Divergenzen zu einzelnen Interpretationen und Auffassungen: Eine Vorbemerkung der Autoren schließt mit der griffigen Formel: »Realistische Afrikapolitk benötigt realistische Analysen.« (Engel u.a. 2000: 2) Genau gegen jenes Verständnis von Realität und den darauf basierenden vorgeblichen Pragmatismus richtet sich unser prinzipieller Einspruch.

Die Argumentation des Memorandums ist – darin den Einlassungen Echeruos und Ströbeles gar nicht unähnlich – durch eine völlig ahistorische Sichtweise gekennzeichnet. So wird einfach davon ausgegangen, deutsche Afrika-Politik sei den Idealen einer Demokratieförderung und dem Schutze von Menschenrechten verpflichtet. Die Handlungsanleitungen klammern die innenpolitische Dimension – beispielsweise in Form der Verhinderung von wie auch immer gearteten Kriegsprofiten durch Rüstungsimporte oder Lieferung ausrangierter Bestände der Bundeswehr (und früher der NVA) – vollständig aus. Die historischen Erblasten in puncto deformierter Strukturen afrikanischer Gesellschaften, die auch Ergebnis von Kolonialismus und Imperialismus sind (ohne damit die partielle Eigenverantwortlichkeit insbesondere post-kolonialer despotischer Regime leugnen oder verharmlosen zu wollen), werden keines ernsthaften Gedanken für wert befunden. Eine Mitverantwortung an den (welt-)gesellschaftlichen Ungleichheiten wird nicht geleugnet. – Schlimmer noch: Sie wird überhaupt erst gar nicht benannt. Es läuft auf vollständige Ausblendung, auf eine Art Totalamnesie hinaus. Die über eine die fehlende historische Vergewisserung hinaus notwendige aktuelle, gerade auch an die Adresse der Politik zu richtende Kontextualisierung unterbleibt gänzlich. Mit der räumlichen und inhaltlichen Begrenzung, die dem erklärten Charakter des Dokumentes als Denkschrift noch gemäß wäre, lässt sich diese Unterlassungssünde keinesfalls rechtfertigen.

Das Memorandum wirbt, wie der Untertitel andeutet, für »Frieden und Entwicklung durch strukturelle Stabilität« (Engel u.a. 2000) und hat eine breite Debatte ausgelöst.[19] Für eine Neuorientierung und gründliche Diskussion der deutschen Afrika-Politik lassen sich in der Tat jenseits des bemühten konkreten Eingangsbeispiels gute Gründe nennen: Inkohärenz und Beliebigkeit des augenblicklichen Vorgehens werden nicht ohne Grund auch in dem Memorandum moniert. Ganz aktuell erfordert die nach dem 11. September 2001 forcierte Neuausrichtung der US-Politik nicht nur gegenüber Afrika eine Auseinandersetzung über die Folgen von Isolationismus und über Möglichkeiten eines aufgeklärten Internationalismus, der nicht identisch ist mit dem Ruf nach (militärischer) Intervention. Aus diesen Gründen war diese Initiative durchaus willkommen zu heißen. Anstöße für eine eingehende Debatte sind nach wie vor dringend notwendig. Um darüber hinaus auch der praktischen deutschen Afrikapolitik effektiv neue Impulse zu geben, sie überhaupt zurück ins Gespräch zu bringen, sind Provokationen, wie sie von dem Memorandum ausgegangen sind, wohl unerlässlich. Doch hat die Wirkung eng umrissene Grenzen, wenn es um Provokation gleichsam per se geht. Auf der damit angesprochenen

[19] Dieses Kapitel beruht zu erheblichen Teilen auf einem Text, der ursprünglich als unmittelbare Reaktion auf dieses Memorandum entstanden ist (vgl. Hauck/Kößler/Melber 2001). Gerhard Hauck als weiterer Koautor dieses Beitrags ist daher zugleich Mitverfasser dieses Kapitels. Wir danken ihm für seine Zustimmung, den gemeinsamen Text hier zu verwenden.

inhaltlichen Ebene wirft das Memorandum, zumal dann, wenn es als Anregung für politisches Handeln verstanden werden soll, hauptsächlich Fragen und Probleme auf: Die dort propagierten Lösungen gehören eindeutig zu den Problemen.

Wir wollen dies in einem kurzen Resümee der aus unserer Sicht wesentlichen Thesen des Memorandums deutlich machen. Dann werden wir uns eingehender mit methodischen Fragen befassen, die durch das Vorgehen der Memorandums-Autoren aufgeworfen werden, um uns schließlich mit ihren Politikempfehlungen auseinander zu setzen.

Die sechs Autoren selbst haben ihre Position in vier Thesen zusammengefasst. Neben der deutlichen Differenzierung Afrikas südlich der Sahara (These 1) sehen sie »für eine wachsende Zahl von Staaten« nachhaltige Entwicklung und Armutsminderung »über einen sehr langen Zeitraum« als »unmöglich« an (These 2) und plädieren vor diesem Hintergrund für einen neuen politischen Ansatz, der über die als relativ enges Feld verstandene Entwicklungspolitik hinausgreift und sich entschieden im europäischen Verbund positioniert (Thesen 3 und 4). Zielsetzung dieser neuen Politik soll »strukturelle Stabilität« sein (These 5). Darauf kommt es in erster Linie an. Was sich dahinter verbirgt, ist vor allem die Forderung nach einem selektiven Vorgehen, das sich stärker als bisher zum einen an den »deutschen Interessen« zum anderen an den länderspezifischen Erfolgsaussichten von Entwicklungspolitik orientiert. Um hier zu einer Einschätzung zu gelangen, haben die Autoren des Memorandums alle Länder des subsaharanischen Afrika in Kategorien eingeordnet. Auf das Verfahren ist noch im einzelnen zurückzukommen.

Die Argumentation ergibt im wesentlichen, dass für die übergroße Mehrheit dieser Länder »in den kommenden 30-50 Jahren ... jede Aussicht auf ›Entwicklung‹ im herkömmlichen Sinn« (S. 1) in Abrede gestellt wird. »Strukturelle Stabilität« als unter solchen Bedingungen definiertes Hauptziel läuft, wenn man nach den von den Autoren hervorgehobenen »wichtige(n) Voraussetzungen und Merkmalen« geht, in etwa auf den üblichen *good governance*-Katalog hinaus: Die Legitimation des Staates, seine »Normsetzungsfähigkeit« und die »wirksame Gestaltungsmacht staatlicher Institutionen«, vor allem aber das staatliche Gewaltmonopol gelte es ebenso zu stärken wie »zivilgesellschaftliche Institutionen« mit dem Ziel zur »konstruktive(n) und gewaltfreie(n) ... Austragung grundlegender und akuter Interessenkonflikte«. Diese wiederum werden – in offenbarem Widerspruch zu der Einlassung über die völlig fehlenden Entwicklungsperspektiven – als Folgen von »nachhaltiger, sozialer und wirtschaftlicher Entwicklung, ... Demokratisierung und politischer Liberalisierung, ... der Neuordnung von Staatswesen, ... sozialem Wandel und der

Schaffung ökologisch verträglicher Lebensweisen« erwartet (S. 4).

Demnach liegt dem Memorandum nahezu stillschweigend die Annahme zugrunde, dass sich deutsche Afrika-Politik vornehmlich an flankierenden Massnahmen zur Absicherung oder Anregung wirtschaftlichen Wachstums zu beteiligen hätte. Dass es andere Handlungsmaximen mit Priorität geben könnte, die das Gewicht z.B. stärker auf soziale Umverteilungsmaßnahmen oder Krisenverringerung bzw. -prävention legen (und damit gleichfalls, wenn auch anders gelagert stabilitätsfördernd wären), wird als Grundsatzoption nicht hinreichend diskutiert.

Damit fügt sich das Memorandum exakt in den im wesentlichen an neoliberalen Vorgaben orientierten *good governance*-Diskurs ein, der Strukturanpassung wenig anders denn als Sequenz von Austeritätsprogrammen buchstabiert, die letztlich keine Wahl und damit auch nicht mehr als eine »exklusive Demokratie« (Abrahamsen 2000: 132ff) zulassen, in der es zwar zu einer Elitenzirkulation kommt, die große Masse der Menschen aber von Entscheidungen und materiellen Gütern ausgeschlossen bleibt und sich von dem einmal mit großen Hoffnungen begrüßten demokratischen Prozess irgendwann abwendet. Dabei spielen die Vorgaben internationaler Finanz- und Wirtschaftsinstitutionen eine entscheidende Rolle, weil sie kaum mehr Entscheidungsräume zulassen. Dass diese wenig erstrebenswerte und auch im Sinne von »Stabilität« sicher sehr bedenkliche Perspektive im Memorandum nicht kritischer gesehen wird, verwundert auch deshalb, weil zumindest einer der Autoren vor noch nicht allzu langer Zeit die – wenn auch begrenzten – Einwirkungsmöglichkeiten externer Akteure auf die von materiellen Interessen motivierten Destabilisierungsprozesse in Ländern Afrikas ausdrücklich thematisiert hat. Er führt dabei auch ethischen Druck und »codes of conduct« als probate oder zumindest opportune Mittel zur Eindämmung der Komplizenschaft internationaler Profiteure (wie z.B. renommierter Bergbau-Multis) bei den Plünderungsprozessen durch Kriegführung um natürliche Ressourcen an. Damit benennt er auch politische Handlungsmöglichkeiten innerhalb der Geberländer, die zugleich Handlanger afrikanischer Kriegsparteien (durch Waffenlieferanten und andere Kriegsgewinnler) beheimaten (vgl. Mair 1999). Ähnliche Perspektiven lassen sich auch aus älteren, ausdrücklich gegen einen »Afrika-Pessimismus« gerichteten Arbeiten von Robert Kappel, einem weiteren Autor des Memorandums, ablesen (s. Hansohm/Kappel 1993: bes. Kap. 3.9).

Das Memorandum stellt sich demgegenüber entschieden auf die Position des Liberalisierungs- und Globalisierungsdiskurses. So äußern die Autoren die Besorgnis, »Afrika könnte ... zum Kristallisationspunkt der wachsenden Schar der Globalisierungsgegner werden« (S. 3). Dabei bleibt offen, mit welchen Argumenten die Kritik an der herrschenden Form der Globalisierung begründet wird: »Globalisierung« bringt offenbar den Fortschritt; wer darauf beharrt, nach Alternativen zu fragen, geht daher nach dieser Lesart von vornherein in die Irre. Eine Erläuterung, welches Afrika für welche Globalisierungsgegner aus welchen Gründen und mit welcher Absicht und Wirkung mittelbar für die sicherheitspolitischen Interessen Deutschlands relevant sein könnte (denn darum geht es in der Zweckargumentation), bleibt das Memorandum schuldig wie auch eine Begründung für die pauschal positive Bewertung von »Globalisierung«. Die im gleichen Zusammenhang vorgetragene Horrorvision von Afrika als möglichem weltweiten »Katalysator von Staatszerfall, Kriminalität und Chaos« erinnert an Beschwörungsformeln eines Afro-Pessimismus, dessen »Desasterklischees« die Verfasser in der eigenen Vorbemerkung erklärtermaßen mit realistischen Analysen entgegenzutreten beabsichtigen.

Afrikapolitik ordnet sich im Übrigen in Außenpolitik ein. Damit ist zunächst ungeachtet der immer wieder reklamierten europäischen Einbindung deutsche Außenpolitik gemeint. Sie wird außer von »Werte(n) ... die die normative Basis des eigenen Staatswesens ausmachen«, von *Interessen* bestimmt gesehen. Worin freilich aus der Sicht der Autoren die »deutschen Interessen« denn bestehen, bleibt leider ziemlich undefiniert. Wirtschaftliche Interessen gebe es »nur in Südafrika und mit Abstrichen in Nigeria«; strategische Interessen spielten höchstens eine marginale Rolle; daneben könnten »allenfalls ökologische Interessen« ein verstärktes Engagement in der Region begründen. Einer der Autoren des Memorandums hat später präzisiert: Die wünschenswerte »Politisierung« der Afrikapolitik müsse von »einer klaren und offensiv formulierten Vorstellung darüber« ausgehen, »wie Staat, Gesellschaft und Wirtschaft in Afrika in Zukunft funktionieren und wie weitere Interventionen mit dem zur Verfügung stehenden Instrumentarium gestaltet werden sollen« (Mair 2001: 73). Das ist schon eine starke Zielvorgabe für »*deutsche*« Politik. Aus alledem folge denn auch, dass »militärische Interventionen« kein »Tabu« sein dürften; und auch ein »Schwerpunktkontinent für Entwicklungszusammenarbeit« solle Afrika bleiben. Wie all das zusammenpassen soll, wird nicht gesagt (S. 3f). Wenn aus dem Fehlen jeglichen »deutschen Interesses« an Afrika die Forderung abgeleitet werden kann, den Kontinent als Schwerpunkt der Entwicklungszusammenarbeit zu erhalten oder auszugestalten und »notfalls« auch militärisch dort einzugreifen, dann gibt es offensichtlich nichts, was nicht aus jenen Interessen gerechtfertigt werden könnte. Die Rede von den »nationalen Interessen« erweist sich als normative Leerformel, bar jeden Informationsgehalts; sie sagt uns überhaupt nicht, was denn nun zu tun sei und was nicht. Das heißt nicht, dass sie harmlos wäre. Sie gibt der Außenpolitik freie Hand, unabhängig von allen dem Entwicklungsgedanken noch anhaftenden Vorstellungen einer moralischen Verpflichtung jederzeit das zu tun, was ihr gerade am vorteilhaftesten erscheint. Sie ermuntert zu einer Haltung des »gesunden Egoismus«, frei von Gewissensbissen, in einem sozialdarwinistisch verstandenen Kampf ums Überleben. Dabei tappt das Konzept des »nationalen Interesses« in die klassische Falle des Sozialdarwinismus: Das Subjekt dieses Überlebenskampfs ist nicht wie bei Darwin die biologische Spezies, also die Menschheit, die ja im Interesse der Gattung auch kooperieren und Reziprozität üben könnte. Vielmehr wird der Überlebenskampf als Konkurrenz unter Nationen verstanden, die sich gegenseitig im Rennen um die besten Plätze übertrumpfen müssten. Nicht um das gute Leben der Menschheit geht es unter diesen Umständen, sondern um den Vorteil Deutschlands, allenfalls noch der EU. Dies ist selbstredend ein Werturteil – nicht unseres, aber jedenfalls eines, das man konsistent vertreten und über das man auch streiten kann. Sein Vorteil ist, dass es – obwohl die Autoren es nicht einmal für begründungsbedürftig halten – klar als solches, als Werturteil, erkennbar ist. Bei anderen Werturteilen innerhalb des Memorandums ist dies leider nicht mehr so deutlich.

Wie schon erwähnt, ist Selektivität eines der zentralen Rezepte der hier vorgeschlagenen afrikapolitischen Wende. Dazu muss man wissen, was ausgewählt werden soll. Hier sind es Länder – und selegiert werden soll frei nach der alten Devise »Die guten ins Töpfchen, die schlechten ins Kröpfchen«. Die deutsche Afrika- und Entwicklungspolitik soll sich auf die erfolgversprechenden Fälle konzentrieren und die anderen, die, bei denen eh´ nichts zu erwarten ist, im eigenen Saft schmoren lassen, sie nur noch im Katastrophenfall durch Notfallmaßnahmen unterstützen. Im wesentlichen läuft die auf den ersten Blick so anspruchsvolle Formel der »strukturellen Stabilität« auf nichts anderes hinaus. Die Länder Afrikas werden also in Schubladen sortiert: Gruppe 1 »Emerging African Economies« (2 Staaten); Gruppe 2 »Potenzielle Reformländer« (8 Staaten); Gruppe 3 »verharrende Niedrigeinkommensländer mit geringen Entwicklungschancen« (ein Viertel aller Staaten); Gruppe 4 »verharrende Niedrigeinkommensländer ohne Entwicklungschance in den nächsten 40-50 Jahren« (ein weiteres Viertel); Gruppe 5 »Länder ohne jede Entwicklungschance« (ein letztes Viertel). Zugrunde gelegt wird dieser Katalogisierung ein Index aus makroökonomischen Daten (BIP-Wachstum; Investitionsquote; Prokopfeinkommen; Einkommensungleichheit; Output pro Arbeiter; Human Development Index). Ein zusätzliches, für die Gesamtargumentation des Memorandums allerdings marginales »politisches Ranking« sollen ein vom »unabhängigen Freedom House« erstellter Index der politischen Rechte und bürgerlichen Freiheiten und ein vom Deutschen Übersee-Institut in Hamburg in einem Probelauf getesteter »Krisen- und Konfliktstatus-Index« ermöglichen.

Dass Fragen der Auswahl und Gewichtung solcher Entwicklungsindikatoren moralisch-politische, keine bloß technischen Fragen sind, scheinen sich die Autoren nicht recht klargemacht zu haben. Gerade weil dies so ist, weil mit oft sehr fragwürdigen Zahlen immer wieder Politik gemacht wird, lohnt es sich, hier etwas genauer hinzusehen. Die Länderranglisten erhalten bei den Autoren des Memorandums einen Status von wissenschaftlicher Objektivität, der ihnen in keiner Weise zukommt. In Wirklichkeit gehen die Verfasser bei der Indikatorenfestlegung selbstverständlich (wie jeder andere auch) von einem je bestimmten Wertstandpunkt aus – im gegebenen Fall von einem technokratischen, in dem *Effizienz* die höchste Priorität erhält, genauer: Effizienz im Sinne der Output-Maximierung der modernen Industrie, noch genauer: im Sinne der Gewinn-und-Verlust-Rechnung privat- und staatskapitalistischer Unternehmen. Am schlagendsten wird dies durch die völlige Abwesenheit der Kategorie »Nachhaltigkeit« in dem von den Autoren verwendeten Entwicklungsbegriff dokumentiert (vgl. Grawert u.a. 2001); Nachhaltigkeit ist ihnen offenbar nicht wichtig. Entwicklung im Sinn der »sozialen Entwicklung«, der »Erweiterung der Verwirklichungschancen« für die Masse der Gesellschaft, wie er z. B. für den vom Nobelpreisträger Amartya Sen vertretenen Entwicklungsbegriff zentral ist, kommt zwar vor – in der etwas kastrierten Gestalt des »Human Development Index«. Aber dies ist hier anders als bei Sen nur einer von sechs Indikatoren, dem mindestens zwei gegenüberstehen, die ausschließlich die Effizienz im Sinne der Outputmaximierung der modernen Industrie messen: »Investitionsquote« und »Output pro Arbeiter«. Wie all dies gewichtet wird und warum, wird nicht diskutiert. Und jede Gewichtung impliziert eine Wertung, ob nun alle gleiches oder unterschiedliches Gewicht erhalten. Ebenso wenig wird gesagt, welches Gewicht dem politischen Ranking neben dem ökonomischen bei der zu bewerkstelligenden Selektion zukommen soll. Und auch hier geht es um Wertungen – die jedoch implizit bleiben, gar nicht als solche erkennbar werden.

Was bei allen sechs ökonomischen Indikatoren unterbelichtet bleibt, sind die Subsistenzproduktion und die Schattenwirtschaft, also die statistisch schwer fassbaren, in Afrika und in anderen Regionen, in denen es nicht so ordentlich zugeht, wie für Westeuropa, Nordamerika und Japan gewöhnlich unterstellt wird, überaus wichtigen Bereiche des nicht auf den Markt ausgerichteten und des informellen Produzierens und Konsumierens, im Fall der Schattenwirtschaft aber auch der Vermarktung. Das ist nun ein wesentlicher methodischer Punkt. Auf der Grundlage des von den Autoren erarbeiteten Zahlenwerks scheinen diese Kategorien ohne Entwicklungsrelevanz zu sein. In Wahrheit handelt es sich um wohlbekannte Probleme bei der Berechnung von Bruttoinlandsprodukt und Prokopfeinkommen. Die auf Eigenbedarf ausgerichtete agrarische Subsistenzproduktion, die in Afrika ohne Frage einen gewaltigen Anteil an der gesamten agrarischen Produktion ausmacht (bezogen auf die Arbeitszeit sicher den größten), kann niemals in exakt kalkulierter Weise in die BIP- und Prokopfeinkommens-Berechnungen eingehen; ebenso wenig kann dies das Gros der Produktion im sogenannten informellen Sektor. All dies wissen die Autoren des Memorandums selbst nur allzu gut; es scheint sie jedoch nicht zu stören. Validität und Reliabilität ihrer Daten werden überhaupt nicht diskutiert. Doch welche Aussagekraft kann eine Statistik, die so viel unter den Tisch fallen lässt, überhaupt noch haben? Natürlich kann man Schätzungen über Subsistenzproduktion und Schattenwirtschaft anstellen – und manchmal geschieht dies auch. Aber kein Statistiker und keine Statistikerin wird so vermessen sein, solchen Schätzungen eine Messgenauigkeit von mehr als, sagen wir vorsichtig: 90 %, zuzuschreiben – was bei der Berechnung ein und desselben Bruttoinlandsprodukts im Extremfall Ergebnisse von einmal 4 %, einmal 0 % Wachstum nach sich ziehen könnte. Das ist in etwa der Unterschied zwischen Boom und Krise. Sicherlich wäre es völlig unangemessen, an dieser Stelle in das Hohe Lied von der glückseligmachenden Schattenwirtschaft einzustimmen, wie das etwa bei Basil Davidson (1992) anklingt, wenn er dem Benin der 1980er Jahre eine hohe Lebensqualität bescheinigt, die alleine auf dem Schmuggel beruht habe. Auch die Schattenwirtschaft ist keine Idylle, sondern oft genug knallhartes Geschäft, und gewaltfrei ist sie schon gar nicht. Hinzuweisen ist dennoch auf die Untersuchungen von Svedberg (zitiert bei Sen 1999: 127 ff), die zeigen, dass das Ausmaß an Unterernährung im angeblich nahrungsmittelautarken Indien größer ist als im nichtautarken subsaharanischen Afrika. Der Autor führt dies darauf zurück, dass Autarkie ausschließlich an der Nachfrage auf formellen Märkten gemessen wurde, dass in Indien aber ein sehr viel größerer Anteil der Gesamtproduktion über formelle Märkte verteilt wurde als in Afrika – wo entsprechend die Subsistenzproduktion größere Bedeutung hat. Die Hauptursache für die Hungersnöte, die es in Afrika trotzdem gab, sieht Sen (ebd., 129) wie viele andere in Kriegen und Bürgerkriegen und daraus resultierenden Verteilungskämpfen.

Messprobleme gibt es jedoch noch viele. Beispielsweise bei der Armutsmessung durch die Weltbank, die zwar nicht bei den Indikatoren, wohl aber in der Einleitung des Memorandums noch eine Hauptrolle spielte (»die Armutsbekämpfung hat nichts gebracht und sollte deshalb aufgegeben werden«, hieß es dort). Die Weltbank selbst stellt in einer Studie von Ende 1996 fest, dass 40% ihrer Armutsmessungen in Afrika daneben lagen (Chavagneux 1997: 282) – größer kann ein Messproblem gar nicht sein. Ein Messproblem liegt auch darin, dass die für die Prokopfeinkommensberechnung entscheidenden Bevölkerungszahlen Gegenstand phantastischer Manipulationen sind – in Nigeria schnellten sie bei dem Zensus vor den Wahlen von 1993 (wie schon 1964 – vgl. Traub 1986; Nnoli 1993) sprunghaft in die Höhe, weil jede Region sich so eine größere Anzahl von Parlamentssitzen versprach; entsprechend sprunghaft sank das Prokopfeinkommen, so dass Nigeria schließlich sogar der Status eines LLDC (Least Developed Country) gewährt wurde. Auch in dem Memorandums-Index taucht es in Gruppe vier (»für die nächsten 30-50 Jahre ohne Entwicklungschance«) auf. Hier wird gleich noch ein weiteres Messproblem deutlich: fünf der sechs Indikatoren spiegeln nur Momentaufnahmen (von 1998) wider. Hätte man die gleichen Erhebungen für z. B. 1982 angestellt, wäre Nigeria mit seinem Ölreichtum problemlos in Gruppe zwei gelandet und nicht wie im Memorandum in Kategorie vier. Ghana dagegen, das jetzt als »potentielles Reformland« (Gruppe zwei) gilt, wäre damals nach 12 Jahren eines rekordverdächtigen jahresdurchschnittlichen Rückgangs des Prokopfeinkommens von mehr als 3% (vgl. Siebold 1988) mit Sicherheit in Gruppe vier eingeordnet worden – »für die nächsten 30-50 Jahre ohne Entwicklungschance« – oder gar als völlig perspektivlos in Gruppe fünf.

Die beiden einzigen »emerging economies«, die von den Autoren in Afrika identifiziert werden, sind Mauritius und die Seychellen. Sowohl Mauritius (s. Grawert u.a. 2001) als auch die Seychellen sind bemerkenswerte Kandidaten. Die auch für eine immanent ökonomische Betrachtung eigentlich offenkundigen Probleme der Off-shore-Produktion oder eine fast ausschließlich auf Tourismus aufbauende Wirtschaft wie im Fall der Seychellen scheinen sich einfach nicht in den diesen Aussagen zugrundegelegten Indikatoren niedergeschlagen zu haben. Das spricht aber weniger für die Perspektiven dieser Länder als gegen die Inidikatoren und den methodischen Ansatz, durch den sie gewonnen wurden. Inwieweit allen Ernstes diesen beiden Kandidaten Vorbildcharakter für einen halbwegs aussichtsreichen Entwicklungspfad eingeräumt werden kann, wie dies das Memorandum tut, bleibt unbegreiflich. Ähnliches gilt auch für die meisten der Länder, die in Kategorie 2 untergekommen sind, also die »potenziellen Reformländer«. Das ist eine in sich sehr heterogene Gruppe, wobei aber doch das Übergewicht der Erdöl und sonst Rohstoffe exportierenden Staaten auffällt: Gabun, Äquatorialafrika, Botswana, Namibia. Die aktuelle, zugleich aber schon ziemlich lang andauernde Debatte über die sehr fragwürdigen Auswirkungen von Rohstoffreichtum auf Entwicklungsperspektiven und auf die Verlaufsformen von innergesellschaftlichen Konflikten hätte hier zur Vorsicht gegenüber solchen Urteilen mahnen sollen. Ein prominentes Beispiel ist Angola, das von den Memorandumsautoren pauschal in die Kategorie 5, »langfristig ohne Entwicklungschancen« eingeordnet, von anderen Autoren unter Berücksichtigung längerfristiger politischer und sozialer Prozesse weit differenzierter bewertet wird (vgl. Hodges 2001). Daneben stehen in Kategorie 2 zwei so wenig vergleichbare Fälle wie Kapverde und Südafrika. Kapverde ist ein Sonderfall extremer Außenorientierung, wobei die globale Migration und die daraus resultierenden monetären Transfers durch Geldüberweisungen aus dem Ausland eine strategisch wesentliche Rolle spielen; das kann in den Indizes natürlich nicht zum Ausdruck kommen. Südafrika dagegen ist das einzige Land auf dem Kontinent mit Ansätzen zu einer kohärenten sektoralen Wirtschaftsstruktur und einer Volkswirtschaft, die dem Umfang nach alle anderen im subsaharischen Afrika weit in den Schatten stellt, von der Rolle eines Multis wie Anglo American, aber auch von Finanzgruppen wie Old Mutual oder der Expansion von South African Breweries über den gesamten Kontinent einmal ganz abgesehen.

Wenn Zahlen alles das nicht zum Ausdruck bringen, dann darf man eben daraus keine so weitreichenden Schlüsse ziehen, wie die Memorandumsautoren es getan haben. Gewiss ist solche Zahlengläubigkeit weder in der Wissenschaft, noch in der politischen Praxis ganz unüblich, aber *kritische* Ansätze hatten schon immer u.a. den Anspruch, gerade solche Fallen zu vermeiden. Dennoch fragen wir uns, woher die Memorandums-Autoren angesichts dieser ja keineswegs von uns neu aufgeworfenen Probleme die Keckheit nehmen, aus ihren wackligen Augenblicksdiagnosen derartig langfristige Prognosen – über 50 und mehr Jahre! – abzuleiten und politische Grundsatzentscheidungen über Förderung oder Nichtförderung ganzer Staatengruppen darauf zu gründen? Als Grundlage sinnvollen und immer auch folgenreichen Selegierens sind die Schubladen ihres Modells schlicht unbrauchbar.

Die Ein- und Zuordnung der Länder nach »ranking«-Kriterien, die den Grad ihrer Ausweglosigkeit begründen, ist aber zudem noch inkonsistent und erweist sich als weitgehend beliebig. Das führen zeitgleiche, deutlich abweichende Einlassungen von einem der Verfasser plastisch vor Augen. Während das Memorandum Simbabwe »niedrige Entwicklungschancen« einräumt (S. 9), schafft es dasselbe Land an anderer Stelle, hinter den vier »catching-up Ländern« Botswana, Mauritius, Südafrika und Namibia in einer zweiten Ländergruppe zusammen mit Ghana, Senegal, Uganda und der Elfenbeinküste immerhin gerade noch als eventuelles »catching-up Land« klassifiziert zu werden (anderthalb Jahre nach Erscheinen des Memorandums muss dies angesichts der akuten Krise Simbabwes als ebenso skurril wie bedrückend wirken). Zuvor noch wurden die Länder Namibia, Uganda und Ghana über einen Kamm geschoren, indem ihnen »leichte Hoffnungen« eingeräumt wurden (Kappel 2000a: 144 und 138). Inwieweit Länder wie Botswana, Namibia und Südafrika angesichts der extremen internen Disparitäten Entwicklungsvorteile gegenüber anderen Ländern haben sollen, darüber kann man nur spekulieren. Immerhin halten Südafrika und Namibia den traurigen Rekord, mit dem höchsten Gini-Koeffizienten aller Länder dieser Erde behaftet zu sein – also mit den größten sozio-ökonomischen Ungleichheiten, die mit diesem ökonometrischen Instrument gemessen werden. Das ist angesichts der Geschichte des Siedlerkolonialismus und von über 40 Jahren Apartheid kein Wunder, in dem hoch aggregierten Gesamtindex des Memorandums geht es jedoch verloren. Der Gini-Koeffizient von Botswana liegt übrigens nicht weit unter dem der beiden Nachbarstaaten. Fast zeitgleich wird die Inkonsistenz bzw. Beliebigkeit der angelegten Kriterien dadurch dokumentiert, dass derselbe Autor die Elfenbeinküste und Uganda andernorts als »verharrende Niedrigeinkommensländer mit geringen Entwicklungschancen« qualifiziert, »deren Potenzial häufig überschätzt wird«. Wenn dann im gleichen Text doch noch die »große Einkommens- und Vermögensungleichheit« als »wesentliche Determinante der langanhaltenden Unterentwicklung« benannt wird (Kappel 2000b: 341), so wirft dies erneut die Frage auf, wie dann Südafrika und Namibia in der Bewertung ihrer Entwicklungsperspektiven so relativ gut abschneiden können.

Ein methodisches Problem anderer Art stellt die nahezu vollständige Vernachlässigung sämtlicher Außeneinflüsse in dem Memorandum dar. Zwar reden die Autoren am Rande schon mal von »externen Schocks« – jedoch nur, um die afrikanischen Staaten wegen ihrer mangelnden Schockverarbeitungskapazität zu kritisieren. Das aber heißt, die Dinge auf den Kopf zu stellen.

Man muss kein Anhänger von Immanuel Wallersteins Weltsystemperspektive sein, um zu sehen, dass die Staaten Afrikas – wie andere auch – in ihrer Entwicklung sehr viel stärker durch die Dynamik des gegenwärtigen Weltsystems bestimmt werden, als sie diese umgekehrt bestimmen können. Die aktuelle Globalisierungsdebatte sagt nichts anderes. Die methodische Festlegung auf Staaten – zumal auf so schwache wie die meisten afrikanischen – als eigenständige, selbstbestimmte Systeme, die zwar auf gelegentliche »externe Schocks« reagieren müssen, ansonsten ihre Dynamik jedoch ausschließlich aus sich selbst beziehen, schaltet daher von vornherein wesentliche – wenn nicht die wesentlichsten – ursächlichen Faktoren aus der Betrachtung aus. Dass die Weltbank bei der Rechtfertigung ihrer Strukturanpassungsprogramme – die selbst Teil jener Außendynamik sind – so verfährt, ist nur allzu verständlich. Aber selbst sie gesteht (wenn auch verschämt und versteckt) ein, dass die Agrarsubventionspolitik von EU und USA der afrikanischen Agrarproduktion dauerhaft großen Schaden zufügt (World Bank 1989: 93). Um es auf ein besonders charakteristisches Beispiel zuzuspitzen: Die EU-Subventionen für Zuckerrüben schaden der Rohrzuckerproduktion in der Dritten Welt mehr als alle Ineffizienz, Schlamperei, Korruption und Währungsmanipulation bei den dortigen Produzenten und Exporteuren zusammen. Weiterhin hat Memorandum-Autor Robert Kappel selbst noch 1994 darauf aufmerksam gemacht, dass ein Sinken (zwar nicht der Commodity-, wohl aber) der Income-Terms-of-Trade »Wohlfahrtsverluste für das jeweilige Land« (Kappel 1994: 63) erwarten lässt. Darüber hinaus könnten auch noch andere Faktoren zu einem Reichtumstransfer aus der Dritten in die Erste Welt führen – speziell nennt er Dumpingpreise und Überschuldung. Aber das ist längst nicht alles: Offener und versteckter Gewinntransfer von internationalen Konzernen, oligopolistische Strukturen auf dem Weltmarkt, Patent- und Lizenzgebühren u.ä. spielen eine mindestens ebenso große Rolle und wirken dauerhaft in der gleichen Richtung. Dass Veränderungen auf dem einen oder anderen von diesen Gebieten die Entwicklungschancen des einen oder anderen afrikanischen Landes deutlich verbessern könnten, liegt auf der Hand. Das Memorandum aber sieht die alleinige Verantwortung bei den Afrikanern, die es zu belohnen oder zu bestrafen gelte. Man bemerkt immer nur den Splitter im Auge des Anderen, nie den Balken vor den eigenen – und dies auch erst recht nicht dort, wo es um politische Gewalt geht: Von Waffenexporten aus Deutschland (einem der größten Waffenexporteure der Welt) ist ebenfalls keine Rede. Stattdessen heißt es kindlich fromm: »Deutsche Afrikapolitik steht ideell für die Unterstützung von Demokratie, Menschenrechten sowie gewaltlose Lösung von Konflikten« – was zumindest in der Vergangenheit, höflich gesagt, keineswegs immer der Fall gewesen ist, wie man beispielsweise einem mehr als 20 Jahre älteren »Memorandum deutscher Afrikawissenschaftler« (Bley/Tetzlaff 1978) entnehmen kann.

Dies führt zu einem abschließenden methodischen Problempunkt: Nicht nur die Analyse des Memorandums, aber sie mit besonders offensichtlichen Konsequenzen, ist gekennzeichnet durch ein Vorgehen, das man *methodischen Isolationismus* nennen könnte: Jedes Land wird für sich allein betrachtet. Bevor es in ein Schubkästchen gepackt wird, wird es selbst schon als eine Art Kasten oder in der hier zutreffenden Formulierung von Beck und Giddens als »Container« (Beck 1997: 49) betrachtet. Das hat sicher wieder mit der Art und Weise zu tun, wie Daten hergestellt und publiziert werden, denn z. B. Volkszählungen und andere statistische Erhebungen fallen in die Verantwortlichkeit und in den Rahmen der Nationalstaaten. Das hat u.a. die oben angesprochenen Validitätsprobleme zur Folge, aber auch ganz einfach Konsequenzen für die Aussagefähigkeit der besten Daten. Daran können Wissenschaftler wenig ändern, aber wozu braucht man noch Wissenschaft, wenn diese Dinge nicht kritisch reflektiert werden, bevor man zu Aussagen oder gar zu Handlungsempfehlungen kommt?

Im konkreten Fall gelangt das Afrika-Memorandum in seinem ausführlichsten Einzelteil zu »Orientierungen für Regionalkonzepte« (S. 7-9) nicht über die Auflistung von Länderproblemen hinaus. Ausnahmen sind generelle Verweise in Form von pauschalen Aussagen über die »Chaosmacht der DR Kongo«, die »Ausstrahlungskraft« Südafrikas oder die SADC als »einzige Wirtschaftskooperationsgemeinschaft mit einigermaßen begründeten Erfolgsaussichten« (S. 9). Schon eine Begründung dieser eigentlich ja potenziell folgenreichen Aussagen sucht man in dem Memorandum ebenso vergebens wie etwa eine auch nur andeutungsweise Einschätzung der Rolle Nigerias. Dieser Staat hat sich nicht nur durch seine innere Entwicklung, sondern auch als regionale Interventionsmacht hervorgetan. Es geht also nicht allein um die manchen vielleicht abgeleiert erscheinende Frage des »Wer war's?«, – »Norden« oder »Süden?« –, die endlich zugunsten differenzierter und multifaktorieller Konzepte ad acta gelegt werden sollte. Vielmehr ist, um zu sinnvollen Aussagen zu gelangen, die Analyse von Prozessen und Strukturzusammenhängen ein unhintergehbares Erfordernis. Um dies zu leisten, können Zusammenhänge nicht einfach entlang von Ländergrenzen und »Nationalökonomien« isoliert abgehandelt werden. Das war schon immer problematisch. Wer aber wie die Memorandumsautoren von Globalisierung redet, sollte sich darüber im Klaren sein, dass ein solches Vorgehen unter diesen aktuellen Bedingungen erst recht sinnlos und obsolet ist – und dass es zu politisch fatalen Schlussfolgerungen führt.

Im Memorandum treffen wir demgegenüber auf eine völlig dekontextualisierte, ahistorische Sichtweise. Nicht nur wird zumindest ungewollt suggeriert, deutsche Afrika-Politik sei eigentlich von jeher der Demokratieförderung und dem Schutze von Menschenrechten verpflichtet gewesen. Auch in anderer Hinsicht fällt das mangelnde Langzeitgedächtnis auf – nicht nur, aber auch im Hinblick auf frühere Einsichten zumindest eines Teils der Memorandum-Autoren. Das gilt etwa für die Erkenntnis, man könne »Afrikas Entwicklungsperspektiven ... nicht aus den negativen

Entwicklungen der letzten Jahre ableiten«, verbunden mit der Warnung vor dem »Mythos vom unfähigen Kontinent«, der jetzt gerade kolportiert wird. Demgegenüber scheint uns wichtig, auch weiterhin darauf zu bestehen, dass die »Folgen des Kolonialismus« vor allem entscheidende Weichenstellungen in puncto »Zurichtung und Deformierung der Ökonomien und Gesellschaften« mit sich gebracht haben und daher einen wesentlichen Erklärungsfaktor für die tatsächlich eingetretene Entwicklung darstellen (alle Zitate Kappel/Hansohm 1993: 1, 4, 14, 216)! Das freilich nicht mit einem naiven, monokausalen Anspruch, der methodisch genauso fragwürdig wäre wie die ausschließliche Fixierung auf die internen Faktoren.

Bleibt die obligatorische Frage: »Was tun?« Mit Patentrezepten wie dem Schubladenmodell des Memorandums können wir nicht dienen, weder für die Analyse, noch für die Praxis. Um zu halbwegs vernünftigen pragmatischen Antworten zu kommen, sollten wir angesichts der herausgestellten Bedeutung der Außeneinflüsse auf jeden Fall zuerst bei uns selbst anfangen. Relativ rasch könnte man sich vielleicht einigen auf: keine Waffen nach Sudan, Äthiopien, Eritrea, Uganda, Ruanda, Burundi, den beiden Kongos, Angola, Liberia, Sierra Leone. Dass die Durchsetzbarkeit von effektiven Waffenembargos nicht sehr hoch zu veranschlagen ist, versteht sich von selbst. Auf jede Anstrengung in dieser Richtung zu verzichten, erscheint angesichts der aufgezeigten kausalen Verknüpfung von Krieg und Hunger verantwortungslos. Ähnlich ist die Situation bei der EU-Agrarsubventionspolitik. Prinzipiell ist klar, dass es hier das für die Entwicklung der Dritten Welt Vorteilhafteste wäre, wenn die europäische Landwirtschaft dort Waren produzieren würde, wo sie komparative Vorteile hat. Dort, wo sie viel zu teuer produziert und nur dank der EU-Subventionen überleben kann, sollte sie darauf verzichten und stattdessen etwa ähnlich subventionierte Landschaftspflege betreiben. Die Hindernisse sind hierbei vielleicht noch riesiger, aber das rechtfertigt nicht den Verzicht auf entsprechende Anstrengungen.

Nun zu den internen Faktoren. Auch wenn sie mutmaßlich nicht »die wesentlichsten« sind, sind sie deswegen keineswegs ohne Bedeutung. Der – alles andere als neue – Gedanke, angesichts sehr begrenzt bestückter Kassen selektiv und nicht mehr nach dem Gießkannenprinzip zu fördern, erscheint deshalb als keineswegs unsinnig, wenngleich die ständige Betonung dieses Gedankens angesichts der Tatsache, dass (West-) Deutschland immer schon die quantitativen UN-Normen für Entwicklungshilfe bei weitem verfehlt hat und bis heute verfehlt, ohne dass die Haushaltsansätze gar über Jahre hinweg rückläufig waren, etwas von einem Ablenkungsmanöver hat.

Wie aber soll man selegieren? Auf ein allgemeines Prinzip wird man sich vielleicht auch hier noch einigen können: Keine Hilfe welcher Art auch immer an kriegführende Regierungen und Bürgerkriegsparteien. Unterhalb dieser Schwelle ist aus unserer Sicht endgültig Schluss mit den Schubladen und allgemeinen Formeln. Hier hilft nur noch die Einzelfallprüfung. Nur ein Beispiel zur Verdeutlichung: Selbst zweifelsfrei »rein humanitäre« Hilfe an Nichtregierungsorganisationen in Bürgerkriegsgebieten kann unter Umständen von einer oder mehreren Kriegsparteien für ihre militärischen Ziele genutzt werden – was im Fall der Lager für ruandische Flüchtlinge im damaligen Zaire 1994/95 auch einer breiteren Öffentlichkeit deutlich wurde: Hauptnutznießer aller Hilfe waren hier die Hutu-Milizen und die Regierung Mobutu. Ob und wie man in einem solchen Fall Hilfe leisten soll, ist offensichtlich nur durch genaueste Abwägung von Zwekken, Mitteln und Nebenfolgen unter Berücksichtigung aller relevanten Kontextfaktoren zu entscheiden. Das gleiche gilt aber für jede Form der Hilfe.

- Hilfe für Staaten, in denen gefoltert wird?
- Hilfe für Staaten in denen Korruption herrscht (von unserem eigenen Bimbes- und Klüngel-Problem ganz abgesehen)?
- Hilfe für noch so wohlmeinende Regierungen, die sich jedoch in mutmaßlich unsinnige Projekte verrannt haben?

In all diesen Fragen hilft nur die Einzelfallprüfung weiter, und das heißt eben die Abwägung von Zwecken, Mitteln und Nebenfolgen im Dialog mit allen Beteiligten und unter Berücksichtigung aller relevanten Kontextfaktoren. Diese aber sind immer sehr viel zahlreicher als das halbe Dutzend an Faktoren, die in das Memorandum-Modell Eingang fanden – selbst wenn wir von deren Mangel an Zuverlässigkeit und Gültigkeit einmal absehen könnten.

Noch einmal: Die bisherige Unzulänglichkeit bzw. Abwesenheit einer afrikapolitischen Konzeption der rot-grünen Koalitionsregierung – trotz (oder wegen?) erheblicher Definitionsmacht des »grünen Juniorpartners« sowohl im Auswärtigen Amt als auch im BMZ – mag dazu verleiten, mit vorschnell fabrizierten Rezepturen eine Lücke füllen und Defizite beheben zu wollen. Das sollte den Autoren nicht angekreidet werden. Die bisher erkennbare Resonanz auf das Memorandum verdeutlicht, dass es Diskussions- und Klärungsbedarf gibt. Insofern haben die Verfasser eine begrüßenswerte Debatte initiiert. Als deren Resultat halten wir jedoch eine andere Afrika-Politik als die von ihnen konzipierte für wünschenswert – zu der sie dann jedoch mit ihrer Initiative beigetragen hätten.

Am meisten beunruhigt in dieser politisch-praktischen Perspektive und jenseits der diffusen Methodik, auf deren Grundlage eine fragwürdige Zuordnung von Gesellschaften und deren »Entwicklungsfähigkeit« vorgenommen wird, vor allem der absolute Mangel an Empathie und Parteinahme. Wir hatten einmal einen Begriff von Solidarität. Es gibt keinen triftigen Grund, warum ein Afrika-Memorandum, das den Köpfen unserer Generation entspringt, nicht von einem Standpunkt der Solidarität mit den »Verdammten dieser Erde« geprägt sein sollte. Umgekehrt wird ein Schuh draus: Wer glaubt, vor der Angst und Sorge warnen zu müssen, die »Globalisierungsgegner« umtreibt, sollte wenigstens die damit implizierte positive Wertung eines sich intensivierenden gesellschaftlichen Weltzusammenhangs ein wenig ernst nehmen. Nicht zuletzt wurde auch aus dem Kreis der Verfasser des Memorandums heraus früher als »wichtigerer Beitrag des Westens zur Entwicklung Afrikas als die Unterstützung reformorientierter Regime/Gesellschaften ... eine Korrektur des allgemeinen Negativ-Images« gefordert sowie »eine Verbreitung des Bewusstseins darüber, wie eng die Zusammenhänge zwischen unserem ökonomischen System, unserem Lebensstandard und der Krise in Afrika ist« (Hansohm/Kappel 1993: 225). Den damit bezeichneten Problemen kann man nicht mit Räsonieren über nationales – deutsches oder europäisches – Interesse gerecht werden. Dahinter steckt angesichts der realen Problemlagen der Welt wohl der Wunsch an der Teilnahme an der Macht, wenigstens ein Zimpfelchen für die Wissenschaft.

Gerade wenn es um wohlverstandenes Eigeninteresse geht, helfen nicht irgendwie geartete Ansätze einer vormundschaftlich ausgelegten internationalen Sozialpolitik sondern allein eine strategische Orientierung auf ein gleichsam kontrafaktisches Konzept der Globalisierung. Sie würde dann verstanden als bewusste Politik des globalen Ausgleichs der Lebenschancen. Das hat nichts damit zu tun, die Augen vor den Verbrechen afrikanischer Potentaten oder der Korruption ihrer Staatsapparate zu verschließen. Mit materiellen Transfers ist es aus diesem Grunde nicht getan. Aber nur unter dieser Prämisse ließe sich ein Politikansatz entwickeln und vor allem glaubwürdig machen, der internationale Allianzen für eine nachhaltige Entwicklung schmiedet, die vor allem ein menschenwürdiges und selbstbestimmtes Leben ins Zentrum rückt.

Dass es auch anders geht, haben Afrikanisten in der westdeutschen Bundesrepublik fast ein Vierteljahrhundert zuvor dokumentiert (Bley/Tetzlaff 1978). Im Gegensatz zu deren damaliger Anstrengung, auf Versäumnisse und Zwänge deutscher Afrika-Politik hinzuweisen, zeichnet sich das Memorandum des Jahres 2000 durch einen absoluten Mangel an Empathie und Parteinahme aus. Der Begriff der Solidarität wird kein einziges Mal strapaziert. Fast könnte der Eindruck entstehen, als sei es – im Unterschied zu den 1978 vertretenen Positionen derjenigen, die wohl als Professoren zur fachlichen (Aus-)Bildung der Verfasser des aktuellen Memorandums beigetragen haben – unanständig oder »unwissenschaftlich« geworden,, sich von einem Standpunkt moralisch-ethischen Engagements leiten zu lassen. Im direkten Vergleich beider Dokumente schlussfolgert denn auch Bruchhaus (2001), dass der Weg zu souveräner Partnerschaft länger wird. Sie weist auf die inhärente Gefahr hin, dass der »Eindruck wissenschaftlicher Objektivität des 2000er Memorandums – anstelle von subjektiven Beurteilungen der Autoren des 78er Memorandums anhand ähnlicher Fakten – ... einen auf quasi klinischem Befund aufbauenden und damit absolut erscheinenden Handlungszwang (erzeugt), in dem für moralische Kriterien und Empathie – wie sie noch von den Autoren des 78er Memorandums zur Begründung ihrer Vorschläge für politisches Handeln angeführt werden – keinerlei Raum ist« (Bruchhaus 2001: 45).

4 Zwischen Terror, Krieg und globalem Ausgleich

Westliche Zivilisation? ... das wäre nicht schlecht

Mahatma Gandhi

Der 11. September 2001 bündelt wie in einem Brennglas die zentralen Probleme des gegenwärtigen gesellschaftlichen und politischen Weltzusammenhanges. Es ist deshalb unumgänglich, einige der Konsequenzen der Richtungsentscheidungen, die nach den Verbrechen von New York und Washington gefallen sind, näher zu betrachten. Wir tun dies ohne Anspruch auf Vollständigkeit und möchten zugleich einige unserer zentralen Argumente an dieser alles Andere zurückdrängenden Problemstellung überprüfen und pointieren.[20]

Zunächst bezeichnet der 11. September einen deutlichen Einschnitt im dominanten politischen Diskurs zur Begründung von Militäraktionen. Das wird besonders deutlich an der Auseinandersetzung – oder eigentlich richtiger an dem eigenartigen aneinander Vorbeireden – innerhalb der deutschen Öffentlichkeit. Hier markiert diese Phase zugleich einen weiteren Schritt auf dem Weg zur Etablierung einer vermeintlichen »Selbstverständlichkeit«, auf dem sich Propagandisten weltweiter Militäreinsätze von Rühe über Scharping bis zu Fischer mit mehr oder weniger Geschick und Wahrheitsliebe über ein Jahrzehnt gemüht haben. Sie etikettierten als »Normalität« und »Realität« oder auch mit Eintreten für Menschenrechte etwas, was im Grunde vor nur wenigen Jahren als der Skandal gegolten hätte, der es auch ist: Es sei normal oder realitätsangemessen, hin und wieder Menschen mittels hochtechnologischer Waffen umzubringen. Denn dies sei nun mal der effektivste und einzige Weg, mit Krisensituationen umzugehen, um »Frieden« und »Sicherheit« zu schaffen – oder eben die Menschenrechte (wenigstens der Überlebenden) zu sichern. Die Besichtigung der Ergebnisse solcher Interventionen legt zumindest Zweifel nahe. So hinterließen sie »failed states«, die sich selbst überlassen wurden, nachdem das Interesse der Weltöffentlichkeit weiter gewandert war. Somalia und bis Herbst 2001 auch Afghanistan sind Beispiele hierfür. Aber auch die auf unbestimmte Dauer eingerichteten faktischen NATO- und UN-Protektorate im ehemaligen Jugoslawien und seit Neuerem auch in Kabul und Umgebung haben demgegenüber nicht viel Überzeugenderes zu bieten: Intervention auf Dauer ist genau besehen eine Dauerkrise.

An der neuesten Phase dieser langfristigen Entwicklung, die offenkundig nicht von der Entsorgung der deutschen Vergangenheit zu trennen ist (nur unter dieser Prämisse konnte Fischer »Auschwitz« zur Rechtfertigung des Kosovokrieges propagandistisch einsetzen), ist vor allem eine Diskrepanz auffällig: Während die seriöse Presse von Anfang an und

[20] Vgl. auch schon in Kößler/Melber 2002a. Dieses Kapitel führt erheblich darüber hinaus.

wiederholt Zweifel an der Art und Weise äußerte, wie der »Krieg gegen den Terror« unter Führung der Bush-Regierung angegangen wurde, legt die politische Klasse gegenüber solchen Argumenten eine in dieser Geschlossenheit nie dagewesene Resistenz an den Tag. Schröder musste den Einsatz der Bundeswehr in Mazedonien noch durch eine Vertrauensfrage durchs Parlament peitschen. Die vermutlich weit riskantere Entsendung von Bundeswehreinheiten in ein Einsatzgebiet, das von Zentralasien bis ans Horn von Afrika reicht, war demgegenüber vergleichsweise problemlos durchzubringen. Fuchs-Panzer in Kuwait und kämpfende KSK-Einheiten in Afghanistan kräuselten schon kaum mehr die Oberfläche der offiziellen Politik, und die Verlängerung der allfälligen Bundeswehr-Mandate wird nur noch abgenickt. Die paar PDS-Dissidenten, die im Bundestag protestiert haben, wurden gleich von der eigenen Fraktionsspitze gerüffelt. Das ist umso bemerkenswerter, als die Stoßrichtung des »Krieges gegen den Terror« auch offiziell längst nicht so emphatisch mit menschenrechtlichen Zielen aufgeladen war wie noch im Fall des Kosovo-Krieges zwei Jahre zuvor. Das nachgereichte Reden von der Befreiung der afghanischen Frau, deren Unterdrückung durch die zumindest indirekt auch von amerikanischen Geheimdiensten geförderten Taliban man(n) über Jahre hinweg ohne viel Aufhebens zugesehen hatte, konnte es schwerlich mit den Anstrengungen aufnehmen, insbesondere den Kosovo-Krieg gut zwei Jahre in dieser Hinsicht zu legitimieren.[21] Der Schock der Anschläge auf das World Trade Centre (WTC) und den Pentagon sitzt so tief, dass auch ehemals pazifistische Grüne wie Claudia Roth (taz, 16.3.02) oder Ludger Volmer (FR, 7.1.02) uns als (vorerst) letzte Rückzugslinie zu erklären suchen, dass Pazifismus und staatlich-militärisches Handeln letztlich doch miteinander vereinbar seien.[22]

Das Zerreißen einer trügerischen Sicherheit

Als am 11. September 2001 innerhalb kurzer Zeit zwei Verkehrsgroßflugzeuge in die beiden Wolkenkratzer des WTC in New York City sowie ein drittes in das Pentagon in Washington rasten, während eine vierte, ebenfalls gekaperte Maschine in einem relativ dünn bewohnten Gebiet in

---

[21] Dies trifft sich mit einer Verlagerung von Hilfeaktivitäten, die im Zuge des Konzeptes vom »liberal peace« stärker mit militärischer »Friedenserhaltung« und »Friedenserzwingung« verschmelzen, s. Duffield 2001.

[22] Claudia Roth vermengt zudem bewaffnete Aktionen von Befreiungsbewegungen mit dem Einsatz staatlicher Armeen, wohl um sich irgendwie doch noch als »links« darzustellen.

Pennsylvania zerschellte, löste dies weltweit eine Welle starker Gefühle aus. Das Ereignis wurde zufällig gefilmt und konnte dann am Fernsehschirm verfolgt werden. Die meisten Menschen werden angesichts der Brutalität des Geschehens mit Entsetzen reagiert und sich in der Trauer um die Toten vereint gefühlt haben. Doch wie wir noch sehen werden, war damit keineswegs Einigkeit gegeben, schon gar nicht darüber, was die Konsequenzen dieser Verbrechen sein müssten. Im Westen wenigstens waren sich jedoch die meisten Kommentatoren in einer ganzen Reihe von Punkten fast augenblicklich einig. Vorab wurde betont, welch tiefen weltpolitischen Einschnitt diese Anschläge bedeuteten. Die vielleicht allzu griffige Formulierung lautete, nichts werde jemals wieder so sein, wie es vorher gewesen war. Eine schon weitergehende Vermutung betraf die Urheber des Anschlages. Sie wurden sogleich dem Nahen Osten zugeordnet. Darüber, dass der einzige ansatzweise vergleichbare Anschlag in den USA (der Sprengstoffanschlag auf ein Verwaltungsgebäude der Bundesregierung in Oklahoma City vom 19. April 1995) von einem dem christlichen Fundamentalismus und der reaktionären *Patriot*-Bewegung nahestehenden und gerade wenige Monate zuvor hingerichteten US-Bürger ausgeführt worden war, wurde so gut wie gar nicht nachgedacht.

Es war sogleich klar, wo der Angriff her kam. Klar war auch, dass es sich um eine Kriegserklärung handelte, nicht nur gegen die Vereinigten Staaten, sondern gegen die gesamte »zivilisierte Welt«, wie u.a. Bundeskanzler Schröder und Außenminister Fischer es noch am selben Tag formulierten, um zugleich die USA der »uneingeschränkten Solidarität« Deutschlands zu versichern (Spiegel online, 11.9.01). Wie die folgenden Monate zeigen sollten, war aber keineswegs ganz klar, was damit gemeint sein könnte. Bettina Gaus fasste die Lage so zusammen: »Werden Raketen auf Kabul abgefeuert? Wird Bagdad angegriffen? Fallen Bomben auf Tripolis? Alles ist vorstellbar. Aber eben bisher nur vorstellbar. Wir wissen nichts.« Und sie titelte treffend: »Wir machen mit, ganz egal, wobei.« (taz, 17.9.2001) Die wenigen, die angesichts eines solchen Blankoschecks die unheimliche Erinnerung an die ebenfalls in Berlin proklamierte Nibelungentreue von 1914 beschlich, konnten auch diesmal sicher sein, wenigstens bis auf Weiteres eine kleine, in der kritischen Presse aber immerhin deutlich hörbare Minderheit darzustellen.

Die wichtigere Frage aber war damit noch keineswegs beantwortet: Sie lautete nach dem Woher und Wohin des Angriffs auf die USA. Auch davon wird ja der Inhalt von »Solidarität« wesentlich bestimmt. Was ist die »zivilisierte Welt« und was sind ihre Grenzen im Verständnis der Regierenden der NATO, die ohne klare, zumindest ohne öffentlich gemachte

Beweise wenige Tage später erklärten, die USA seien angegriffen worden und damit der Bündnisfall gegeben? Noam Chomsky hat darauf die Antwort gefunden, die in den ersten Reaktionen auf die Anschläge des 21. September 2001 nicht ausgesprochen wurde, aber letztlich wohl kaum jemandem entgehen konnte: Es ging darum, die Anschläge als einen Angriff auf die wohlhabenden, im Kontext des Weltzusammenhangs hegemonialen Gesellschaften des Westens darzustellen. Die Bedrohung wurde allgemein empfunden, erst recht, als in den USA und dann auch in Westeuropa per Post versandte Milzbranderreger – die sich häufig als makabrer Scherz mit Puderzucker oder Mehl erwiesen – das Gefühl der allgemeinen, nicht greifbaren Gefährdung noch steigerten. Wie sich dann allerdings zeigte, stammten die Milzbranderreger aus den Giftküchen der US-Armee selbst. Doch die Episode unterstreicht die um sich greifende Paranoia. Wenn Chomsky recht hat, gab es für das allgemeine Gefühl, existentiell gefährdet zu sein, auch gute Gründe: Nicht nur waren erstmals seit 1812, als die Yankees den Versuch zur Einverleibung Kanadas u.a. mit der Zerstörung Washingtons und der Belagerung Baltimores bezahlen mussten, erstmals wieder US-Städte jenseits interner Auseinandersetzungen (wie im Bürgerkrieg von 1861-64) angegriffen worden; der Angriff wurde auch sehr schnell Fundamentalisten im Nahen und Mittleren Osten zugeordnet. Und dies muss in der Tat Regierungen und auch große Teile der Gesellschaften ins Mark treffen, die es über Jahrhunderte gewohnt gewesen sind, »die Welt mit brutaler Gewalt zu erobern, ohne Gegenschläge ihrer Opfer befürchten zu müssen« (Chomsky 2001a: 8).

Bis zum 11. September 2001 hat es tatsächlich territorial bestimmbare Bereiche auf der Welt gegeben, wo man sich vor derartigen Katastrophen sicher wähnte. Wenn Naturkatastrophen wie Erdbeben oder Hurrikane und Taifune schon nicht zu vermeiden sind, so glaubte man sich doch hier vor gesellschaftlichen Katastrophen relativ sicher, notfalls hinter einem wie immer gearteten Raketen-Abwehrschirm. Diese Bereiche bestanden in unterschiedlichen Ausmaßen und Formen. Im Großen und Ganzen umfassten sie vor allem die Territorien der Länder der Triade, also Nordamerika, die EU und Japan sowie Australien und Neuseeland. Sie alle waren und sind dadurch gekennzeichnet, dass sie von bewusster Grenzziehung und Grenzbewachung abhängig sind, sei es in Form des Grenzzaunes zwischen den USA und Mexiko, der immer strikter werdenden Überwachung des Mittelmeeres (die jetzt bereits auf die Kanarischen Inseln vor der Küste Marokkos ausgedehnt wurde) oder die mit Nachtsichtgeräten und Bewegungsmeldern bewehrte Grenze im Erzgebirge und an Oder und Neiße. In deren Hinterland riskieren Taxifahrer Geldbußen oder selbst Strafverfahren, wenn sie ihre Fahrgäste nicht nach rassistischen Merkmalen selektieren. Unmittelbar vor und nach den Anschlägen vom 11. September 2001 unterstrichen die Dramen, die sich aus der Internierung afghanischer Flüchtlinge durch die australische Regierung in Woomera entwickelten, die menschenverachtenden Formen, die diese Grenzbewachung mittlerweile angenommen hat.

Der »neue Limes« um die größeren Wohlstandszonen der Welt (Rufin 1996) findet seine Entsprechung in den vielen kleinen Grenzwällen, die um die Wohlstandsinseln der scharf bewachten umfriedeten Wohnviertel in vielen Ländern des Südens, von Lateinamerika bis ins südliche Afrika gezogen werden (vgl. Borsdorf 2000; Jürgens 2001: 272; Castells 2001: 471f): Denen die es sich leisten können, soll damit eine Sicherheit gewährt oder wenigstens vorgegaukelt werden, die immer wieder durch die Realität gestört wird – wie dies 1999 jene reichen Kolumbianer erleben mussten, denen plötzlich massenhaft per E-Mail mit Entführung gedroht wurde (Castells 2001c: Kap. 1). Auch in den Ländern der Triade wurden Verarmung, Marginalisierung, »abweichendes« Verhalten und Elend ebenso wie die damit möglicherweise verbundenen Risiken abgetrennt – möglichst außer Sichtweite und in Stadtviertel verbannt, die vielleicht nicht kontrollierbar, aber doch in hohem Maße abgrenzbar waren vom »normalen« Leben. Aus den Augen, aus dem Sinn. Die Schattenseite der Glitzermetropolen des Informationszeitalters blieb so weitgehend unsichtbar und nur sehr begrenzt gefährlich, auch da, wo sich funktionale Bereiche miteinander verschränkten und vermischten (vgl. Sassen 1996: Kap. 6). Exemplarisch ist die »Flucht« aller derer, die es sich leisten konnten, aus den Zentren der großen Städte der USA. Dort sind die Ghettos der Schwarzen, teils auch der *Hispanics* zurückgeblieben, die in der Tat häufig zu Zentren destruktiver Gewalt und Kriminalität geworden sind.

Das Gefühl der Sicherheit war demnach immer trügerisch. Es war etwas für die Privilegierten, die weder die alltägliche Gewalt in den Ghettos der großen Städte Amerikas selbst kennenlernen mussten, noch die Gewalt dessen, was über Jahrzehnte hinweg immer wieder als ein in Raten stattfindender sogenannter »Dritter Weltkrieg« angeprangert wurde: Stellvertreterkriege und »vergessene« Kriege, daraus begründeter Staatszerfall, als »ethnisch« apostrophierte Kriege, vorgeblich »chirurgische« Operationen der »Instant Wars« und verschiedene, häufig mit solchen Prozessen begründete Interventionen, oder auch die systematische Destabilisierung missliebiger Regime von Nicaragua bis Mosambik. Seitdem die USA sich mit der Nixon-Doktrin aus dem direkten Kampfgeschehen in Vietnam zurückgezogen und das Töten und vor allem das Sterben im Kampf den Menschen anderer Hautfarbe überlassen hatten, war es ihnen gelungen, das Leben ihrer Staatsangehörigen selbst dann weitgehend zu schonen, wenn die eigene Armee in kriegerische Einsätze verwickelt war: in Grenada, Panama, Irak oder im Kosovo. Undenkbar schien eine Gefährdung auf dem kontinentalen Territorium der USA selbst und erst recht in ihren Machtzentren. Sie erschien so undenkbar, dass ein Einbruch extraterrestrischer Gewalt in die Straßenschluchten New Yorks zum beliebten Standardrepertoire Hollywoods geworden war. Nur in dieser Inszenierung, in der Sicherheit der Fiktion, schien das, was dann plötzlich erschreckende Wirklichkeit wurde, auch nur vorstellbar: dass die Wolkenkratzer durch Gewalt und mit Absicht zum Einsturz gebracht wurden und Tausende von Menschen unter sich begruben.

Diese Verbrechen haben klar gemacht, dass der Versuch zur Aufrechterhaltung umgrenzter, befriedeter Reservate gleich welcher Größenordnung unrealistisch gewesen ist. Die Vorstellung einer Welt, in der Zonen von (relativem) Frieden und Wohlstand weiten Regionen gegenüberstehen, in denen Massenelend und kriegerische Konflikte vorherrschen und in der beide Formen menschlicher Existenz räumlich und durch Zugangsbarrieren voneinander getrennt sind, hat sich – ganz gleichgültig, was man davon gehalten hat – als trügerische Illusion erwiesen. Die Welt ist eins. Das gilt eben nicht nur für die oft zitierten, in Echtzeit rund um die Uhr und rund um den Erdball operierenden Finanzmärkte und auch nicht nur für die Gefährdung durch menschengemachte Großkatastrophen wie Treibhauseffekt oder Ozonloch. Es gilt auch für trotz Zeitverschiebungen weltweit inszenierte Boxkämpfe, Olympische Spiele, Formel 1-Rennen und Fußballweltmeisterschaften sowie andere Großveranstaltungen. Es gilt vielmehr auch für internationale und selbst auf den ersten Blick regional begrenzte Konflikte.

Die Anschläge bedeuten auch eine ungeheuerliche Provokation sowohl für die Staatsmacht der USA als auch für die überwiegende Mehrzahl ihrer tief verunsicherten Bürgerinnen und Bürger – und abgeschwächt gilt dies offensichtlich auch in Westeuropa. Dabei ist das mit dieser Provokation einhergehende Gefühl der Gefährdung durchaus berechtigt. Die objektiv vorhandene globale Konfliktsituation war ja zuvor schon eine, recht besehen überaus bedrohliche Realität. Nun ist klar geworden, dass es eine Illusion ist, diese Gefahren eingrenzen und umhegen zu wollen. Bisher haben weder die westlichen Regierungen noch das öffentliche Bewusstsein diese Herausforderung verarbeitet. Vielmehr provoziert selbst die neue Lage noch routinisierte, um so fragwürdigere und riskantere Reaktionsweisen.

Bedrohung und Schutz »der Zivilisation«

Halten wir noch einmal fest: Die Wahrnehmung dieser brutalen Verbrechen als Angriff auf »uns« implizierte bereits eine Grenzziehung: »Wir« und die »anderen«. Die »zivilisierte Welt« und – ja, wer eigentlich? George W. Bush mit seinem anfänglichen Gerede vom »Kreuzzug« und Silvio Berlusconi mit seinem Anspruch der »Überlegenheit unserer Zivilisation« (Spiegel online, 27.9.02). Auch Ariel Scharon und Gerhard Schröder mit ihren gleichlautenden Formulierungen »wir verteidigen unsere Art zu leben«[23] ließen aufblitzen, was sich manchem unter den Regierenden wohl reflexartig aufgedrängt hat und sicher auch in den Medien insinuiert wurde: Der »Kampf der Kulturen«, den der im US-Außenministerium nicht einflusslose Samuel Huntington (1997; Menzel 1998) zumindest als Möglichkeit prognostiziert hatte, schien ausgebrochen. Nicht zuletzt soll ja die letzte Schlacht zwischen Gut und Böse, die evangelikale Fundamentalisten mit beträchtlichem Einfluss in der Republikanischen Partei als Einleitung des Weltenendes erwarten, bei Armageddon ausgefochten werden. Auch das soll dieser Vorstellungswelt zufolge im Nahen Osten liegen. Bald freilich wurde klar, dass eine offene Feinderklärung gegenüber dem Islam die breite Allianz gleich wieder aufsprengen würde, die sich die US-Diplomatie mit den Hilfsdiensten von Tony Blair anschickte zu schmieden. Deshalb trat diese schlichte Definition zunächst in den Hintergrund, und die »zivilisierte Welt« blieb wenigstens vorerst unbestimmt. Es wird sich dennoch lohnen, darauf zurückzukommen.

Vorerst aber sollten wir ein wenig weiter dem Diskurs der Regierenden folgen, wie er sich in der öffentlichen Wahrnehmung nach den Ereignissen des 11. September 2001 entwickelt hat. Erinnern wir uns: Das Gefühl der Bedrohung durch eine unbestimmte, unkalkulierbare Gefahr war allgegenwärtig und ist seither –wenn auch mit geringerer Intensität – präsent geblieben. Diese Befürchtungen müssen sich freilich nicht allein auf mögliche weitere Anschläge richten, was sich etwa mit dem Bombenattentat auf die Synagoge in Djerba, Tunesien, dem vor allem deutsche Urlauber zum Opfer gefallen sind, als durchaus berechtigt erwiesen hat. Befürchtungen richteten sich auch auf die unbestimmte Reaktion der sich angegriffen fühlenden Supermacht. Sechs Tage nach Einstürzen des WTC schien es Bettina Gaus noch durchaus »möglich, dass Washington den Abwurf einer Atombombe beschließt« (taz, 17.9.2001). Diese Stimmung der tiefen Besorgnis und Desorientierung erklärt die allgemein um

---

[23] http://online.wdr.de/online/news2/katastrophe_worldtradecenter/chronik2.phtml (zit. Scharon, 11.9.01); Die Welt, 16.10.01.

sich greifende Erleichterung, als erst einmal scheinbar – nichts geschah. In Wirklichkeit war die Konzentration der Streitkräfte im Indischen Ozean natürlich ebenso real und wahrnehmbar wie die Stationierung von US-Truppen in Usbekistan und Kyrgyzstan, also die Etablierung einer Militärpräsenz im strategisch wichtigen Transkaspischen Raum. Das alles trat aber hinter dem Gefühl der absoluten Unwägbarkeit und des Ausgeliefertseins während der Tage unmittelbar nach dem 11. September zurück.

Es ist durchaus möglich, dass vor diesem Hintergrund auch die Rede des US-Präsidenten vor beiden Häusern des Kongresses vom 20. September 2001 als beruhigend aufgenommen wurde. Wer das Ereignis auch nur am Fernseher mitverfolgt hat, wird dieser Sichtweise nicht zustimmen können. In einer Inszenierung, die mit der beständigen Unterbrechung durch stehenden Applaus und Ovationen unwillkürlich an Berichte über stalinistische Parteitage gemahnte, bekräftigte Bush nicht nur seine Kriegserklärung gegen den Terrorismus, sondern verstärkte im Grunde auch die strategische Zweiteilung der Welt mit der kategorischen Aussage: »Wer nicht für uns ist, ist gegen uns.« Das ist »anmaßende Arroganz« (Roy 2001). Denn wie leicht einzusehen ist, enthält diese Formulierung immer auch den Souveränitätsanspruch, nicht nur darüber zu befinden, wer »wir« sind, sondern vor allem und folgenreicher, was es denn zu bedeuten habe, »für uns« zu sein. Bush stellte sich in dieser Rede selbst einen Freibrief aus, mit allen denen nach Gutdünken zu verfahren,[24] die ihm ihre Bereitschaft nicht glaubhaft machen, beim Krieg gegen den Terrorismus gerade in der Weise mitzumachen, wie er sich das vorstellt. Nachdem klar geworden war, dass Vokabeln wie »Kreuzzug« weltweit allzu polarisierend wirkten, trat nun als Schlagwort die »Freiheit« auf den Plan, die es zu verteidigen gelte. Der Codename »Unlimited Justice« wurde durch »Enduring Freedom« ersetzt.

Wer wäre wohl nicht bereit, die Freiheit zu verteidigen? Allerdings muss auch hier nachgefragt werden, was denn gemeint ist. Für Bush und die offenbar durch die Milzbrandattentate auf ihre Büros zusätzlich noch verunsicherten Angehörigen des US-Kongresses schien es offenbar geboten, für die »Freiheit« erst einmal eine Menge jener Freiheiten aufs Spiel zu setzen oder zu opfern, auf die Repräsentanten der USA sonst mit durchaus berechtigtem Stolz immer wieder verwiesen haben. Das Gesetz erhielt den komplizierten, ellenlangen Titel *Uniting and Strengthening America by Providing Appropriate Tools Required to Intercept and Obstruct Terrorism Act*, um es knackig-propagandistisch mit dem Kurztitel *USA PATRIOT Act* ausstatten zu können; es umfasst auf 342 Seiten rund

[24] s. zur Problematik Brock 2002.

1.000 Paragraphen und wurde in weniger als sechs Wochen durch den Kongress gepeitscht. Der Präsident unterzeichnete das Gesetz am 26. Oktober – just an dem Tag, als der deutsche Innenminister den wohlverdienten Big-Brother-Preis verliehen bekam (Schulzki-Haddouti 2001). Denn in Deutschland beeilten sich Regierung und Opposition gleichermaßen, es auch in dieser Hinsicht dem Großen Bruder gleichzutun. Die im Internet zugänglichen Gründe für die Preisverleihung sind es wert, ausführlich zitiert zu werden, weil sie die Stoßrichtung der Sicherheitskampagne sehr gut zusammenfassen. Der wesentliche Punkt dabei ist, dass die Gesetzespläne Schilys ebenso wenig wie die *USA PATRIOT Act* die Wurzeln des Terrorismus bekämpfen oder Terrorakte wirksam verhindern können:

- Statt dessen versucht Innenminister Schily, mit immer neuen Vorschlägen fälschlich den Eindruck zu vermitteln, durch zusätzliche und gegen große Bevölkerungsgruppen gerichtete Überwachungsmaßnahmen könne ein Mehr an Sicherheit für die Bevölkerung gegen den Terrorismus erreicht werden. Schily steht an erster Stelle jener Politiker in Deutschland, die die schrecklichen Terroranschläge in den USA als Anlass und Legitimation zur Durchsetzung freiheitsbeschneidender Gesetze instrumentalisieren.

- Otto Schily forderte schon wenige Tage nach den Anschlägen, Fingerabdrücke in Pässe und Personalausweise aufzunehmen. Die Folge wäre zwangsläufig eine bundesweite daktyloskopische Erfassung der deutschen Bevölkerung und damit eine verfassungswidrige Vorratsdatenspeicherung. Inzwischen plant er, weitere biometrische Daten wie Gesichtsgeometrie oder Irismerkmale auf Ausweispapieren zu speichern, mit der Folge, dass sich die ganze Bevölkerung biometrisch vermessen lassen müsste.

- Schily will, dass Telekommunikationsunternehmen und Internet-Provider verpflichtet werden, Nutzungs- und Verbindungsdaten mindestens sechs Monate lang zu speichern. Diese ausschließlich für Zwecke der Strafverfolgung initiierten Maßnahmen unterwerfen die gesamte Bevölkerung pauschal einem Kriminalitätsverdacht.

- Schily setzt sich außerdem ein für die Schaffung eines Datenverbundes aller deutschen Geheimdienste und des Bundeskriminalamtes, für verdachtsunabhängige Ermittlungskompetenzen des BKA sowie für eine umfassende Kronzeugenregelung, die selbst dann Strafmilderung verspricht, wenn andere fälschlich beschuldigt werden.

• Die Vorverlegung polizeilicher Maßnahmen ins weite Vorfeld von Straftaten oder konkreten Gefahren sowie die Aufhebung der Trennung zwischen Polizei und Geheimdiensten sind Merkmale, welche bereits die nationalsozialistische Geheime Staatspolizei und die Stasi kennzeichneten. Eine solch ausufernde Sicherheitspolitik und eine demokratisch kaum zu kontrollierende Machtkonzentration sollten nach diesen Erfahrungen in Deutschland wirksam unterbunden werden.

• Das Hauptgewicht der vorgeschlagenen Überwachungsmaßnahmen richtet sich dabei nicht gegen die deutsche Bevölkerungsmehrheit, sondern gegen Ausländerinnen und Ausländer, die ohnehin schon zu der am meisten überwachten Bevölkerungsgruppe gehören. Damit schürt Schily Angst, Abwehr und Aggressionen gegen Fremde.

• Mit der Einführung eines neuen §129b ins Strafgesetzbuch, der die Mitgliedschaft auch in internationalen »terroristischen Vereinigungen« unter Strafe stellen soll, wird nicht etwa ein wirksames Instrument zur Zerschlagung derartiger Organisationen geschaffen, sondern vor allem ein Ermittlungsparagraf, der eben auch zur strafrechtlichen Verfolgung legitimen politischen Widerstands gegen Unterdrückung und Ungerechtigkeit in diktatorischen Ländern genutzt werden kann.

• Anstatt das Ausländerzentralregister (AZR) auf ein verfassungskonformes Maß zurecht zu stutzen, sollen nach dem Wunsch von Schily die Kontroll- und Überwachungsmöglichkeiten des AZR noch ausgebaut werden durch zusätzliche Speicherung personenbezogener Merkmale (z.B. Religionszugehörigkeit), durch erweiterte Online-Zugriffsmöglichkeiten oder durch die Neueinführung einer Nutzungsbefugnis für Sozialbehörden. Schon im vorigen Jahr hat das Ausländerzentralregister wegen seiner jahrzehntelangen Förderung der Diskriminierung von Ausländern, wegen seines Beitrags zur Schwächung der Grundrechte einen Big Brother Award erhalten.

• Durch zusätzliche Maßnahmen soll der Überwachungsdruck auf Ausländerinnen und Ausländer weiter erhöht werden, z.B. durch das Erfassen von Fingerabdrücken bei der Visa-Beantragung, durch die Einführung der Regelanfrage bei Geheimdiensten im Fall von Einbürgerungen und der Erteilung von Aufenthaltsgenehmigungen, durch die Durchführung von Rasterfahndungsmaßnahmen, durch die Einführung bundesweiter Islamismusdateien oder einer Warndatei zur Bekämpfung von Visa-Erschleichung und Schlepperkriminalität.

• Mit der Forderung nach einem verstärkten Austausch zwischen

Asylbehörden und Geheimdiensten, die ihrerseits einen Datenaustausch mit Geheimdiensten in den Herkunfts- bzw. Verfolgerstaaten pflegen, würde faktisch das im Asylrecht zugestandene Recht auf Schutz vor Verfolgung untergraben.

- Die umfangreiche Erfassung zusätzlicher personenbezogener Daten und die von Schily geforderte Vernetzung bzw. der Abgleich unterschiedlicher Datenbanken von AZR, Polizei, Einwohnermeldeamt und anderen Behörden vergrößert und erleichtert die Gefahr von Datenmißbrauch oder Fehlinterpretationen.

- All diesen Maßnahmen ist gemein, dass sie nicht geeignet sind, terroristische Gefahren abzuwehren oder terroristische Taten aufzuklären, dass sie aber dazu beitragen, ein Klima der Intoleranz zu fördern, in dem Fremdenfeindlichkeit und Hass gedeihen. Dieses Klima könnte den Nährboden für weitere terroristische Aktionen bilden. Teilweise haben die Vorschläge nicht einmal im Ansatz einen Bezug zur Terrorismusbekämpfung. Vieles ist nichts anderes als das Wiederaufkochen von datenschutzfeindlichen Ladenhütern, die bisher selbst unter einer schwarz-gelben Regierung aus guten Gründen nicht realisiert worden sind (http://www.big-brother-award.de/current/.pol/).

Das Bild vom »Eisernen Otto«, der sich weder um Grundrechte schert noch um das, was er früher einmal kritisch gegen grundrechtsverletzende Sicherheitsgesetze vorzubringen hatte, hat allerdings im Januar 2002 in der V-Mann-Affäre im Zusammenhang mit dem NPD-Verbotsprozess vor dem Bundesverfassungsgericht Schrammen bekommen, die dann wieder durch das Gerangel um das Zuwanderungsgesetz kosmetisch überdeckt wurden. Die schlimmsten Pläne aus dem Herbst 2001 haben auch nicht alle Gesetzeskraft erlangt. Mittlerweile hat sich auch bestätigt, dass es nicht unzureichende gesetzliche Kompetenzen, sondern organisatorische Inkompetenz war, die mehrere US-Geheimdienste und das FBI daran hinderte, ihnen vorliegende Informationen über die Planungen zum 11. September richtig zu bewerten. Kein einziges der die Freiheitsrechte der Bürgerinnen und Bürger einschränkenden, im Eilverfahren durchgepeitschten Gesetze ist deswegen in Frage gestellt worden – weder in den USA, noch in Deutschland, noch anderswo.

Festzuhalten bleibt deshalb, welches Welt- und Menschenbild die herrschende Politik und den hegemonialen Diskurs prägen, wenn es um die »innere Sicherheit« in Zeiten globalisierter Gefährdungen geht. Dafür können in Deutschland der V-Mann-Skandal ebenso wie die Zuwanderungsdebatte als Beispiele stehen, die zusätzliche Dimensionen beleuchten: von der Bedenkenlosigkeit, mit der ein staatlicher Geheimdienst faktisch eine rechtsradikale Partei teilfinanziert hat, bis zur rigiden Ausgrenzung von Menschen anderen Aussehens und anderer Herkunft, als dies einem irgendwie diffus bestimmten Bild vom deutschen Standardbürger (nicht umsonst männlich) entspricht. Ein für uns besonders wichtiges Beispiel für die repressive Hysterie des Herbstes 2001 ist die Rasterfahndung, die nach dem 11. September schnell als Mittel propagiert wurde, um die »Schläfer«, also die getarnt und unauffällig unter uns lebenden künftigen Top-Terroristen, dingfest zu machen. Schon frühzeitig stellten Witzbolde die nicht unberechtigte Frage, wie denn jemand als verdächtig identifiziert werden sollte, der pünktlich Miete und Steuern zahlt, eventuell sein Studium ordentlich betreibt und auch bei den Telephon- und Rundfunkgebühren nicht in Rückstand gerät. Die Konsequenz drängt sich auf: Jeder und jede ist verdächtig. So einfach wollte man es sich dann doch nicht machen. Als Kriterium wurde ganz offen die Religion und daneben auch das Geschlecht ausgewählt. Man hielt also Ausschau nach männlichen Muslimen, doch der Erfolg war erwartbar begrenzt, weil dieses Kriterium ebenso diskriminierend wie unspezifisch war – moralisch, rechtlich wie methodisch verfehlt.

Die Rasterfahndung wurde im Februar 2002 von Gerichten in Berlin, Hessen und Nordrhein-Westfalen für ganz oder teilweise rechtswidrig erklärt, nachdem es zu einigen bürger- und menschenrechtsverletzenden Absurditäten gekommen war. Da deutsche Universitäten nicht die Religionszugehörigkeit ihrer Studierenden erheben, konnten sie auch nicht den Forderungen der Strafverfolgungsbehörden entsprechen und die Daten der männlichen Studierenden muslimischen Glaubens liefern. So wurden in Nordrhein-Westfalen alle Daten sämtlicher männlicher Studierender in die Rasterfahndung gegeben, die nach 1960 geboren waren. Allein in NRW wurden 11.004 auffällige Datenkombinationen aus 4,5 Mio. Meldeamtsdaten, 475.000 Immatrikulationsdaten und 100.000 Hinweisen aus dem Ausländerzentralregister herausgefiltert, mehr als in den übrigen elf Ländern, über die Mitte März Informationen vorlagen, zusammengenommen (DIE ZEIT, 14.3.02). Solche Datenfluten widersprechen allein immanent schon dem strategischen Konzept einer gezielten Aussiebung Verdächtiger. Aber das macht den Schaden und die Verunsicherung für die Betroffenen natürlich in keiner Weise kleiner – erst recht nicht, wenn das BKA aufgrund des neuen § 7a im BKA-Gesetz zusätzlich und ohne richterliche Kontrolle noch »inoffiziell« nebenher rastert, sogar mit Billigung des Bundesdatenschutzbeauftragten (ebd.). Dabei ist die Rasterfahndung nur ein Beispiel für die Überwachungswut, die nach dem 11. September auch in Deutschland um sich griff. Und es scheint schon fast selbstverständlich, dass von denen, die diese Maßnahmen propagierten, nie ernstlich gefragt, geschweige denn geprüft wurde, ob diese denn geeignet wären, das zweifellos berechtigte Anliegen voranzubringen, die Bevölkerung gegen Terroranschläge zu schützen.

Recht und Freiheit

Der Sicherheitsdiskurs hat sich nach dem 11. September 2001 deutlich verschoben. Ein beschleunigter Prozess der Militarisierung des Sicherheitsdenkens ist unübersehbar. Sein Ausgangspunkt ist vermutlich dort zu verorten, wo die Kriegs- zu Verteidigungsministerien und die Militär- zur Sicherheitspolitik wurden. Sicherheit wurde vor dreißig Jahren in einer Gesellschaft wie der Westdeutschlands zusammen mit Freiheit und Gleichheit noch als »Ruhe, Ordnung, Konsumgüter, etwas Lust« buchstabiert (Brückner 1972: 17 und 82). Heute spielt soziale Sicherheit in der öffentlichen Diskussion eher als Faktor eine Rolle, der die Lohnnebenkosten in die Höhe treibt oder den Generationenkonflikt anheizt. Ein Gefühl akuter physischer Gefährdung dagegen hat sich selbst da ausgebreitet, wo vergleichsweise geringer handgreiflicher Anlass besteht: Auch wenn die Verbrechensquote in Wirklichkeit rückläufig ist, hatte etwa in Deutschland die massive Ausweitung der Sicherheitsverwahrung, des Wegschließens von Straftätern nach Verbüßung ihrer Strafe aus Gründen der Prävention, im beginnenden Bundestagswahlkampf gute Chancen, Gesetz zu werden. Die Schaffung dieses Rechtsinstituts geht auf die Frühzeit der NS-Herrschaft zurück (SZ, 1.2.02). Vertreten wird solche »Reform« heutzutage auch von einem sozialdemokratischen Innenminister, der sich in der Verteidigung von Grundwerten gegenüber der ersten Welle an Terror-Hysterie und damit einhergehenden Gesetzesverschärfungen mit eindeutig repressivem (»Vorbeuge«-)Charakter Anfang der 1970er Jahre – vordergründig zum Schutze gegen die (Atten-)Täter der Rote Armee Fraktion und deren Nachfolgebanden erlassen – Respekt erwarb.

Der US-Senator Russ Feingold, der als einziger im Senat gegen die *USA PATRIOT Act* gestimmt hat, ging da entschieden weiter. Er erinnerte in seiner Rede im Senat nicht nur an die beklagenswerten Fälle schwerer Grundrechtsverletzungen, zu denen es in den USA während nationaler Krisen wie dem Bürgerkrieg und in beiden Weltkriegen gekommen ist. Er wandte sich auch gegen die faktische Rassendiskriminierung, unter der unmittelbar nach den Anschlägen vom 11. September in den USA Menschen zu leiden hatten, die wegen ihres Aussehens, ihrer Kleidung oder ihrer Nachnamen aus startbereiten Flugzeugen verwiesen, ohne den grundrechtlich garantierten Rechtsschutz eingesperrt, auf offener Straße angegriffen und in manchen Fällen auch ermordet wurden. Angesichts der terroristischen Bedrohung, die durch an sein eigenes Büro gerichtete Milzbrandsendungen noch unterstrichen worden war, betonte Senator Feingold:

> Wir müssen unsere Wachsamkeit verdoppeln, um weitere Terrorakte zu verhindern. Aber wir müssen auch unsere Wachsamkeit verdoppeln, um unsere Werte und die Grundrechte zu bewahren, die uns zu dem machen, was wir sind.
> Die Gründer, die die Verfassung und den Menschenrechtskatalog *[Bill of Rights]* geschrieben haben, übten diese Wachsamkeit, obwohl sie vor kurzem den Revolutionskrieg ausgefochten und gewonnen hatten. (Feingold 2001)

Er begründete, warum die Staatsorgane eines demokratischen Gemeinwesens zur Bewahrung der Freiheit die Rechte der Bürger nicht Effizienzgesichtspunkten opfern dürfen:

> Natürlich wäre es, wenn wir ein Polizeistaat wären, ohne Zweifel leichter, Terroristen zu fangen. Wenn wir in einem Land lebten, das es der Polizei erlaubt, ihre Wohnung zu jeglicher Zeit und aus jeglichem Grund zu durchsuchen; ... wenn wir in einem Land lebten, das es den Behörden erlaubte, Leute auf grund dessen, was sie schreiben oder denken, auf unbestimmte Zeit im Gefängnis zu halten, auf der Grundlage eines bloßen Verdachtes, dass sie Böses im Schilde führen, dann würden die Behörden ohne Zweifel mehr Terroristen entdecken und festnehmen.
> Aber das wäre wahrscheinlich kein Land, in dem wir leben wollten. (Feingold 2001).

Und Senator Feingold zeigte auch auf, in welchem Zusammenhang der Anspruch, die Freiheit zu verteidigen, allenfalls erhoben werden kann:

> Die Bewahrung unserer Freiheit ist einer der Hauptgründe, aus dem wir jetzt diesen neuen Krieg gegen den Terrorismus führen. Wir werden diesen Krieg verlieren, ohne einen Schuss abgefeuert zu haben, wenn wir die Freiheiten des amerikanischen Volkes opfern. (Feingold 2001).

Feingold wandte sich also keineswegs gegen den Krieg *per se*. Er machte lediglich deutlich, welchen innen- und vor allem verfassungsrechtlichen Kriterien eine Regierung eigentlich zu genügen haben müsste, die den

Anspruch erhebt, einen solchen Krieg im Namen der »Freiheit« zu führen. Und ob geheimdienstliche Mittel und Einschnitte in Freiheitsrechte überhaupt geeignet sind, Terrorakte abzuwehren, ist noch sehr die Frage. Immerhin verfügten die US-Geheimdienste über Warnsignale, die sie nicht beachteten, und stattdessen plante Justizminister Ashcroft den Abbau der Vorbeugemaßnahmen gegen Terrorangriffe (NZZ, 22.2.02).

Von der Bush-Administration freilich derartige Einsichten oder sogar deren Umsetzung in praktische Politik zu erwarten, wäre allzu blauäugig. Nicht umsonst wenden sich Teile des rechten Spektrums in den USA, die auch mit der in der Republikanischen Partei einflussreichen *Christian Coalition* in Verbindung stehen, ausdrücklich gegen die *Bill of Rights* als vorgebliche Verfälschung des ursprünglichen Verfassungstextes – Zufall oder nicht, dass diese Gruppen, die Bush mit seiner Kritik an »Washington« während des Wahlkampfes eifrig umworben hatte, sich auch *Patriots* nennen (vgl. Castells 2002b: Kap. 2)?

Offenbar bezeichnet »Freiheit« hier ganz unterschiedliche Vorstellungen. Auf der einen Seite steht der Anspruch, mit Erworbenem (und Ererbtem) machen zu können, was man für gut und richtig hält und sich von anderen, vor allem vom Staat, nicht drein reden zu lassen; für die andere Sicht stehen Rede- und Meinungsfreiheit, körperliche Unversehrtheit, Unantastbarkeit der Wohnung, Schutz vor willkürlicher Festnahme und was noch zu den klassischen bürgerlichen Freiheiten gehört. Die materiellen Bedingungen, diese einzulösen (s. Kößler 2001), werden freilich dabei überhaupt nicht thematisiert.

Worauf es hier jedoch vor allem ankommt, ist die Beglaubigung der Zweispaltung der Welt, die in der Verknüpfung zwischen inhaltlich unbestimmter Freiheitsrhetorik und Repressionspolitik zum Vorschein kommt. Dieser Manichäismus entlädt sich nicht allein in der an Effizienzkriterien orientierten Bombardierung Afghanistans mit Streubomben im Herbst 2001 und mit thermobarischen Bomben im Frühjahr 2002, sondern auch in der wohlfeilen Rechtfertigung von Aktionen der Armee und des Geheimdienstes Israels in den Palästinenser-Gebieten oder auch der indischen Armee in Kaschmir, die wenige Wochen zuvor in dieser Form völlig undenkbar gewesen wären, jetzt aber als Anti-Terrormaßnahmen auf erschreckende Legitimität oder zumindest unbehagliche Toleranz rechnen können.

Die US-Polizei- und Fahndungsbehörden inhaftierten bereits kurz nach dem 11. September 2001 Hunderte aufgrund von oft fadenscheinigen Verdachtsmomenten; viele dieser Menschen saßen noch Wochen und Monate danach ohne anwaltliche Betreuung und ohne Anklageerhebung in Haft. Dies verbindet sich mit den Fällen des »ethnic profiling«, der verfassungswidrigen Konzentration von Fahndungsorganen und Polizei auf spezifische, ethnisch definierte Persönlichkeitsmerkmale, über die immer wieder berichtet wird. Diese Politik kommt zumindest sehr nahe an eine Strategie heran, in der »Freiheit« mittels Menschenrechtsverletzungen verteidigt wird. Senator Feingold hat daran erinnert, dass dies in der Geschichte der USA nichts gänzlich Neues ist. Es sei nur an die massenhafte Internierung von Bürgerinnen und Bürgern japanischer Abstammung während des Zweiten Weltkrieges oder auch die antikommunistische Kampagne des Senators McCarthy gegen »unamerikanische Aktivitäten« erinnert. Das Lager in Guantanamo auf Cuba, in das gefangene mutmaßliche Angehörige der Taliban und von El-Quaeda nach offizieller Lesart zum Verhör gebracht wurden, rief wegen der menschenunwürdigen Haftumstände fast umgehend große Teile der Weltöffentlichkeit auf den Plan. Ihnen blieb offenkundig die Einsicht verschlossen, dass es zur Verteidigung der »Freiheit« (oder der – westlichen? – Zivilisation?) gehört, Menschen in Käfige zu sperren und sie unter entwürdigenden Umständen der Öffentlichkeit vorzuführen. Die Verweigerung des Status als Kriegsgefangene für diese Häftlinge durch die Bush-Regierung war offenkundig gleichbedeutend mit der Beanspruchung einer Lizenz zur Verletzung ihrer Menschenrechte. Dazu gehört wohl auch, sie im Ungewissen über ihr weiteres Schicksal zu lassen, das eventuell unbefristete Inhaftierung ohne Verfahren bedeuten könnte (s. BayArea.com, 4.3.02).

Zivilisation und Barbarei

Diese Entwicklungen unterstreichen, dass Bushs anfängliche Forderung nach Rache in Wirklichkeit kaum einer Mäßigung gewichen ist. Die US-Regierung folgte vielmehr ihrem unmittelbar nach den Anschlägen artikulierten Impuls, als angegriffene und herausgeforderte Supermacht mit gleicher Münze zurückzuzahlen. Ihre Vasallen sind ihr gefolgt, auch wenn Schröder sich bemühte, in seiner Regierungserklärung nach den Anschlägen das Versprechen »uneingeschränkter Solidarität« mit der Ablehnung von »Abenteuern« einzuschränken (Spiegel online, 19.9.01). Welches Abenteuer das Unternehmen Afghanistan für die UN-Truppen einschließlich der Bundeswehr bedeutet, begann sich spätestens Anfang März 2002 abzuzeichnen, als sich herausstellte, was bereits beim schnellen Fall Kabuls und Kandahars zu vermuten gewesen war: Die Taliban waren keineswegs zerschlagen, von einer Kontrolle des Landes durch die Regierung des Interimspremiers bzw. neuerdings -präsidenten

Karsai konnte keine Rede sein, und plötzlich trafen US-Truppen mit ihren Verbündeten auf harte Gegenwehr, die wiederum Taliban und El-Qaeda zugeschrieben wurde. Zugleich zeichnete sich Deutschlands Rolle als inoffizielle »lead nation« für das UN-Kontingent ab, im Sinne einer »Führung light« (SZ, 4.3.02). Die Folgen der mit dem US-Luftfeldzug eingeleiteten Ereigniskette erschienen zunehmend als unkalkulierbar. Auch immanent ist also keineswegs absehbar, ob der von der US-Regierung initiierte Feldzug seine selbstproklamierten Ziele erreichen wird – nicht nur fehlt von Osama bin Laden jede Spur, auch die Zukunft Afghanistans ist so offen und ungewiss wie eh und je.

Die Welt hat sich verändert: Ihre Einheit ist sinnlich-emotional erfahrbar geworden wie selten zuvor. Aber es besteht keineswegs Einigkeit darüber, worin diese Einheit besteht und was sie bedeutet. Bundeskanzler Gerhard Schröder etwa meint, dies habe zur Konsequenz, dass »die Anschläge ... gegen uns alle gerichtet« sind und »Sicherheit ... in unserer Welt nicht teilbar (ist)« (Schröder 2001: 2). Das unterscheidet sich erkennbar von der Einsicht, dass die Abgrenzung von Zonen relativen Friedens illusionär ist. Das Konzept des Rachefeldzugs in Afghanistan und eventuell auch in Irak oder Somalia mit dem davon erhofften Abschreckungseffekt und der Annahme, wenn die Täter erst einmal dingfest gemacht und El-Quaeda am Ende eines langen Prozesses zerschlagen sei, werde schon alles gut werden, unterstellt ja gerade, solche regional eingehegte und umgrenzte Sicherheit sei (wieder) herstellbar.

Die tiefgreifenden Unterschiede weltweit zeigen sich nicht zuletzt durch die Reaktionen auf die Terroranschläge. Dabei ist es signifikant, dass mit Ausnahme weniger extremer islamistischer Gruppen oder auch einiger deutscher Neonazis praktisch niemand diese Akte zu rechtfertigen versuchte. Doch der südafrikanische Journalist Mark Gevisser notierte im *Sunday Independent* (Johannesburg, 23.9.01) eine klar erkennbare »Rassenschranke«: Weiße befürworteten eher die von Bush propagierten Vergeltungsschläge, während Schwarze eine ambivalente Haltung an den Tag legten.[25] Wenn Gevisser diese Reaktionen als »Antiamerikanismus« bezeichnet, so ist ihm freilich zu widersprechen. Es handelt sich zunächst einmal ja nicht um pauschale Ressentiments.

Die indische Schriftstellerin Arundathi Roy (2001) hat ausgehend von der Feststellung, dass die Attentäter ihre Tat nicht kommentiert und damit für jede Sinnzuschreibung offen gelassen haben, dass ferner nicht etwa die Freiheitsstatue, sondern mit dem World Trade Center und dem Pentagon Symbole für die Unterstützung von »militärischem und wirtschaft-

---

[25] Wir danken Heike Becker, Kapstadt, für diesen Hinweis.

lichem Terrorismus, Konterrevolution, Militärdiktaturen, religiöser Bigotterie und unvorstellbarem Völkermord (außerhalb Amerikas)« getroffen wurden, sehr eindrucksvoll formuliert:

> *Für normale Amerikaner, die gerade erst in tiefe Trauer gestürzt worden sind, muß es schwer sein, mit Augen voller Tränen auf die Welt zu blicken und eine Haltung zur Kenntnis nehmen zu müssen, die ihnen vielleicht als Gleichgültigkeit erscheint. Aber es ist nicht Gleichgültigkeit. Es ist nur Art Vorahnung, ein Nicht-Überraschtsein. Die alte Weisheit, daß wer sät, auch ernten wird. Die Menschen in Amerika sollten wissen, daß nicht sie es sind, die solchen Haß auf sich ziehen, sondern die Politik ihrer Regierung. Sie können gar keinen Zweifel daran haben, daß sie selbst, ihre außergewöhnlichen Musiker, ihre Schriftsteller, Schauspieler, ihre phänomenalen Sportler und ihr Kino überall willkommen sind.* (Roy 2001)

In demselben Text verweist Roy auf die irrwitzige Logik einer Madeleine Albright. Sie wurde gefragt, was sie zu den 500.000 toten Kindern zu sagen habe, die die Sanktionen gegen den Irak gekostet haben. Roy zitiert Albriht mit der Antwort, es sei eine schwere Entscheidung gewesen, »aber ich denke, sie war es wert« (s. auch Ali 2002: 254; Pilger 2002: 60f). Roy ist zuzustimmen, wenn sie darin die »fragwürdige Unterscheidung zwischen Zivilisation und Barbarei« erkennt, die übergeht in die zwischen dem »Massaker an unschuldigen Menschen« und dem »Zusammenstoß der Kulturen« mit seinen »Kollateralschäden«.

> *Die trostlose Landschaft Afghanistans war der Friedhof für den Sowjetkommunismus und das Sprungbrett für eine unipolare, von Amerika beherrschte Welt. Sie hat Platz geschaffen für Neokapitalismus und Konzernglobalisierung, wieder unter amerikanischer Herrschaft. Und nun ist Afghanistan dabei, zum Friedhof der unwahrscheinlichen Soldaten zu werden, die diesen Krieg für Amerika ausgefochten und gewonnen haben.* (Roy 2001)

Und schließlich komme Osama bin Laden die »Auszeichnung« zu, »von der CIA geschaffen worden zu sein und vom FBI verfolgt zu werden«. Die Verbindungen zwischen dem vorgeblichen Hauptverantwortlichen für den 11. September 2001 und den US-Geheimdiensten sind inzwischen ausführlich dokumentiert (vgl. Brisard/Dasquié 2001). Vor diesem Hintergrund und vor der wirklich erschreckenden Parallele einer beständigen Anrufung Gottes durch den Top-Terroristen ebenso wie den US-Präsidenten bei allem, was sie tun und sagen, erklärte Arundathi Roy denn auch Osama bin Laden zum »amerikanischen Familiengeheimnis« und »Doppelgänger des amerikanischen Präsidenten« (ebd.) – nicht zuletzt in der Erkenntnis, dass in Wahrheit ein jedes Menschenleben so viel wert ist wie das nächste. Denn auch der Verstoß gegen diese Maxime eint beide. Sie wenden sich jeweils auf ihre spezifische Art und Weise gegen eine in der Erfahrung der ganzen Menschheit verankerte säkulare Rationalität, die universelle Werte der Menschlichkeit und des Ausgleichs gegen die Bestrebungen nach Exklusivität und Suprematie geltend machen kann (vgl. Sarkhosh 2002).

In Deutschland entfaltete Roys Text eine besondere, für das öffentliche Bewusstsein und den Zustand der Öffentlichkeit kennzeichnende Wirkung: »Tagesthemen-Chef« Ulrich Wickert veröffentlichte ausgerechnet in dem auch über das Internet zugänglichen, recht schmuddeligen Lifestyle-Magazin *Max* einen Kommentar, in dem er sich im Namen der Toleranz gegen die Tiraden von Berlusconi wandte und in deutlich vergröberter Form Roy zustimmte, Bush sei zwar »kein Mörder und Terrorist. Aber die Denkstrukturen sind die gleichen« wie bei Osama bin Laden (Wickert 2001). Der Effekt war schwer überbietbar. Martin Böttger (Freitag, 12.10.01) übertrieb nicht, wenn er schrieb: »Wie ein Pawlowscher Köter fiel die Gleichschaltungspolizei von Bild, CSU und CDU über ihn her.« Für Angela Merkel schien Wickert »absolut nicht mehr tragbar ... im öffentlich-rechtlichen Fernsehen«. *Bild* forderte TV-Verbot für den Moderator. Nicht lange – denn schon wenige Tage später, am 3. Oktober, nutzte Wickert seine Sendung, um sich zu entschuldigen (SZ, 3.10.01). Der Ansatz zum aufrechten Gang war schon binnen kurzem ins Stolpern geraten. Zur Erinnerung: 1919, als er die Hoffnung schwinden sah, die Kriegstreiber von 1914 würden zum Teufel gejagt, drückte Kurt Tucholsky es so aus:

> ... doch weicht der Deutsche sich die Hosen ein.
> Behüt' Dich Gott
> Es wär' so schön gewesen
> Behüt' Dich Gott
> Es hat nicht sollen sein.

Wickert spielte eine kleine Rolle in nur einem weiteren, winzigen Satyrspiel im Gefolge der von Tucholsky angesprochenen Tragödie, die die Weichen für den weiteren Gang der deutschen Geschichte in die Katastrophe gestellt hat. Und doch zeichnet dieses miserable kleine Stück ein konzentriertes Bild von der deutschen Öffentlichkeit im Herbst 2001. Einer, dessen aufrechter Gang über allen Zweifel erhaben sein dürfte, ist Desmond Tutu. Im März 2002 führte der Friedensnobelpreisträger und frühere Erzbischof von Kapstadt US-amerikanischen Kirchenbesuchern die Heuchelei ihrer Regierung überdeutlich vor Augen: »Die beste Waffe gegen den Terror ist es, wenn Sie ihren Reichtum mit den Armen teilen. In einer Familie bekommen die Großmutter und das Baby auch nicht gesagt, sie dürften nur so viel essen, wie sie beigesteuert haben.« Und er fügte hinzu, nach der Bibel seien Außenminister Colin Powell und Osama bin Laden Brüder derselben Familie (DMG, 5.3.02). Tutu erinnert vor allem nachdrücklich an den grundlegenden Wirkungszusammenhang unserer Zeit, den die Ereignisse des 11. September in ein so grelles Licht gerückt haben: Die Welt ist eins. Aber sie ist alles andere als einheitlich. Diese Welt ist geprägt durch Ungleichheit der Lebenschancen, durch den ungleichen Zugang zu Bildung, bezahlter Arbeit, sauberem Wasser, Gesundheitsversorgung und einer Reihe weiterer Dinge, die nach landläufigem Verständnis ein menschenwürdiges Leben ausmachen; sie ist geprägt durch den Ausschluss ganzer Weltregionen, aber ebenso von Stadtvierteln der Weltmetropolen aus den dominanten Zusammenhängen der Kommunikation, des Verkehrs und des Konsums, ganz zu schweigen von den globalen Finanzoperationen.

Die »schwarzen Löcher« (Castells) in der schönen und für die meisten, die sie kennen, ja in der Tat faszinierenden Welt des Internet sind inzwischen wohlbekannt, und sie symbolisieren die zunehmende Ungleichheit in der Welt gerade angesichts des Anspruchs grenzüberschreitender, Grenzen einreißender Kommunikation (vgl. Castells 2002b: Kap. 2; Hein 2001: 47ff). Die damit zusammenhängende Deregulierung und Informalisierung, die Entstehung einer weltweiten Schattenökonomie, ja einer kriminellen Wirtschaftssphäre gewaltigen Ausmaßes (vgl. Castells 2002b: Kap. 3) bietet mit all ihren Implikationen von der Geldwäsche bis zum Waffenhandel ganz zweifellos einen wichtigen Nährboden für die Entstehung und Entwicklung eines Netzwerkes wie Al-Qaeda, denn nur druch dies Form des Verkehrs von Finaznmitteln und Waffen kann sie funktionieren. Es gibt also allein schon aufgrund dieses Zusammenhanges eine deutliche Verbindung zwischen der weltweiten Sozialstruktur und den Verbrechen des 11. September. Diesen Zusammenhang müssen wir versuchen zu verstehen, wollen wir uns eine Vorstellung davon machen, was uns bedroht und wie dem allenfalls begegnet werden kann.

Anerkennung oder Liquidierung?

Gerade die Anschläge des 11. September 2001 und ihre Hintergründe unterstreichen die Brisanz zunehmender weltweiter Ungleichheit und die damit verbundenen Gefahren ebenso wie sie zeigen, dass die Annahme gründlich verfehlt ist, der Nord-Süd-Gegensatz ließe sich durch einfache materielle Palliativmaßnahmen unter Kontrolle bringen. Zunächst einmal sind Anzeichen dafür, dass materielle Transfers der als notwendig erachteten Größenordnung irgendwie ernsthaft realistisch sein könnten, bisher nicht zu entdecken. Die UN haben ihre Richtzahl von 1 % des BIP der OECD-Länder, die hierfür bereit gestellt werden sollten, längst auf 0,7 % revidiert, und keine der betroffenen Regierungen hat bisher auch nur im Entferntesten ihr Budget danach ausgerichtet. Deutschland kommt auf 0,27 %, die USA liegen mit ca. 0,1 % noch weit darunter, und die EU kündigt als großen Fortschritt den Plan an, diese Quote bis 2006 auf 0,33 % zu erhöhen (SZ, 16.3.02) – was immerhin einer Trendwende gleichkäme. Zugleich gilt es aber zu bedenken, dass die Gleichung materielle Not = Gewalt = Krieg/Terror viel zu einfach ist. Vielmehr bestätigt eine kritische Untersuchung von Instrumenten zur Krisenprävention und -bearbeitung die begründete generelle Skepsis gegenüber Instrumenten der Entwicklungszusammenarbeit als Mittel des *social engineering*: Die Ergebnisse des Eingriffs in hoch komplexe Zusammenhänge auf lokaler oder auch regionaler Ebene sind viel zu wenig kalkulierbar, als dass davon auszugehen wäre, hier ließen sich Erfolge erzielen, die in einfacher Korrelation zu den aufgewendeten Summen stünden (vgl. Zitelmann 2001). Sehr wohl aber verweist das konsistente und krasse Zurückbleiben der Aufwendungen der reichen Staaten der Welt gegenüber den UN-Normen auf politische Prioritäten und damit auf die geringe Bedeutung, die der weltweiten Ungleichheit regierungsamtlich tatsächlich zugemessen wird. Auf der Ebene dieses geringen Stellenwertes des Problems, was auch als mangelnde Anerkennung verstanden wird, lassen sich sehr wohl auch Zusammenhänge zu Potentialen der Gewalt und des Terrors finden, die sich ihrerseits offenbar zusehends globalisieren.

Die Komplexität der Problemlagen betrifft nämlich nicht zuletzt die symbolischen Dimensionen der Konflikte. Das wird in der »Al-Aksa-Intifada« und ihrer Vorgeschichte aktuell und eindringlich versinnbildlicht. Wohl selten ist mit der Symbolik der Okkupation zentraler Stätten so effektiv und folgenreich Politik gemacht worden wie mit Ariel Scharons Besuch auf dem Tempelberg im Herbst 2000. Dabei geht es vielleicht nicht einmal in erster Linie darum, dass damit für die israelische Besatzungsmacht in offener Missachtung gültiger Verträge und UN-Sicherheitsratsresolutionen die exklusive Verfügungsgewalt über die heiligen Stätten beansprucht und demonstriert wurde. Wohl mehr noch geht es um die Verweigerung der *Anerkennung* gleicher Rechte für alle, gleichviel ob als Juden, Muslime, Palästinenser oder Christen.

Da liegt ein klassisch koloniales Denkmuster vor: Demnach komme es auf Kultur oder Zivilisation, Mission oder wie im Fall des Zionismus auf die

Behauptung uralter Ansprüche auf ein Land an. Dies gilt als Legitimation einer bestimmten Bevölkerungsgruppe gegenüber einer anderen, die aus solchen Gründen (angeblich irgendwie zu Recht) in ihren Lebensgrundlagen eingeschränkt oder sogar gänzlich vertrieben werden darf. Im Prinzip läuft das auf das Recht des Stärkeren hinaus, auf – nur vermeintlich? – eher veraltete Denk- und Argumentationsmuster des Sozialdarwinismus.

Eine Weltordnung, in der solche Vorgänge womöglich noch unter dem Vorwand der Bekämpfung von Terrorismus nicht nur hingenommen und toleriert, sondern die Täter sogar aktiv unterstützt werden, kann kaum den Respekt und die Anerkennung derer erwarten, die sich in einem solchen rechtlich-gewalttätigen Bezugsrahmen unweigerlich ausgeschlossen und enteignet fühlen müssen.[26]

Seit den Überlegungen des Aristoteles vor mehr als 2000 Jahren müsste eigentlich als geklärt gelten, dass eine zivile Ordnung, der Zusammenhalt von Bürgern – und gegen Aristoteles: Bürgerinnen –, nur möglich ist auf der Grundlage der gegenseitigen Anerkennung als Freie und Gleiche. Diese *koinonía politiké* umfasst zunächst einmal *formal* Freie und Gleiche, und materielle Ungleichheit ist hier nicht reflektiert. Darin begründet sich das Postulat der »Freundschaft« (*philía*), die unter den Bürgern herrschen soll: Politischer Zusammenhalt ist von ziviler Solidarität nicht ablösbar. Dies ist auch der Sinn der Parole der großen bürgerlichen Revolutionen, die bereits den Überschuss hin zur sozialen Revolution enthält: *Liberté, Égalité, Fraternité*. Diese unbedingte Anerkennung gleicher Rechte und gleicher Würde ist bei allen Beschränkungen, die »nur« formelle Rechte implizit enthalten, die Voraussetzung dafür, dass auch die für einen weltweiten Ausgleich der Lebenschancen ganz unvermeidlichen materiellen Transferleistungen nicht als Almosen verstanden werden, sondern als Ausdruck gegenseitiger Anerkennung und der Teilhabe an einem gemeinsamen Projekt (vgl. Kößler 2001).

Dagegen schwingt die herablassende Haltung der Mildtätigkeit in der Rede von »Entwicklungshilfe« immer ebenso mit wie in den Überlegungen, ganze Weltregionen – vorab Afrika südlich der Sahara – zu Objekten

---

[26] Roy (2001) hat dies anhand des Auslieferungsgesuchs der US-Regierung von Osama bin Laden gegenüber der Taliban-Regierung Afghanistans vor Augen geführt. Befragt nach den Verdachtsmomenten und Beweisen hatte Präsident George W. Bush erklärt, die Forderung sei kein Gegenstand von Verhandlungen. Dies veranlasst sie zu der Frage, wie es denn um die Auslieferung des US-Amerikaners Warren Anderson stünde, der als Vorsitzender der Union Carbide letztlich für deren Betriebsunfall in Bhopal 1984 verantwortlich zeichnete, bei dem 16.000 InderInnen ihr Leben lassen mussten. Beweise wurden auch dem Deutschen Bundestag nicht vorgelegt, als die Beteiligung der Bundeswehr an »Enduring Freedom« beschlossen wurde.

einer Art globaler Sozialhilfe zu machen (vgl. hierzu Kapitel 3). Auch wenn diese Form paternalistischer Besitzstandswahrung innerhalb der Strukturen globaler Ungleichheit neuerdings im Gewande eines im Süden konzipierten Partnerschaftsvertrags daher kommt (vgl. Melber 2002a und 2002c), läuft sie letztlich doch wieder auf ein altes Muster hinaus: Einheimische Eliten werden kooptiert: Sie bekommen ein paar Brosamen und haben sich damit abzufinden – oder bequem darin einzurichten –, dass sie der Massenarmut in ihren Ländern jenseits deklamatorischer Rhetorik wenig bis nichts entgegenzusetzen haben. Das gilt wenigstens, solange sie ihre eigenen Privilegien dem Gemeinwohl vorziehen. Dazu hat vor nunmehr nahezu vierzig Jahren Frantz Fanon mit dem Bild vom bloßen Wechsel in der Hautfarbe der Herrschenden das Entscheidende bereits gesagt.

Wie bereits erwähnt, lässt sich Terrorismus in seinen unterschiedlichen Ausformungen kaum je auf simple materielle Not zurück führen. Solche plump-soziologistischen Erklärungsversuche wurden nicht zuletzt durch die Biographien der Attentäter vom 11. September widerlegt, die ihr Leben aus Fanatismus geopfert und dabei den willkürlichen Tod Tausender von Ahnungslosen offenbar bedenkenlos einkalkuliert haben. Mohammed Atta und seine Komplizen stammten nicht aus den Elendsvierteln Kairos oder aus palästinensischen Flüchtlingslagern. Sie waren Produkt ziemlich privilegierter Verhältnisse und wuchsen in relativ wohlhabenden, vorwiegend saudiarabischen und ägyptischen Familien auf.[27] Sie erinnern eher an die Verschwörergruppen, die im späten 19. Jahrhundert in Russland aktiv waren und die Vorlage für Dostoevskijs »Dämonen« oder Jurij Trifonovs »Zeit der Ungeduld« geliefert haben. Das waren auch keine verarmte Bauern, sondern typische Studenten und die sprichwörtlichen »reumütigen Adligen«, wobei die Analogie freilich spätestens bei der herausgehobenen, bei allen sonstigen Verirrungen immer als eindeutig emanzipativ wahrgenommenen Beteiligung von Frauen aufhören muss und in der überwältigenden Mehrzahl der Fälle ebenso in der Beschränkung der Gewalt auf die prominenten Opfer der Terrorattentate – etwa Zar Alexander II – sowie die Attentäter selbst. Vor diesem Hintergrund scheint die Annahme einleuchtend, dass die Hinwendung relevanter Teile einer ganzen Generation zu extrem fundamentalistischen Interpretationen des Islam und deren praktische Umsetzung in terroristische Verbrechen nicht gekannten Ausmaßes am ehesten mit unverarbeiteten

[27] Diese Bemerkungen sollen lediglich die Problematik verdeutlichen und können nicht den Anspruch regionalanalytisch kompetenter Aussagen erheben, s. hierzu Alnasseri 2001 und weiter unten.

Erfahrungen der Frustration und Diskriminierung zusammenhängt. Hinzu kommt die widersprüchliche Politik des saudischen Königshauses, einen extrem fundamentalistischen Islam zu propagieren und sich zugleich auf die Machtgarantien der USA zu stützen (vgl. Steinberg 2002; Rosiny 2002; Hamzawy 2002). Die sich aus diesem Knäuel ergebenden Frustrationen und Kränkungen können von den gescheiterten säkular-nationalistischen Anläufen im Nahen Osten bis hin zum Erleben von Fremdheit und Ausgeschlossensein beim Studium in Deutschland reichen – oder in Frankreich, wie das Beispiel von Frantz Fanon vor einem halben Jahrhundert bereits deutlich machte (vgl. Macey 2000), der zuletzt die Gewaltanwendung der »Verdammten dieser Erde« als die Wiedererlangung ihrer Menschlichkeit nach der kolonialen Entmündigung und Dehumanisierung idealisierte (Fanon 1967).

All dies verweist deutlich auf die symbolischen Dimensionen der Anerkennungsproblematik. Das Verständnis für die Dynamik, die in der Motivation solcher Verbrechen zum Vorschein kommt, oder die Suche nach den Gründen, die anomische Persönlichkeiten hervorbringen, rechtfertigen keinesfalls auch nur im entferntesten diese Taten. Sehr wohl aber handelt es sich bei deren Ergründung um den Versuch, sie in einen adäquaten historischen und gesellschaftlichen Zusammenhang zu stellen. Dies kann zur Verlagerung von Verantwortlichkeiten führen. Im konkreten Fall ist es dann nicht mehr möglich, solche Entwicklungen »dem Islam« oder selbst »dem Fundamentalismus« oder auch einer »kulturellen Fehlentwicklung« zuzuschreiben. Der Blick wird frei auf die komplexen Verwicklungen in der neueren Geschichte des Nahen Ostens (und nicht nur dieser Region), während der eine Reihe säkularer, nationalstaatlicher Projekte scheiterte. Auch daran, dass in geradezu systematischer Weise fundamentalistische Strömungen von westlicher, aber auch von israelischer Seite gefördert wurden, um die für die regionalen geostrategischen Interessen vor allem im Zusammenhang mit der Energieversorgung als gefährlich eingestuften linksnationalistischen Regimes eines nach dem anderen zu destabilisieren (s. etwa Sarkhosh 2002; Ali 2002). In diesem Zusammenhang dienten auch die Schurken von heute, von Saddam Hussein bis Osama Bin Laden, vorher als willkommene Bundesgenossen (vgl. Brisard/Dasquié 2002). Das galt auch schon zu Zeiten eines Mobutu Sese Seko, der Generäle Augusto Pinochet und Gabriel Noriega, eines Ferdinand Marcos oder eines Jonas Savimbi, um nur einige der zahlreichen Handlanger zu benennen, von denen zumindest vorübergehend nützliche Dienste eingekauft wurden. Wir möchten hier besonders an jenen anderen 11. September zu erinnern, als in einer von der CIA gesteuerten und von Henry Kissinger abgesegneten Aktion Flugzeuge aufstiegen, um den Präsidentenpalast zu bombardieren, und schließlich nach der Ermordung des Präsidenten die gewählte Regierung durch eine brutale Militärdiktatur ersetzt wurde – 1973, in Santiago de Chile. Eine Mitverantwortung westlicher, vor allem auf der Ebene der Geheimdienste angesiedelter Politik an der Destabilisierung ganzer Regionen ist nicht mehr zu bestreiten.[28] In unserem Zusammenhang ist aber entscheidend, dass die zugrunde liegende Strategie gerade auf der Verweigerung der Anerkennung der Menschen in der Region als gleichwertige und gleichberechtigte Subjekte beruht, auf ihrer Degradierung zum bloßen Objekt im Rahmen einer geopolitisch definierten Interessenlage.

Die soeben erwähnten Fallbeispiele ordnen sich in den umfassenderen Zusammenhang einer an oft recht vordergründig definierten Eigeninteressen orientierten und wenn nötig ohne Rücksicht auf Verluste (anderer) durchgeführten US-Außenpolitik ein. William Blum hat rund 300 Seiten Argumente zusammengestellt, warum die USA selbst nach den von ihren eigenen Regierungen vertretenen Kriterien als »Schurkenstaat« einzuordnen sind. Unter Verweis auf Präsident Clintons Kampagne gegen den »Staatsterrorismus« führt er 44 Personen auf, deren Ermordung 1945-1999 von staatlichen US-Stellen durchgeführt oder geplant worden ist. Man wird sich nicht wundern, darunter Che Guevara, Moammar Gadafi, Saddam Hussein und Osama bin Laden zu finden; eher schon dürfte überraschen, wenn Jawaharlal Nehru und Charles de Gaulle auf der Liste derer auftauchen, deren »unfreiwillig verabreichter Selbstmord« bei der CIA und ähnlichen Diensten zumindest ins Planungsstadium getreten war (Blum 2001: 38ff). Nachdem im Gefolge des Vietnamkrieges eine vorsichtigere Gangart eingeschlagen worden war, hob Präsident Reagan am 13. November 1984 ausdrücklich das Verbot auf, mutmaßliche Terroristen zu töten, um so die »internationale kommunistische Verschwörung« besser bekämpfen zu können; Bush Senior bestimmte dann am 13. Oktober 1989, dass »ein Beschluss des Präsidenten zum offenen Einsatz militärischer Kräfte ... nicht den Tatbestand des Mordanschlages erfüllt, wenn die US-Streitkräfte gegen die Streitkräfte eines anderen Staates, eine Guerillatruppe oder eine terroristische oder andere Organisation einge-

[28] Interessantes fördert auch die Spurensuche entlang der Achse Enron-Cheney-Bush zutage, was die rohstoffstrategischen Interessen der USA in der zentralasiatischen Region (insbesondere in Afghanistan und einigen ehemaligen Sowjetrepubliken) betrifft. Schon das vom US-amerikanischen Repräsentantenhaus am 12. Februar 1998 veranstaltete »Hearing on US Interests in the Central Asian Republics« – mittlerweile u.a. vom Centre for Research on Globalisation ebenso zugänglich gemacht wie andere Indizien über die Verstrickung der Großmacht in den Versuch der Erlangung einer Kontrolle in diesem Gebiet (http://globalresearch.ca/articles/CON110A.html) – eröffnet aufschlussreiche Hintergründe.

setzt werden, deren Handlungen eine Gefahr für die Sicherheit der Vereinigten Staaten darstellen« (zit. ebd.: 41f). Wen wundert es da, daran erinnert zu werden, dass der »Krieg gegen den Terrorismus« bereits lange vor dem 11. September 2001 proklamiert wurde (ebd.: 29)? Bush Senior und Bush Junior liegen auf der gleichen Linie, wenn sie etwas feinsinniger 1989 oder etwas grobschlächtiger zwölf Jahre später beanspruchen, selbst bestimmen zu dürfen, was für ihre Geheimdienste Recht und Unrecht sei. Und es wäre illusionär zu meinem, dies sei während der Jahrzehnte nach dem Zweiten Weltkrieg unter irgend einem demokratischen Präsidenten grundsätzlich anders gewesen.

Um dies noch einmal deutlich zu machen: Es unterliegt keinem Zweifel, dass gegen die Urheber von Terroranschlägen wie denen vom 11. September 2001 vorgegangen werden und dass auch alles unternommen werden muss, was geeignet ist, solche Ereignisse im Sinne einer zivilen und sicheren Welt zu verhindern. Nur gehört zu einer zivilen und sicheren Welt in allererster Linie eine Rechtsordnung, die von allen Staaten anerkannt und respektiert werden muss, dem Demokratiegebot unterliegt (Höffe 2002: 11) und jeglichen »gerechten Krieg« systematisch ausschließt (vgl. Brunkhorst 2002b: 71f). Der beständige Bruch internationaler Rechtsnormen, wann immer dies dem wie immer definierten nationalen Interesse der USA dient, ist aus dieser Perspektive einfach kontraproduktiv. Es besteht ja nicht nur »ein katastrophenhaltiger Mangel einigermaßen verantwortlicher und also kontrollierbarer Institutionen« in der »globalen Unordnung« (Narr 2001: 509). Zudem wird das, was an solchen Institutionen vorhanden ist oder erreichbar scheint, durch die seit Jahrzehnten vorherrschende Tendenz der US-Außen- und Weltpolitik immer wieder geradezu systematisch konterkariert. Hier besteht in der Tat eine langfristige Kontinuität im Streben der US-Außenpolitik zur Herstellung einer unilateral bestimmten Weltordnung, für die der 11. September 2001 keinen Bruch, sondern eher einen mächtigen Anschub bedeutet (s. auch Young/Hegelich 2001).

Ein Beispiel dafür ist die Ausbildung der nicaraguanischen Contras nach einem Handbuch, von dem der Weltgerichtshof befand, es »ermuntere dazu, Handlungen ... zu begehen, die sich im Gegensatz zu den allgemeinen Prinzipien humanitären Rechtes« befänden (zit. nach Blum 2001: 48) oder die ausdrückliche Missachtung der Rechtsprechung des Weltgerichtshofes, als Nicaragua 1984 gegen die Verminung seiner Häfen klagte (ebd.: 229). Die Destabilisierung missliebiger Regime in Nicaragua oder in Afghanistan war während der 1980er Jahre begleitet von der Förderung des Rauschgifthandels durch die CIA, um die Stellvertreterkriege zu bezahlen und die begünstigten Mafiabosse für die Sache der

Freiheit einspannen zu können (vgl. ebd.: 220-226). Die Folgen sind noch immer zu besichtigen, sei es in Form einer weitgehend vom Mohnanbau abhängigen Landwirtschaft in Afghanistan oder der Drogentoten in den Städten Nordamerikas und Westeuropas. Denn es ist grundsätzlich keineswegs so, dass die eigene Bevölkerung nicht zu Opfern für den Kampf ums nationale Interesse und für die »Freiheit« herangezogen worden wäre: Tests mit B- und C-Waffen betrafen in den 1950er und 1960er Jahren Hunderte von Gebieten in den USA und ihren Besitzungen (vgl. ebd.: 113-119), und die routinemäßigen Eingriffe in Freiheits- und Menschenrechte sind für manche US-Bürgerinnen und -Bürger geradezu Alltag: die Folgen der Jagd nach Drogen durch die Nationalgarde mit Hubschraubern und Straßensperren; nächtliches Ausgehverbot, teilweise auch tagsüber für Jugendliche; Misshandlung von Jugendlichen in Gefängnissen; unterschiedlichste Überwachungsmaßnahmen; Überwachung des Postverkehrs mit ausgewählten Ländern; stunden- und tagelanges Festhalten von Fluggästen, weil sie einem »terroristischen Profil« entsprechen – das sind nur einige der vielen Belege für eine repressive und menschenverachtende Grundtendenz (vgl. ebd.: 248-272), die freilich eine Frage offen lässt: wozu es eigentlich noch die *USA PATRIOT Act* gebraucht hat.

Der zentrale Punkt aber ist die absolute Unbedenklichkeit, mit der einmal als richtig definierte Ziele verfolgt werden. Hören wir zum Abschluss Zbigniew Brzezinski, der sich 1979 als Sicherheitsberater Präsident Carters zum Verhältnis der US-Regierung zum Regime der Roten Khmer in Kampuchea äußerte: »Ich habe den Chinesen zugeredet, Pol Pot zu unterstützen. Ich habe den Thais zugeredet, den [Khmer Rouge] zu helfen. Es ging darum, dem kambodschanischen Volk zu helfen. Pol Pot war ganz abscheulich. Wir konnten ihn auf keinen Fall unterstützen. Aber die Chinesen konnten das.« (Zit. ebd.: 88) So hat Uncle Sam auch zu den Killing Fields um Phnom Penh und Angkor Wat seinen Beitrag geleistet – im nationalen Interesse.

Nationales als globales Interesse?

Diese Grundhaltung hat zwei miteinander verzahnte Konsequenzen: Zum einen zogen sich die US-Geheimdienste die Gegner von morgen als Verbündete heran. Das gilt besonders für die Förderung des islamischen Fundamentalismus im Nahen und Mittleren Osten, wofür die Taliban und Osama bin Laden nur als trauriger Höhepunkt stehen. Zugleich aber führt die US-Strategie dazu, dass die Ansätze einer internationalen Rechtsordnung desavouiert und untergraben werden. Das geschieht derzeit konkret mit dem Internationalen Strafgerichtshof, zu dessen Verhinderung die Bush-Regierung kurz nach dem 11. September 2001 Gelder für eine von republikanischen Senatoren betriebene Kampagne bewilligte (SZ, 29.9.01). Mit Ausnahme von NATO-Staaten sollen alle anderen Staaten mit der Streichung von Militärhilfe bestraft werden, die es wagen, der Konvention zur Schaffung dieses Gerichtshofes beizutreten. Vor dem Hintergrund der Außenaktivitäten der US-Geheimdienste und der Streitkräfte ist die Befürchtung vielleicht nicht unbegründet, dass der eine oder andere Träger des Silver Eagle mit einem solchen Gerichtshof zu tun bekommen könnte, sollte er denn glaubwürdig und einigermaßen unparteiisch arbeiten. Durch dieses Junktim der US-amerikanischen Politik aber wird ein konzeptioneller Eckstein für eine zivile internationale Ordnung entfernt. Wenn diese als komplexes Geflecht von internationalen Regimen unterschiedlicher Dichte und Durchschlagskraft im Sinne des Konzeptes von *global governance* konzipiert wird, bestehen doch an einem zentralen Punkt wenig Zweifel: Die effektive Durchsetzung grundlegender, auch strafrechtlich bewehrter Rechtsnormen, insbesondere im Bereich der Menschen- und Freiheitsrechte wäre unverzichtbarer Bestandteil eines solchen weltweiten Ordnungsgefüges zu sein. Und diese Normen haben unterschiedslos für alle zu gelten. Wer so tut, als ließe sich all dies mit Aussicht auf Erfolg verfolgen, während die bei weitem militärisch und wirtschaftlich dominierende Supermacht sich nicht beteiligt oder gar aktiv Obstruktion betreibt, belügt entweder sich oder andere.

Aus diesem Grund ist der Unilateralismus, mit dem aufeinander folgende US-Regierungen ihre Ziele international verfolgt haben, ein so ernstes Problem, denn deren Position fand ihren deutlichsten Ausdruck in der Missachtung der Vereinten Nationen und den riesigen Beitragsrückständen, wodurch die Handlungsfähigkeit der Weltorganisation ernstlich beeinträchtigt wurde. Nach dem 11. September 2001 war vielfach von einer Hinwendung der US-Außenpoliitk zum Multilateralismus die Rede. Diese Tendenz wurde vor allem an der »Allianz gegen den Terror« festgemacht, die von der US-Diplomatie geschmiedet wurde, um neben den NATO-Staaten vor allem auch nahöstliche und zentralasiatische Bündnispartner einzubinden sowie die explosive Lage auf dem südasiatischen Subkontinent soweit zu stabilisieren, dass der Angriff auf das Taliban-Regime nicht durch unkontrollierbare Entwicklungen vor allem in Pakistan gefährdet würde.

Es lohnt sich ein Blick auf die geopolitischen Verschiebungen, die im Zuge dieser Diplomatie nahezu unbemerkt vollzogen wurden. Wenige Wochen nach dem 11. September 2001 operierten US-Streitkräfte von einer ehemals sowjetischen Luftwaffenbasis in Usbekistan aus und waren auch in Tadschikistan präsent. Das bedeutete nicht nur eine Militärpräsenz in den nördlichen Anrainerstaaten Afghanistans, die dann zur Unterstützung der Offensive der Nordallianz genutzt wurde. Zugleich entstand so eine spürbare US-Präsenz in einem Gebiet, das bis vor kurzem noch im Rahmen der GUS als strategisches Glacis Russlands gegolten hatte. Bereits im Gefolge des Kosovo-Krieges war es zur Annäherung zwischen der NATO und den zentralasiatischen Staaten gekommen, die über einen Großteil der künftig strategisch wichtigen Erdölreserven verfügen. Die unmittelbare Benutzung von Militärbasen und die Stationierung von Truppen in der Region ist aber eine neue Qualität. Als Fortsetzung dieser Linie kann die im Februar 2002 eingeleitete Kooperation der US-Armee mit Georgien verstanden werden, die wiederum unter der Flagge der Terrorismusbekämpfung eine Stationierung von US-Truppen unmittelbar an einem der sensibelsten Abschnitte der russischen Südgrenze bedeuten würde. Die Hoffnung auf eine Wendung zum Multilateralismus in der US-Außenpolitik erwies sich vollends als Illusion, als die Bush-Administration wenige Wochen nach dem 11. September 2001 kurz hintereinander endgültig vom Kyoto-Abkommen für Klimaschutz abrückte, die Ratifizierung der Biowaffenkonvention verweigerte und den ABM-Vertrag zur Begrenzung strategischer Atomwaffen kündigte. Dass sie dann im Februar 2002 mit der Einführung von Strafzöllen auf Stahlimporte nicht nur ihrer eigenen Freihandelsrhetorik ins Gesicht schlug, sondern auch einen Wirtschaftskrieg riskierte, der sehr wahrscheinlich auch innerhalb der OECD zum Austrag kommen wird, passt in das Bild der rücksichtslosen Verfolgung dessen, was als nationales Eigeninteresse definiert wird. Dazu gehört schließlich auch das militärische Vorgehen in Afghanistan, nicht nur während des Bombenkrieges, sondern auch mit der Stationierung von Truppen, die nach der Vertreibung der Taliban aus den großen Städten außerhalb des internationalen Kontingentes agieren, um »Reste« von Taliban und Al-Quaeda zu verfolgen, wie bei der Großoffensive im Gebiet von Gardes Ende Februar 2002.

Dabei behalten sich Regierung und Armee auch die Wahl der Mittel strikt vor: Der am 7. Oktober 2001 begonnene Luftkrieg wurde u.a. mit Streubomben geführt, die aufgrund ihrer besonders tückischen Wirkung gegen Menschen kriegsrechtlich zumindest umstritten sind; gegen die in Bergen und Höhlen verbarrikadierten Taliban wurden thermoballistische Bomben eingesetzt, die in begrenzten Räumen, etwa in Höhlen, schlagartig den Sauerstoff verbrauchen und zum Erstickungstod dort anwesender Menschen führen. Die Kriegführung im Namen der »Freiheit« unter Einsatz von Munition, die abgereichertes Uran enthält, ist spätestens umstritten, als sich nach dem Zweiten Golfkrieg herausstellte, dass Soldatinnen und Soldaten der US-Truppen selbst kontaminiert worden waren. Das war kein Hinderungsgrund für den Einsatz dieser Munition im Kosovo 1999 und in Afghanistan ab 2001.

Am 10. März 2002 berichtete dann William M. Arkin (2002) von der Johns Hopkins University und der U.S. Air Force School of Advanced Airpower Studies über neue strategische Planungen des Pentagon. Das geheime Pentagon-Papier Nuclear Posture Review wurde auf Aufforderung des Senates ausgearbeitet und belegt »schlagend die zielstrebige Reaktion auf (die) Tragödien« des 11. September 2001. Arkin zitiert den stellvertretenden Außenminister John R. Bolton zum Willen der Regierung, »alles, was nötig ist zu tun, um Amerikas unschuldige Bevölkerung zu verteidigen«. Das bedeutet den Abschied vom Verständnis der Kernwaffen als Abschreckungsmittel. Sie sollen operational eingesetzt werden, und es wird auch nach Kernwaffen gefragt, die unmittelbar im Kampf gegen Al-Quaeda eine Rolle spielen könnten. Die Integration zwischen nuklearer und konventioneller Bewaffnung zielt laut Pentagon-Papier auf »neue Fähigkeiten ..., um mit unverhofft auftauchenden Bedrohungen wie etwa tief vergrabenen Zielen fertig zu werden, mobile, leicht verlegbare Ziele zu finden und anzugreifen, chemische und biologische Waffen erfolgreich zu bekämpfen sowie die Genauigkeit zu erhöhen und Kollateralschäden zu begrenzen.« Die Integration der nicht-nuklearen Kapazitäten mit dem Kernwaffenarsenal soll es ermöglichen, einen Teil der Langstreckenraketen abzubauen, während konventionell bestückte Cruise Missiles (Kurzstreckenraketen) nuklear umgerüstet werden sollen. Alles zusammen soll eine »Neue Triade« ausmachen, die aus einem »offensiven Schlagarm« plus »aktiver und passiver Verteidigung« sowie »einer den Bedürfnissen entsprechenden Verteidigungsinfrastruktur« bestehen soll, womit die Fähigkeit zur Produktion von Kernwaffen und die Wiederaufnahme von Atomtests gemeint ist. Dazu gehört auch die Entwicklung von »Mini-Nukes«, die offenbar zugleich mit der Suche der wichtigsten Nuklearlabors nach neuen Aufgaben zusammenfallen und dem Anspruch genügen sollen, durch exakte Zielführung »harte Ziele« verstärkt und mit weniger »Kollateralschäden« zu vernichten.

Wie schon länger bekannt war (s. Nelson 2001), kann von einer solchen Begrenzung der nuklearen Schäden durch tief in den Boden eindringende Sprengköpfe keine Rede sein. Diese Nachricht traf nahezu exakt mit dem Halbjahrestag des 11. September 2001 zusammen, und dies war für die US-Administration ein Anlass, ihre Strategie erneut zu formulieren. Neben der »Achse des Bösen«, also Irak, Iran und Nordkorea, wurden jetzt auch Russland, China, Syrien und Libyen als mögliche Bedrohungen genannt, die in der einen oder anderen Situation auch den Einsatz von Kernwaffen erforderlich machen könnten. Bush betonte, die USA könnten sich gegen jeden Staat wenden, der eine Bedrohung mit chemischen, biologischen oder Kernwaffen darstelle (LAT, 12.3.02). Hier ist zu bedenken, dass sich seine eigene Regierung das Recht vorbehält, alle diese Waffentypen zu produzieren und weiter zu entwickeln: »Keinem anderen Land würde die Washingtoner Regierung durchgehen lassen, was sie sich selbst erlaubt.« (Karl Grobe, FR, 14.3.03)

Dies unterstreicht noch einmal, das unter der Devise des Kampfes gegen den Terror eine vor dem 11. September kaum vorstellbare Militarisierung der internationalen Beziehungen eingesetzt hat, die durch die gehorsamheischende Rhetorik aus Washington beständig angeheizt wird. Dazu gehört auch, dass die fast gleichzeitig mit dem Bekanntwerden der Pläne für die Mini-Nukes aufgekommene Tatsache, dass deutsche Soldaten des KSK unter US-Befehl, d.h. außerhalb des UN-Kontingentes, an Kampfhandlungen in Afghanistan teilnehmen, kaum große Aufregung hervorrief, ebenso wenig wie die Tatsache, dass neben den UN-Truppen und unabhängig von ihnen US-Truppen in Afghanistan offenkundig das tun, was sie gerade für gut und richtig halten. Die Überstellung der von der KSK gemachten Gefangenen an die US-Truppen, deren mögliche Verbringung nach Guantanamo und die damit implizierte Gefährdung ihrer Menschenrechte spielt in den Überlegungen der außenpolitischen Menschenrechts-Kreuzritter offensichtlich keine Rolle.

Wenn die Zivilisierung des Lebens der Menschen miteinander etwas damit zu tun hat, dass für alle verbindliche Regeln anerkannt und durchgesetzt werden, so dient die »Verteidigung der Zivilisation« in der Form, die sie nach dem 11. September 2001 angenommen hat, eher dem Rückfall in Regellosigkeit, Willkür und das Recht des Stärkeren. Hier ordnet sich auch die Debatte über eine Anwendung der Folter ein, die in den USA unmittelbar nach den Anschlägen kurz aufgeflammt war. Anscheinend ist sie nicht ganz folgenlos geblieben, wenn Berichte zutreffen, dass US-Stellen Verdächtige an ägyptische oder auch marokkanische Behörden überstellt haben, weil diese anders als die Vormacht der westlichen Zivilisation in der Lage seien, »effektive« Verhörmethoden, d.h. die Folter, anzuwenden (DIE ZEIT, 14.3.03). Auch die Behandlung der in Afghanistan Gefangenen und der unwürdige Streit, ob ihnen der Status als Kriegsgefangene, d.h. die Achtung fundamentaler Menscherechte, zustehe, gehört in die Reihe dieser »zivilisatorischen Errungenschaften«. Das gilt ebenfalls, wenn die israelische Armee unter dem Vorwand, gegen den Terror zu kämpfen, palästinensische Städte besetzt und Häuser zerstört oder auch mutmaßliche Terroristen hinterrücks ermordet. Auf der

Antiterrorwelle schwammen sogleich auch der pakistanische Diktator Musharraf, der sich als Verbündeter dem Westen andiente, ebenso wie die indische Regierung, die die Gelegenheit nutzte, ihre Repressionskampagne in Kaschmir zu verschärfen und offensichtlich derweil wenig unternimmt, die ihr nicht fernstehenden hinduistischen Fundamentalisten zu bremsen. In diese Reihe gehört auch die verschärfte, von systematischen Menschenrechtsverletzungen gekennzeichnete russische Kriegsführung in Tschetschenien, wo im Zuge der Terrorismusbekämpfung jeder Ansatz zum Erliegen gekommen ist, mit dem die westliche Diplomatie einmal auf die Wahrung der Menschenrechte hingewirkt hatte.

Dies alles sind Konsequenzen aus der Richtungsentscheidung, die durch die Terroranschläge aufgeworfenen unbestreitbaren Probleme nicht mit zivilen Mitteln – wozu sicher auch polizeiliche gehören – anzugehen, sondern sie als Kriegszustand zu definieren und mit militärischen Mitteln zu lösen! Wobei sich auch dann immer noch fragt, ob diese Mittel denn geeignet sind: etwa ob weitere Tausende von Zivilisten, diesmal in Afghanistan, sterben müssen, damit Osama bin Laden gejagt (aber nicht gefangen) werden kann. Gerade dadurch werden aber grundlegende Fragen von politischem Handeln aufgeworfen, die sich immer dann mit besonderer Schärfe stellen, wenn solches Handeln unmittelbar die Zerstörung von Lebensgrundlagen und sogar den Tod vieler Menschen mit einkalkuliert. Es geht um das alte Problem von Zwecken, Mitteln und Verantwortung.

Dabei ist zunächst festzuhalten, dass allein schon diese gegen die Trends angeht, die seit dem 11. September 2001 von Vordenkern unterschiedlichster Couleur von Francis Fukuyama über Richard Rorty und Salman Rushdie bis Michael Walzer propagiert werden. Sie mühen sich nämlich variantenreich, den »Krieg gegen Terrorismus« als notwendige Selbstverteidigung und als Bekräftigung von Werten universeller Aufklärung gegen die von »Anti-Amerikanismus« motivierte Skepsis zu rechtfertigen. Wie in den oben zitierten Einlassungen von politischer Seite auch sollen hier der »American way of life« und die damit faktisch gleichgesetzte Freiheit der westlichen Welt gegen die Angriffe der Barbarei geschützt werden. Stimmen wie die von Noam Chomsky (2001b) und Arundhati Roy (2001), aber auch Pierre Bourdieu (2001) und Edward Said (2001), die sich gegen die allzu vordergründige, eilfertige Vereinnahmung des Ereignisses zugunsten der umstrittenen Thesen vom »Zusammenstoß der Zivilisationen« von Samuel Huntington gewandt haben, sind da schon seltener zu vernehmen.

Vorläufiger Höhepunkt der leichtfertigen Preisgabe intellektueller Autonomie gegenüber der dominanten Sphäre des (Macht-)Politischen ist der am 12. Februar 2002 veröffentlichte »Offene Brief«, den an die 60 US-amerikanische Protagonisten eines akademischen Establishments trotz unterschiedlichster Denkansätze unterzeichneten. Es muss überraschen, dass neben Fukuyama und Huntington nicht nur Walzer, sondern auch Amitai Etzioni, Robert D. Putnam und Theda Skocpol stehen.[29] Sie rechtfertigen den »gerechten Krieg«, den die US-Regierung gegen den am 11. September 2001 begangenen Terror seither glauben auf dieser Erde führen zu müssen. Die Anschläge seien Ausdruck des Hasses »gegen unsere Existenz«. Gewalt gegen diesen Hass sei als letzter Ausweg moralisch gerechtfertigt, und der US-Staat verdiene ihre Zustimmung bei der Wahrung eines auch internationalen Gewaltmonopols, das eigentlich dem UN-Sicherheitsrat zukäme: »Ein gerechter Krieg kann nur von einer legitimen Autorität geführt werden, die Verantwortung trägt für die öffentliche Ordnung.« Bedroht durch »organisierte Killer mit globaler Reichweite«, unterstützen sie »im Namen der universalen menschlichen Moral und im vollen Bewusstsein der Begrenzungen und Anforderungen eines gerechten Krieges ... die Entscheidung unserer Regierung und unserer Gesellschaft, Waffengewalt gegen sie einzusetzen«. Sie erklären die US-Kriegsführung zu ihrer eigenen Sache: »Wir kämpfen, um uns selbst zu verteidigen, aber wir sind überzeugt, dass wir dabei auch kämpfen, um die universalen Prinzipien der Menschenrechte und menschlichen Würde zu verteidigen.«[30] Angesichts der Schreckensgeschichte der mit dem »gerechten Krieg« argumentierenden politische Ethik seit der spanischen Conquista in Amerika (vgl. Röhrig-Assunçao/ Ströbele-Gregor 1992) muss dies zutiefst befremden, zumal von Sozial- und Geisteswissenschaftlern, die sich im akademischen Alltag Fragen der Ethik, Religion und öffentlichen Politik widmen. Es ist bezeichnend, dass der Aufruf zuerst auf die Internetseite des konservativen »Institute for American Values« platziert wurde.

Diese »pathetische Bekundung eines Schulterschlusses« zeigt besonders klar, wie sehr sich der Sicherheitsdiskurs seit dem 11. September 2001 verschoben hat. Ebenfalls zeigt sich hier mit aller Deutlichkeit, welche Gefahren die ungewöhnliche Allianz birgt, »weil solche Aktivitäten fast immer Ausdruck eines Meinungsdrucks sind, der freie Debatten unterbindet, weil sie notwendigem Dissens die Luft abschnüren« (Misik

---

[29] Nachzulesen ist der Original-Wortlaut auf diversen Internet-Seiten, z.B. unter www.americanvalues.org oder www.propositionsonline.com

[30] Die deutschen Zitate sind der auszugsweisen Wiedergabe des Dokumentes in der *Frankfurter Rundschau* vom 14.3.02 entnommen.

2002). Repräsentanten der geistigen Elite der USA machen sich so zu Erfüllungsgehilfen eines hegemonialen Diskurses der staatlichen Obrigkeit, der – ähnlich wie der »Aufruf an die Kulturwelt« von über hundert deutschen Wissenschaftlern nach Ausbruch des Ersten Weltkriegs – in moralisch-politischer Selbstgerechtigkeit jegliche (selbst-)kritische Reflektion ausschaltet (vgl. Jeismann 2002).

Globales als nationales Interesse!

Damit ist klar auf die Verantwortung der Intellektuellen verwiesen, die sich auf Handeln ebenso erstreckt wie auf Nicht-Handeln, auf Einspruch ebenso wie auf Zustimmung. Gleiches gilt natürlich für politisches Handeln und allgemein für die öffentliche Debatte darüber. An der aktuellen Diskussion fällt auch auf, dass sich kaum jemand auf jene »Verantwortungsethik« beruft, die einst gegen die vorgebliche Gesinnungsethik der Friedensbewegung ins Feld geführt worden ist, wenn sie sich gegen Mittelstreckenraketen oder den Zweiten Golfkrieg aufgestanden ist. Das mag daran liegen, dass der Pazifismus im gegenwärtigen deutschen Parteienspektrum (von dem der USA ganz zu schweigen) heimatlos geworden ist, zumal die PDS sich zumindest im Westen noch immer relativ leicht in die SED-Schmuddelecke abschieben lässt und die Friedensbewegung nach anfänglichen Mobilisierungserfolgen offensichtlich der weit verbreiteten Illusion erlegen ist, der Krieg sei schon vorbei. Wir halten es dennoch für notwendig, daran zu erinnern, dass gerade aus der Sicht des von Max Weber stark gemachten Begriffspaars mit Handeln ebenso wie Nicht-Handeln ein hoher Anspruch und vor allem ein hohes Risiko verbunden ist (s. Weber 1988; Kößler/Melber 1993: 230-244). Beides »liegt in seiner Aufforderung, sich noch über die letzten Wertimplikationen des eigenen Handelns wie über dessen reale Konsequenzen umfassend Rechenschaft zu geben und die Last selbst zu verantwortender Entscheidungen zu tragen« (Kohlmann 2001: 26). Dazu gehören ganz zweifellos die Opfer von Streubomben ebenso wie die Konsequenzen einer verwilderten internationalen Rechtsordnung oder auch die Verpflichtung, minimale Standards im Leben der Menschen untereinander, vor allem aber im Verhalten der Staaten sowohl untereinander wie gegenüber ihren Bürgerinnen und Bürgern glaubhaft zu machen und nicht, sich nur dann darauf zu berufenen, wenn dies geeignet erscheint, einen vordergründigen, situationsabhängigen und inkonsequenten Aktionismus zu rechtfertigen.

Diesen Ansprüchen ist das New York City Labor Against War Network in eindrucksvoller Weise gerecht geworden, das sich Ende September

2001 gebildet hat. In ihrer Gründungserklärung finden diese Gewerkschafterinnen und Gewerkschafter unter Verweis auf die Anschläge auf WTC und Pentagon Worte, die als beispielhaft für zeitgemäßen Pazifismus und für internationale Solidarität gelten können:

> *Wir verurteilen dieses Verbrechen gegen die Menschlichkeit und trauern um die Toten. Wir sind stolz auf die Rettungsteams und den Strom von Unterstützung durch Arbeiterorganisationen für die Familien der Opfer. Wir wollen Gerechtigkeit für die Toten und Sicherheit für die Lebenden.*
>
> *Und wir glauben, daß der Krieg von George Bush nicht die Antwort ist. Niemand sollte das erleiden müssen, was uns am 11. September zugestoßen ist. Aber ein Krieg wird unausweichlich zahllosen unschuldigen Zivilpersonen Schaden zufügen, amerikanische Bündnisse mit brutalen Diktaturen verstärken und die globale Armut verschlimmern. (über e-mail erhalten von:LaborAgainstWar, laboragainstwar@yahoogroups.com, 5. 10. 2001)*

Diese Gewerkschaftsgruppen waren und sind sehr unmittelbar und praktisch mit den Folgen des Anschlages auf das WTC konfrontiert: Sie haben von Anfang an ihren Protest gegen den Krieg mit der alltäglichen Arbeit zur Unterstützung von Mitgliedern verbinden müssen, die nach den Anschlägen arbeitslos geworden waren oder die nicht sicher sein konnten, ob ihre Arbeitsplätze in Lower Manhattan nicht durch die Brandrückstände des WTC verseucht waren. In beeindruckender Weise verbinden sie diese Anliegen, die (anders als fallende Aktienindizes) zu den wenig beachteten Konsequenzen der Katastrophe gehören, mit dem Protest gegen den Krieg, dem Eintreten für bürgerliche Rechte und dem Widerstand gegen rassistische Diskriminierung und Übergriffe, die alle nach dem 11. September 2001 noch dringender geworden sind als zuvor.

Dieses Beispiel aus der aktiven Friedensbewegung in den USA verweist zugleich nachdrücklich darauf, dass auch sie zu den wenig beachteten und publizierten Erscheinungen nach den Anschlägen gehört. Gerade solche Bewegungen und ihre internationale Vernetzung sind aber von größter Bedeutung, wenn wir fragen, wie internationale Solidarität in einer globalen Welt aussehen kann. Sie verweisen auf die vielgestaltigen Formen, in denen zentrale Anliegen unter lokal ganz unterschiedlichen Bedingungen aufgegriffen und vertreten werden. Es mag sich um relativ kleine Minderheiten handeln. Ihr Auftreten und Protest sind aber umso bedeutsamer, als sie dazu beitragen, Selbstverständlichkeiten wach zu halten, die in der allgemeinen Kriegshysterie verschüttet werden. In diesem Sinne verdient auch die Reaktion auf die Enthüllung der neuen Nuk-

learpläne des Pentagon festgehalten zu werden, die sich im März 2002 auf den Leserbriefseiten der *Los Angeles Times* niederschlug. Diese Menschen äußerten ihre Besorgnis vor den Folgen des Einsatzes von Kernwaffen und erinnerten nicht nur an den »Alptraum« von Hiroshima und Nagasaki, der »unauslöschlich in unser kollektives Bewusstsein eingebrannt sein sollte«. Sie zogen auch Konsequenzen: »Entledigen wir uns dieser Truppe von Klonen des Dr. Seltsam und finden wir politische Führer, die uns helfen, friedliche Lösungen für unsere Weltkonflikte herbeizuführen, anstatt uns in ein anderes Wettrüsten hineinzubringen.« »Dass wir überhaupt darauf kommen, eine solch rücksichtslos unmoralische Handlung auch nur in Erwägung zu ziehen, ist angesichts der jüngsten Aussagen von Präsident Bush ein Fall äußerster Ironie. Achse des Bösen, allerdings.« (http://www.latimes.com/news/printedition/opinion/la-000018122mar12.story)
Es handelt sich hier ebenso wie bei neueren Wortmeldungen US-amerikanischer Intellektueller, die sich kritisch mit dem »Krieg gegen den Terrorismus« auseinander setzen sicherlich um Minderheitspositionen. Dadurch werden solche Einwände nicht weniger wichtig. Sie zeigen mit aller Deutlichkeit, wie dumm und kurzsichtig das Geschwätz vom »Antiamerikanismus« ist, das Leuten immer wieder entgegenschlägt, die es für notwendig halten, die offizielle Politik der US-Regierung zu kritisieren. Dieser Terminus erinnert peinlich an sein verblichenes Spiegelbild – den Vorwurf des »Antisowjetismus«, mit dem in den Zeiten vor der Transparenz- oder *glasnost'*-Politik Gorbatschows in der Sowjetunion Dissidenten zum Schweigen gebracht werden sollten. Bei allen, sehr wesentlichen Unterschieden stimmt die Analogie: Es wird eine monolithische Sicht dessen postuliert, für das der Sprecher oder die Sprecherin eintritt: Manchmal hat es den Anschein, als sollten wir aus Angst, des »Antiamerikanismus« geziehen zu werden, Kritik möglichst ganz sein lassen. Das haben prominente US-Bürger wie beispielsweise Mark Twain natürlich ganz anders gesehen, der seinen Landsleuten immer wieder den Spiegel gehalten hat, in dem neben vielerlei guten Eigenschaften eben auch Scheinheiligkeit, Bigotterie, Leichtgläubigkeit und ein Hang zur Massenhysterie erkennbar waren. Und die »muckraker«, die hierzulande etwa als »Nestbeschmutzer« bezeichnet würden, hat es gerade in den USA immer gegeben – und ihr verdienstvolles Tun beim Aufdecken von Missbräuchen und Skandalen war auch immer notwendig. Mit dem Gerede vom »Antiamerikanismus« wird der Blick darauf verstellt, dass es in den Vereinigten Staaten ebenso wie anderswo um einer gesellschaftliche Debatte geht, in der globale Lebensfragen auf dem Spiel stehen. Weil die US-Politik unweigerlich auch entscheidend über die Lebensbedingungen all derer bestimmt, die keine

US-Bürgerschaft besitzen, ist es völlig legitim, wenn gerade hierzu auch anderswo kritische Debatten geführt werden. Würde diese eigentlich selbstverständliche Einsicht ernst genommen, so verlören wesentliche Operationen der aktuellen politischen Propaganda ihre auf nur scheinbarer Evidenz beruhende Überzeugungskraft.
Diesen Operationen liegt ein altes Muster zugrunde, demzufolge politische Orientierungen auf Volkscharaktere oder vorgeblich geradezu unwandelbar fixierte kulturelle Muster zurückgeführt werden. Deutlich kam dies zum Ausdruck, als prominente Politiker nach dem 11. September 2001 erklärten, es gelte, »unsere Lebensweise« zu verteidigen. Das geht erkennbar auf Vorstellungen zurück, die Samuel Huntington mit der Perspektive des »Kampfes der Kulturen« (*Clash of Civilizations*) zur Perspektive eines weltweiten kriegerischen Konfliktes verdichtet hat. Dabei wird verschwiegen, was oben bereits verschiedentlich angesprochen wurde: Wie die Erscheinung des modernen Fundamentalismus in christlicher, islamischer, jüdischer, hinduistischer Ausprägung nur allzu deutlich belegt, lassen sich »Kulturen« nicht entlang einer Entwicklungslinie einteilen, die von der Barbarei zur Zivilisation führt und wo sich dann die »Zivilisation« gegen die rückständigen oder grundsätzlich anderen Barbaren verteidigen ließe. Säkulare Rationalität oder anders gesagt, praktische Vernunft ist vielmehr eine Universalie menschlicher Gesellschaften, die freilich ebenso universell immer wieder verteidigt werden muss. Das Aufrechnen der Gewalt, Intoleranz und Irrationalität, zu der alle möglichen Gesellschaften und Kulturen in der Geschichte fähig gewesen sind – man denke nur an die Hexenverbrennungen der frühen Neuzeit im westlichen Europa und Nordamerika – ist demgegenüber ein recht müßiges Unterfangen. Gleiches gilt von der wesensmäßigen Zurechnung einer orientalischen Despotie oder aktuell auch Theokratie, die vorgeblich orientalische oder islamische Gesellschaften prägen sollen. Auch hier geht es gerade um die Einsicht, dass historisch Toleranz und Rationalität reale Möglichkeiten gewesen sind und um die Anstrengung, sie (wieder) zu aktualisieren.[31]

Im aktuellen Kontext der Entwicklungen nach dem 11. September 2001 und der dominanten Reaktion auf diese Ereignisse mit dem Anspruch zur Verteidigung von Zivilisation und westlicher Lebensweise sind wir damit auf das Grundmuster vieler apologetischer Diskurse über die »Moderne« und den »Westen« verwiesen: Die »dunkle Seite«, die durch die kapitalistische Wirtschaftsweise entfesselten Destruktionskräfte oder

[31] Diese Überlegungen wurden wesentlich angeregt durch den unter dem unmittelbaren Einfluss der Bombardierung Afghanistans entstandenen Essay von Sarkhosh (2002); s. jetzt auch Ali (2002).

auch die despotischen Folgen moderner Entwicklungsprojekte werden aus Westen und Moderne hinausdefiniert, damit ihnen allein die lichte Welt des Fortschritts, der Toleranz, Rationalität und Partizipation vorbehalten bleibt. Unterdrückung, Massenmord und Irrationalität werden dagegen auf die »Anderen« projiziert, die nach Möglichkeit auch durch geographische Distanz oder phänotypische Abweichungen von der »westlichen« Norm exotisiert werden (vgl. Melber 1992; Kößler 1993). Dann fällt der nächste Schritt leicht, nach dem »unsere Art zu leben« oder der viel gepriesene »American Way of Life« dem »Guten« und die ontologisiert »Anderen« dem »Bösen« gleichgesetzt werden. Und wer wollte bestreiten, dass das Gute verteidigt und das Böse vernichtet werden muss? Es ist gerade das Erschreckende an den Entwicklungen nach dem 11. September 2001, dass die öffentliche Rechtfertigung der militärischen Reaktion auf die Anschläge genau diesem eigentlich so simplen Strickmuster gefolgt ist. Das gilt in besonderem Maße für die zitierte Loyalitätserklärung amerikanischer Intellektueller, von denen ein großer Teil bisher selbst gegen monokausales Denken in Entwicklungs-Einbahnstrassen eines hegemonialen Diskurses argumentiert hatte und nun offenbar einer fatalen Polarisierung und Dichotomie erlegen ist.

Dichotomien und Polarisierungen sind freilich nicht auf die Diskursebene beschränkt. Es geht dabei immer auch um die ganz handfest materielle Tatsache, dass die Lebensweise, zu deren Verteidigung wir da aufgerufen werden, nicht nur ökologisch destruktiv, sondern auch strukturell auf der Ebene des Weltzusammenhanges extrem elitär ist. Es besteht sicher kein kausaler Zusammenhang zwischen der systematischen Weigerung der Bush-Regierung, ernsthaft etwas gegen den Energieverbrauch der USA zu unternehmen und den Anschlägen des 11. September 2001. Ihre Reaktionsweise auf diese Ereignisse hat aber sehr wohl etwas damit zu tun, und das Gleiche gilt auch für die Verhältnisse im Nahen Osten, die aller Wahrscheinlichkeit nach in der einen oder anderen Weise zur Motivationslage der Täter beigetragen haben. Wenn der Sicherung der Erdölzufuhr für Nordamerika und Westeuropa eine Priorität eingeräumt wurde, die militärische Interventionen und enge Bündnisverhältnisse mit fundamentalistischen Regimen wie dem saudischen Königshaus rechtfertigen konnte, so kommt darin eine politische Grundausrichtung zur Zweiteilung der Welt zum Ausdruck, die Imaginationen wie Orientalismus oder Kampf der Kulturen gleichsam eine sekundäre Evidenz verleiht. Nicht grundlegend anders als schon im klassischen Kolonialdiskurs werden bestimmten Weltregionen und Völkern Positionen und Rollen zugeteilt, die sich an den Mustern des Herrschens und Dienens, neuerdings auch der Irrelevanz orientieren.

Wie zu Beginn dieses Kapitels gezeigt wurde, haben die Anschläge des 11. September 2001 mit menschenverachtender Brutalität deutlich gemacht, dass sich eine solche Einteilung der Welt nicht durchhalten lässt. Es ist umso erschreckender, dass die Reaktion der singulären Supermacht und ihrer sich als Vasallen gebenden Verbündeten genau auf den paradoxen Versuch hinausläuft, diese hierarchische Einteilung ein weiteres Mal zu bekräftigen und zu verteidigen.

5 Globale Solidarität mit Zukunft?

»Es kommt darauf an,
das Hoffen zu lernen.«

Ernst Bloch

»Seien wir realistisch,
fordern wir das Unmögliche.«

Che Guevara

Denken heißt Überschreiten.« In dieser Formulierung ist konzentriert das Prinzip eines konstruktiven utopischen Diskurses enthalten, freilich: »So jedoch, daß Vorhandenes nicht unterschlagen, nicht überschlagen wird.« (Bloch 1974: 2) Utopie ist erneut in Verruf geraten, nicht zuletzt durch deren missbräuchliche Koppelung an die Implosion des Sowjetsystems. In kühnem Gegensatz zu den realhistorischen wie den geistes- und theoriegeschichtlichen Tatsachen wurden die despotischen Züge dieses Systems dem vorgeblichen Streben nach Verwirklichung einer »Utopie« angelastet. Allerdings waren die Begründer und Propagandisten des Bolschewismus geschworene Feinde jeglicher Utopie. Das wenige Jahre nach der Oktoberrevolution etablierte Zwangssystem lässt sich aus den technokratischen Vorgaben des modernen Industriebetriebes weit besser erklären als durch pauschale Verweise auf die Risiken der Utopie. Das von Lenin 1917 proklamierte Ziel, alle Bürger Russlands zu Angestellten eines großen Syndikats zu machen, versuchte, diese zuvorderst der umfassenden Kontrolle eines rationalen Produzierens zu unterwerfen. Solche Allmachtphantasien und totalitären Visionen haben wenig mit dem eigentlichen Utopiegedanken zu tun. Der Verfasser des *Prinzips Hoffnung* konnte sich nicht von ungefähr nur ein rundes Jahrzehnt in der DDR halten, ehe er mit knapper Not in den Westen flüchten konnte.

Bei Ernst Bloch ist über Utopie im Kontrast zur staatssozialistischen Doktrin vor allem eines zu lernen: Die Utopie Blochs bezieht sich nicht auf das Wolkenkuckucksheim abgehobener Sonnenstaats- oder auch Science Fiction-Ideen und auch nicht auf eine Mixtur aus Zuversicht und Wunschdenken. Hoffnung, *docta spes*, soll sich vielmehr gerade der Realität, des »Vorhandenen«, vergewissern. Freilich gehört dazu jetzt wieder mehr, als es auf den ersten Blick den Anschein hat. Das »Vorhandene«, die Wirklichkeit, schließt auch Möglichkeiten ein. Der Lauf der Dinge ist nicht ein für allemal festgelegt, sondern die Geschichte wird von Menschen gemacht und kann deshalb auch von ihnen geprägt werden – nicht beliebig, eben innerhalb der objektiven Möglichkeiten, so dass den lebenden Generationen auch eine Verantwortung zuwächst dafür, was sie mit diesen Möglichkeiten anfangen.

Wir wollen hier das Blochsche Utopieverständnis nicht in seiner ganzen Komplexität darlegen[32]. Eine zentrale Überlegung ist aber noch festzuhalten: In historischen Situationen ist immer mehr enthalten, als dies auf den ersten Blick den Anschein hat; mehr noch: auch, als dies die ihnen innewohnenden aktuell objektiven Möglichkeiten umschreiben. Es kommt der »Überschuss« hinzu, die »Latenz«. Damit sind freizulegende Ele-

[32] Dies ist eine erweiterte Fassung von Kößler/Melber 2001.

mente und Schichten gemeint, die jeweils in der Gegenwart, also an der »Front« der Geschichte auf die großen, uneingelösten, immer wieder für illusionär erklärten und dennoch immer wieder neu aufgeworfenen und aktualisierten Ziele der Menschheit vorausweisen. Diese Ziele zeichnen sich demzufolge in den unterschiedlichsten, vorab philosophischen und künstlerischen Ausdrucksformen ab, aber auch in Gestalt politischer Interventionen. Sie werden erkennbar, blitzen auf in historischen Momenten und zumal in künstlerischen Ausdrucksformen utopischer Phantasie; Bloch spricht vom »Vor-Schein« (1974: bes. Kap. 15, 17). Zu diesen Ausdrucksformen gehören Freiheit, Gerechtigkeit, Frieden und Solidarität. Diese Ziele werden nicht dadurch widerlegt, dass ihre Einlösung historisch immer wieder gescheitert ist – ebenso gut ließe sich argumentieren, dass das beständige Eintreten dafür durch Menschen unter oft schwierigen Bedingungen und unter Einsatz ihres Lebens dazu geeignet ist, ihre dauerhafte Bedeutung zu bezeugen.

Dass es bis heute nicht gelungen ist, die Marxschen Postulate sozialer Gleichheit auf dauerhafter Grundlage weltweit zu verankern, lässt diese nicht obsolet werden. »Die Wurzel für den Menschen«, erinnerte er 1843/44, »ist aber der Mensch selbst.« Daraus, »dass der Mensch das höchste Wesen für den Menschen sei«, leitete er in seiner »Kritik der Hegelschen Rechtsphilosophie« den kategorischen Imperativ ab, »alle Verhältnisse umzuwerfen, in denen der Mensch ein erniedrigtes, ein geknechtetes, ein verlassenes, ein verächtliches Wesen ist« (Marx 1972: 385). Bloch (1974b: 362f.) hat auf frühe Parallelen hierzu bei Immanuel Kant verwiesen und dabei explizit den Begriff der Solidarität bemüht. Kants kategorischer Imperativ nämlich, so schlussfolgert er, könne überhaupt nicht anders als zum Gericht gegen die »Kapitalistenklasse samt den Harmonisierern« angerufen werden: »Denn keinerlei privater Vorteil auf Kosten der allgemeinen Gesellschaft hat in seiner Maxime und Gesetzgebung ein Recht. Vielmehr wirkt der kategorische Imperativ fast wie ein Optativ, ja wie eine Antizipationsformel hin zu nicht-antagonistischer Gesellschaft, das ist, zu einer klassenlosen, in der überhaupt erst wirkliche Allgemeinheit moralischer Gesetzgebung möglich ist. Gibt es nicht erst hier eine Verwandlung der individuellen Kräfte in gesellschaftliche, wie Marx sie prophezeit, gemäss einer total möglichen Solidarität?« (Bloch 1974b: 363) Trotz aller Einschränkungen und Ambivalenzen, die dem Königsberger Philosophen als »Spätaufklärer« in seiner eurozentrischen Befangenheit anhafteten (Melber 1992: 28ff.), eröffnete er uns doch zugleich auch einen konsequenten Humanismus und Universalismus. Die von Max Horkheimer zitierte Formulierung aus »Zum ewigen Frieden« hat bis heute Bestand: »Bei dem traurigen Anblick nicht sowohl der Übel, die das menschliche Geschlecht aus Naturursachen drücken, als vielmehr derjenigen, welche die Menschen sich untereinander selbst antun, erheitert sich doch das Gemüt durch die Aussicht, es könne künftig besser werden; und zwar mit uneigennützigem Wohlwollen, wenn wir längst im Grabe sein und die Früchte, die wir zum Teil gesät haben, nicht einernten werden.« (Kant zit. nach Horkheimer 1974: 381)

Mit diesen Hinweisen wollen wir die grundlegende Motivation umreißen, aus der wir im folgenden einige gegenüber der herrschenden Politik streng kontrafaktische Überlegungen zu Fragen der internationalen Solidarität anstellen.

In unserer geschichtlichen Periode bestimmt ein objektiv vorgegebener gesellschaftlicher Weltzusammenhang in Form des Wettbewerbs zwischen Volkswirtschaften und Standorten wesentlich das Schicksal der meisten Menschen (s. Arrighi 2000). Dieser Weltzusammenhang tritt den Einzelnen nicht nur als übermächtig und objektiv gegenüber, er ist auch von extremer und steigender Ungleichheit gekennzeichnet, was die Verteilung von Lebenschancen und Lebensbedingungen betrifft (s. Altvater/Mahnkopf 1996), einschließlich der Chancen des Zugangs zu der anderen Dimension des heutigen Weltzusammenhangs, den Möglichkeiten eines planetaren, in Echtzeit funktionierenden Kommunikationssystems. Hinzu kommt die mit der Atombombe ins Bewusstsein getretene, seither vielfältig diversifizierte Erfahrung einer konkreten, existentiellen Bedrohung bis hin zu den Grundlagen des Lebens auf der Erde, wie wir es kennen (Anders 1988a).

Die Gegenwart enthält also eine unübersehbare Intensivierung unterschiedlichster Zusammenhänge und – eher negativer als positiver – Gemeinsamkeiten, die Menschen an weit entfernten Punkten der Welt miteinander verbinden. Sie umfasst aber zugleich krasse Disparitäten sowohl in der Weise, wie diese Chancen und Gefahren erkannt und erfahren werden als auch, wie sie sich in konkrete Lebenswirklichkeiten umsetzen. Dieser Widerspruch lässt sich auch als aktuelle und historisch extreme Form der Spannung zwischen den objektiven Möglichkeiten verstehen, die der historischen Situation und der empirischen Realität inhärent sind. Konzentriert kommt dieser Widerspruch zum Ausdruck in der ebenso alltäglichen wie allzu banalen Tatsache weit verbreiteter Hungerkatastrophen, obwohl die auf der Welt zur Verfügung stehenden Nahrungsmittel zur Ernährung der Weltbevölkerung durchaus ausreichen könnten. Ähnliches gilt für die Disparitäten des Ressourcenverbrauchs, sowohl durch die Vernutzung nicht erneuerbarer Rohstoffe als auch durch die Auffüllung vorhandener natürlicher Senken durch die Emissionen der industriellen Produktion und Konsumption.

All dies ist wohlbekannt. Es handelt sich um Formen, in denen Ungleichheit nicht nur zwischen geographischen Regionen der Welt perpetuiert wird – diese Dimension der Ungleichheit tritt angesichts der aktuellen Migrationsprozesse und des Auftretens von Verhältnissen der »Dritten Welt« in den Metropolen des Weltmarktes sogar zurück. Ungleichheit wird in der aktuellen Weltsituation vor allem innerhalb des gesamten weltgesellschaftlichen Zusammenhangs perpetuiert und verschärft, gleichviel in welcher geographischen Verteilung (obwohl bereits hier auf die Abkoppelung ganzer Weltregionen wie des größten Teiles von Afrika südlich der Sahara aber auch von großen Teilen Süd- und Südostasiens sowie Südamerikas und der Karibik aus dem kapitalistischen Weltmarkt zu verweisen ist). Betrachten wir diesen Weltzusammenhang in zeitlicher Perspektive, so betrifft die aktuelle Ungleichheit auch heranwachsende Generationen, deren Lebenschancen vor allem durch den gegenwärtigen Raubbau an Ressourcen unterschiedlichster Art betroffen sind (Daly 1999; Sachs 2002). Wenn die aktuellen Auseinandersetzungen über den Klimaschutz ein Indikator sind, so wird sich in den nächsten Jahren an dieser hier nur sehr grobstrichig skizzierten Lage nichts grundlegendes ändern.

Vor diesem Hintergrund erscheint Solidarität nicht so sehr als ein moralisches Postulat, sondern vielmehr als eine Bedingung der langfristigen Sicherung der Lebensbedingungen der Menschheit. Sie ist im Prinzip gefordert durch den objektiv vorgegebenen gesellschaftlichen Weltzusammenhang. Auch wenn eine diesem Weltzusammenhang kongruente »Entgrenzung ziviler Solidarität« (Kößler/Melber 1993: 82ff.) allenfalls als Fernziel realistisch erscheinen mag und sicher (noch lange) nicht Gegenstand unmittelbar operativer Politik sein kann, meinen wir doch, dass diese Formulierung auf eine Art Vorschein künftig lebbarer Gesellschaft im Weltzusammenhang gerade deshalb hinweisen kann, weil sie auf einer entgegen allem empirischen Anschein nach pragmatischen Notwendigkeit beruht: Die Begründung ziviler Solidarität aus den Erfordernissen sozialen Zusammenhalts im nationalstaatlich umrissenen Zusammenhang (vgl. Zoll 2000: Kap. 9, 10) war vor etwa einhundert Jahren ein großer Schritt hin zur pragmatischen, keineswegs *nur* moralischen Begründung eines minimalen sozialen Ausgleichs, der in industriekapitalistischen Gesellschaften und in wesentlich anderer Form auch in solchen sowjetischen Typs vor allem durch den Staat geregelt und vermittelt wurde. Die historischen Grenzen dieser institutionellen Arrangements sind seit den Umbrüchen der 1970er und 1980er Jahre aktenkundig geworden. Sie betreffen bei allen ihren in die Augen springenden Differenzen beide, miteinander in grundlegenden Strukturen eng verwandte Formen des staatlich organisierten Ausgleichs (vgl. Mattick 1971). Aber damit und mit der weitgehenden Entbettung des Marktes und der Freisetzung der Marktkräfte (s. Polanyi 1977) ist die Problematik keineswegs gelöst, sondern vielmehr neu aufgeworfen.

Die Frage der gesellschaftlichen Kohäsion, der Sicherung eines Mindestmaßes an sozialer Integration ist heute – man kann sagen ironischerweise – zu einem Thema kritischer Befassung mit Gesellschaft geworden, während dies noch vor 30 Jahren eher das Generalthema konservativer Ansätze gewesen ist. Freilich sind die Perspektiven unterschiedlich. So ging es einmal um die Kontrolle der Widersprüche und die Repression ihrer Artikulation sowie heutzutage um ihre institutionelle Einhegung und Kontrolle. Eine kritische Perspektive wird sich hingegen eher der Herausforderung stellen, wie denn die Ursachen wahrgenommener Risiken und Dysfunktionen anzugehen seien. Deshalb ist die Frage nach der Solidarität im genauen Sinne radikal.

Die Diagnosen sind beunruhigend genug. Beziehen wir uns allein auf Afrika südlich der Sahara, so kann wenig Zweifel daran bestehen, dass die Informalisierung nicht nur wirtschaftliche Prozesse und die damit einhergehende Verschärfung von Ungleichheit betrifft (vgl. Abrahamsen 2000: 50). Die gilt ebenso für die Informalisierung der Politik und ihre Verbindung nicht nur mit Klientelismus, sondern auch mit krimineller Aktivität bis hin zur aktiven Beteiligung an internationalen Operationen vor allem im Bereich des Drogenhandels (s. Bayart 1999; Chabal/Daloz 1999; Kößler/Hauck 1999). An dieser Stelle wird die Frage akut, wie die weltweit vorherrschenden Staaten der industriekapitalistisch entwickelten Länder mit einem Problem umgehen, das ganz offensichtlich als weltweite Bedrohung für soziale Kohäsion, also auch im jeweils eigenen Land – zumal in den großen Städten – wahrgenommen wird: die Migration. Auch hier stehen Repression und Ursachenbekämpfung zumindest in einem deutlichen Spannungsverhältnis zueinander. Wie die deutlich mit diesem *globalen* und *sozialen* Problem verknüpfte und von anderen Prozessen des aktuellen Globalisierungsschubs nicht abzulösende Herausforderung internationaler Migration noch deutlicher zeigt, schlägt auch die scheinbar vorab nach außen gerichtete Repression (vgl. Rufin 1996) auf die innergesellschaftlichen Verhältnisse der industriekapitalistischen Länder zurück – beschränkt man einmal (partiell anachronistisch) »Gesellschaft« auf den nationalstaatlich umrissenen Zusammenhang.

Diese wenigen Hinweise sollen zeigen, dass internationale Solidarität gerade angesichts einer neuen Intensität weltgesellschaftlicher Verknüpfungen und damit einhergehender zunehmender internationaler Disparitäten nicht (nur) eine moralische Verpflichtung, sondern auch eine politische Notwendigkeit, ein nachgerade pragmatisches Erfordernis ist. Und in diesem Sinne ein verzerrtes Bild eines solidarischen Weltzusammenhangs zum Vor-Schein bringen mag. Eine solche, keineswegs idyllisch zu zeichnende Perspektive erfordert schließlich die Auseinandersetzung mit ihren Bedingungen, d.h. in erster Linie mit einigen grundlegenden Aspekten und Kontroversen aktueller Nord-Süd-Politik.

Im Afrika-Memorandum soll die Handlungsmaxime vom »deutschen« Interesse geleitet werden, das auch Außenminister Joschka Fischer im Januar 2001 an den Beginn seiner Rede zur deutschen Afrikapolitik stellte: »Europa und Afrika sind Nachbarkontinente. Allein aus diesem Grund können wir es uns als Europäer nicht erlauben, dass Afrika im Zeitalter der Globalisierung zum vergessenen Kontinent wird. Was dort geschieht, geht uns unmittelbar an und hat vielfältige Rückwirkungen auf Deutschland und Europa. Europa hat – dies nicht nur aufgrund seiner kolonialen Geschichte – eine Verantwortung für Afrika. Wir müssen und wollen uns deshalb in Afrika engagieren.« (Fischer 2001: 33) Auch dem grünen Außenminister, der einer – wenn auch mit allen Fragwürdigkeiten doppelter Moral befrachteter, so doch dem Wortsinne verpflichteten – Solidaritätsbewegung entstammt, kommt das Wort »Solidarität« nicht (mehr) über die Lippen. Statt dessen spricht er vom Ziel einer neuen Partnerschaft »auf gleicher Augenhöhe« (ebd., 35).

Noch in den 1980er Jahren wurde Solidarität in den politischen Kreisen des heutigen Außenministers – unter Bemühung eines Zitats von Ernesto Che Guevara – als »die Zärtlichkeit der Völker« im programmatischen Titel eines Bundeskongresses zu Fragen des Internationalismus verstanden. So befremdlich klischeehaft-emotional diese Assoziation für heutige Ohren auch klingen mag: Sie ist allemal noch eher nachvollziehbar als das Gefasel des Bundestagsabgeordneten Ströbele von den genetischen Wurzeln der Menschheit im afrikanischen Kontinent (s. Kapitel 3) und erinnert an eine wesentliche Komponente – das Gefühl. In seinen »Notizen zur Geschichte des Fühlens« insistiert Anders (1989: 94) darauf, dass zu einer Zeit, da sich die Schwaden der (KZ-)Öfen noch nicht verzogen haben, »die einzige heutige Aufgabe in einer Neuformulierung der Moral bestehen muss, und wenn wir sie in der Luft verankern müssten« (Anders 1989: 94). Und an anderer Stelle fordert er eine »Kritik des reinen Gefühls«: »Was uns heute … aufregen müsste, ist jedenfalls nicht, dass wir nicht allmächtig sind oder allwissend; sondern umgekehrt, dass wir im Vergleich mit dem, was wir wissen und herstellen können, zu wenig vorstellen und zu wenig fühlen können.« (Anders 1988a: 269)

Solidarität – nicht nur auf der Ebene begrifflicher Auseinandersetzung, sondern eben auch unverzichtbar auf jener des »Gefühls« und endlich auch der Praxis – ist eine drängende Aufgabe bei der Formulierung zukunftsorientierter Perspektiven geblieben. Gerade in Zeiten, wo es mehr Kriege auf dieser Erde gibt als jemals zuvor, bedarf es dabei keiner wesentlich neuen Erkenntnisse, sondern der Bewusstmachung und Bewahrung bzw. (Re-)Aktivierung vorhandener Einsichten. So kommt Günther Anders das Verdienst zu, in seinem Werk »auf das Phänomen der moralischen Indifferenz, der naiven Unschuld, die von nichts gewusst haben will« aufmerksam gemacht zu haben, »auf die Entkoppelung des eigenen Tuns von dessen möglichen Folgen und Fernwirkungen« (Lohmann 1991). Dem entgegenzuwirken ist nicht nur eine Verstandesangelegenheit, sondern auch eine des Gewissens und des Gefühls. »(W)oran liegt es, dass wir noch immer Barbaren sind?«, fragte Friedrich Schiller in einem seiner Briefe aus dem Jahre 1793 an seinen Gönner, den Herzog Friedrich Christian von Schleswig-Holstein-Augustenburg, und kam zu der Antwort, dass es eben nicht alleine eine Sache der Vernunft und des Verstandes ist,

> »weil der Weg zu dem Kopf durch das Herz muß geöffnet werden. Ausbildung des Empfindungsvermögens ist also das dringendere Bedürfnis der Zeit, nicht bloß weil sie ein Mittel wird, die verbesserte Einsicht für das Leben wirksam zu machen, sondern selbst darum, weil sie zu Verbesserung der Einsicht erweckt.« (Schiller 1990: 53ff.)

Seinem zweiten Band über »Die Antiquiertheit des Menschen« stellte Günther Anders (1988b) die Einsicht voran:

> »Es genügt nicht, die Welt zu verändern. Das tun wir ohnehin. Und weitgehend geschieht das sogar ohne unser Zutun. Wir haben diese Veränderung auch zu interpretieren. Und zwar, um diese zu verändern. Damit sich die Welt nicht weiter ohne uns verändere. Und nicht schliesslich in eine Welt ohne uns.«

Hier ist Utopie unverzichtbar, und zu ihr gehört die (auch globale) Solidarität.

Das mag für Manche abstrakt und sogar ein wenig versponnen klingen – wie kommen die eigentlich auf Anders, Bloch und Schiller, wo es doch um ganz praktische, handfeste Fragen geht, um den Hunger in der Welt, Verschuldung, AIDS und Kriegspolitik? Wir meinen, dass es nur schwer möglich sein wird, diesen praktischen und wirklich drängenden Problemen gerecht zu werden, wenn wir uns darauf beschränken, praktische Lösungen für praktische Fragen zu suchen. Ein solcher Pragmatismus übt immer wieder auf Viele eine hohe Anziehungskraft aus – man braucht nicht viel Zeit damit zu verlieren, in komplizierten Überlegungen und Geschichten herumzustochern. Zupacken kann gerade in Situationen erleichternd wirken, in denen der Problemdruck übermächtig erscheint. Das ist oft genug Ausdruck stark empfundener Ungerechtigkeit, des Entsetzens über das Leiden, das Elend und die Gefahren, mit denen wir tagtäglich konfrontiert sind. Wir wollen keinesfalls gegenüber solcher Ungeduld der Dickfelligkeit das Wort reden. Es ist ja kein Wunder, wenn gerade diejenigen ungeduldig werden, die der Abschottung gegen die Wirklichkeiten in dieser Welt des beginnenden 21. Jahrhunderts verweigern. Das kann aber nicht heißen, dass man irgendwas macht, nur damit etwas geschieht. Genau auf dieser Linie argumentieren doch jene, die vorgeblich Menschenrechtsverletzungen mit Bombenteppichen bekämpfen. Und zwar in der kaum begründeten Annahme, das Militär sei besonders effektiv, wenn etwas getan werden müsse.

Sobald wir fragen, *was* getan werden soll, lichten sich die Nebel zusehends. Die wabern freilich nicht nur bei den alten und neuen Propagandisten militärischer Lösungen. Von letzteren haben wohl nicht zufällig Einige Erfahrungen in internationalen Solidaritätsbewegungen gemacht, wie wir sie in Kapitel 2 anhand eines exemplarischen Falles gründlicher behandelt haben. Auch da war der Ruf nach praktischem Handeln, das dem Machertum auf so prekäre Weise nahe kommt, weit verbreitet – ob man nun Jutetaschen aus Bangladesch importiert oder Geld gesammelt hat, um die ZANU »bis an die Zähne zu bewaffnen«. Auch in diesem Zupakken- und Machen-Wollen kann ein Grund dafür zu finden sein, dass viele dieser Leute sich schnell abgewendet haben, als die erwarteten, oftmals kaum wirklich ausgesprochenen Erfolge ihres Tuns sich in dieser Form nicht einstellten.

Deshalb benötigt gerade eine auf internationale Kooperation, auf globale Solidarität ausgehende Bewegung Maßstäbe. Es geht nicht darum, Patentrezepte am grünen Tisch zu produzieren oder nach trügerischen Erfolgsgarantien zu haschen. Maßstäbe können aber Auskunft darüber geben, wo – in einem sehr weiten Verständnis und letztlich immer auf der Grundlage individuellen Urteilens – Grenzen erreicht sind, die das Einfordern von Solidarität nicht mehr akzeptabel machen. Das galt, wie ebenfalls in Kapitel 2 erwähnt, beispielsweise dann, wenn es im Kontext einer nationalen Befreiungsbewegung selbst zu Menschenrechtsverletzungen gekommen ist. An solchen Problemen zeigt sich der klare Unterschied zwischen einem Verständnis von Solidarität als Gehorsam gegenüber einer bestimmten Organisation und ihren Repräsentanten einerseits und der Parteinahme für die Erniedrigten und Beleidigten, für die Einlösung von Menschenrechten andererseits.

Der – leider nicht so selbstverständliche – Grundsatz, dass alle Menschen gleich sind und ein Menschenleben soviel wert ist wie das nächste,

gilt für die Kritik an der Kriegspolitik der Bush-Administration ebenso wie für diejenigen, die ernsthaft und oft mit hohem Einsatz für eine gerechtere Welt eintreten wollen. Denn die Formulierungen der Menschenrechte bis zu den internationalen Erklärungen und Pakten seit dem Zweiten Weltkrieg sind als Vor-Schein einer solchen gerechteren Welt auch in der Weise ernstzunehmen, dass sich praktisches Handeln, zumal politische Parteinahme an ihnen orientieren sollte. Anhand dieser Maßstäbe lässt sich beispielsweise die Frage beantworten, mit wem wir es denn halten sollen, wenn die Polizei Leute von Wahllokalen wegprügelt und die so »legitimierte« Regierung durch ihre Politik eine Hungersnot organisiert wie 2002 in Simbabwe. Daran darf uns die Tatsache nicht hindern, dass die dort regierende Partei aus der Befreiungsbewegung kommt und lange Zeit als Verbündete im gemeinsamen Kampf gegen Kolonialismus und rassistische Herrschaft Adressatin unserer Solidarität gewesen ist.
Derzeit scheint die Chance gegeben, dass wir diese quälenden und von Dilemmata durchzogenen Konstellationen wenigstens in einigen Bereichen hinter uns lassen können. Wir können eine wahrhaft globale Bewegung beobachten, die sich massenhaft und spektakulär anlässlich fast jeden Gipfeltreffens von Mächtigen dieser Welt manifestiert, zuletzt in Sevilla beim EU-Gipfel und in Calgary, als sich die G8-Häupter in einen abgelegenen Ort in den kanadischen Rocky Mountains verzogen hatten. Das Faszinierende an dieser Entwicklung ist nicht die angebliche Gegnerschaft der Beteiligten gegen Globalisierung, sondern das Gegenmodell von Globalität, das sie praktisch vorführen: das Bündnis aus überaus vielfältigen, ja buntscheckigen, nur locker vernetzten Gruppierungen, die ihren sehr unterschiedlichen alltäglichen Anliegen auf lokaler, wohl auch nationaler oder sogar globaler Ebene nachgehen und doch seit der überraschenden Manifestation von Seattle im Dezember 1999 immer wieder in der Lage gewesen sind, sich auf gemeinsame Ziele und eine gemeinsame Sprache, letztlich auch auf gemeinsames Handeln zu verständigen. Doch gerade auch die Vielfalt und erlebte Gemeinsamkeit geht nicht in der Euphorie dieses Erlebnisses auf. Auch hier sind die Maßstäbe einer recht verstandenen Utopie notwendig. Das bedeutet gewiss, dass es nicht akzeptabel sein kann, Lebenschancen, Ernährung, Gesundheit, aber auch Wissen und Kommunikationsmöglichkeiten von der Dynamik und den Schwankungen der globalisierten Finanzmärkte oder des Shareholder Value abhängig zu machen. Dies bedeutet aber auch, dass sich Gegenentwürfe ebenso wie der Weg zu ihrer Einlösung daran messen lassen müssen, in welchem Maße sie diesen Vorgaben gerecht werden. Diesem Test müssen sich auch Organisationen und Einzelpersonen stellen, die unsere Solidarität einfordern. Und alle diejenigen, die sich aufge-

rufen fühlen, für die Ziele globaler Gerechtigkeit und globalen Ausgleichs solidarisch zu handeln, gehen damit zugleich die Verpflichtung ein, beständig zu überprüfen, ob dieses Handeln den angestrebten Zielen gerecht wird.

Hier wurde nun keineswegs mit Garantien gearbeitet: Wer sich politisch einmischt, geht zugleich das Risiko ein, Fehler zu begehen. Auch wenn wir daher über frühere Fehler innerhalb der Solidaritätsbewegung nachdenken, beabsichtigen wir keine Beckmesserei. Diese Kritik erfolgt ausdrücklich in dem Bewußtsein, selbst Teil einer Bewegung zu sein, die Partei genommen hat und weiter zur Parteinahme aufgefordert ist. Wir meinen allerdings, daß es ein erklärbarer, weitgehend verständlicher Irrweg gewesen ist, wenn sich diese Parteinahme zuerst auf Organisationen und deren Repräsentanten bezogen hat. Darüber sind allzu oft die Anliegen und Werte aus dem Blickfeld gerutscht, um die es eigentlich einmal ging – und auch die Menschen, mit denen sich die Solidaritätsbewegung verbinden wollte, und die ja auch nicht alle Funktionsträger waren und sind.

Wenn sich für globale Solidarität derzeit neue Chancen abzeichnen, so läßt sich bei aller Vagheit dieser Perspektive doch bereits eines festhalten: Die Bewegungen werden vielgestaltiger sein, als es sich die alte Solidaritätsbewegung vorgestellt hat. Sie bringen die ganze Komplexität des gesellschaftlichen Weltzusammenhanges zum Ausdruck, der durch die aktuellen Globalisierungsprozesse immer enger verzahnt wird. Desto wichtiger ist es, über der ganz berechtigten Euphorie, die Gemeinsamkeit gerade mit scheinbar Fremden und Anderen auslöst, die Vermittlungsschritte im Auge zu behalten, ohne die wir keine realistische Vorstellung davon haben können, wie und mit welchen Folgen wir uns einmischen.

Literaturverzeichnis*

Abrahamsen, Rita (2000): *Disciplining Democracy. Development Discourse and Good Governance in Africa.* London/New York

Adam, Heribert (1969): *Südafrika. Soziologie einer Rassengesellschaft.* Frankfurt am Main

Adorno, Theodor W. (1973): *Zur Dialektik des Engagements. Aufsätze zur Literatur des 20. Jahrhunderts.* Frankfurt am Main

AG gegen die militärisch-nukleare Zusammenarbeit der BRD mit Südafrika (Hg.) (1982): *Uranabbau in Namibia. Gestohlenes Uran für die strahlende Zukunft der Bundesrepublik.* Bremen

Akafrik/Umwälzzentrum (Hg.) (1988): *Strahlende Geschäfte. Der Tanz auf dem Welturanmarkt.* Stuttgart

Alexander, Jocelyn/McGregor, Jo Ann/Ranger, Terence (2000): *Violence and Memory. One Hundred Years in the ›Dark Forests‹ of Matabeleland.* Oxford/Harare

Ali, Tariq (2002): The clash of Fundamentalisms. Crusader, Jihad and Modernity. London & New York.

All Africa Conference of Churches (o.J.): *The nuclear conspiracy. Documentation on initiatives taken by the All Africa Conference of Churches with regard to nuclear collaboration between the Federal Republic of Germany, France & other Western countries & the Republic of South Africa.* Nairobi/Lome [1977]

Alnasseri, Sabah (2001): »Zur Krisensituation der arabischen Gesellschaften«, *Prokla,* 125, S. 557-577

Altvater, Elmar/Mahnkopf, Birgit (1996): *Grenzen der Globalisierung. Ökonomie, Ökologie und Politik in der Weltgesellschaft.* Münster

Alves, Márcio M./Detrez, Conrad/Marighela, Carlos (1971): *Zerschlagt die Wohlstandsinseln der III. Welt.* Reinbek

Anders, Günther (1988a): *Die Antiquiertheit des Menschen.* Bd. 1: *Über die Seele im Zeitalter der zweiten industriellen Revolution.* 7., unveränd. Aufl., München (urspr. 1956)

---

* Wir danken Arne Wunder für die Erstellung des integrierten Gesamtverzeichnisses – während seines Praktikums am Nordic Africa Institute, Uppsala/Schweden.

Anders, Günther (1988b): *Die Antiquiertheit des Menschen.* Bd. 2: *Über die Zerstörung des Lebens im Zeitalter der dritten industriellen Revolution.* 4., unveränd. Aufl., München (urspr. 1980)

Anders, Günther (1989): *Lieben gestern. Notizen zur Geschichte des Fühlens.* 2., durchges. Aufl., München (urspr. 1986)

Anderson, Benedict (1988): *Die Erfindung der Nation.* Frankfurt am Main/ New York (Imagined Communities, 2. erw. Aufl., London 1991)

Ansprenger, Franz (1991): *Freie Wahlen in Namibia. Der Übergang zur staatlichen Unabhängigkeit.* Frankfurt am Main

Antonello, Paola u.a. (1969): *Nigeria gegen Biafra? Falsche Alternativen oder über die Verschärfung der Widersprüche im Neokolonialismus.* Berlin (West)

Arendt, Hannah (1986): *The Origins of Totalitarianism.* London (urspr. 1951)

von Aretin, Felicitas/Wannenmacher, Bernd (Hg.) (2002): *Weltlage. Der 11. September, die Politik und die Kulturen.* Opladen

Arkin, William M. (2002): »Secret Plan Outlines the Unthinkable«, *Los Angeles Times*, 10.3.2002, http://www.latimes.com/news/printedition/opinion/la-000017511mar10.story

Arrighi, Giovanni (2000): »Der globale Markt. Gemeinsamkeiten und Unterschiede zwischen dem Anfang und dem Ende des 20. Jahrhunderts«, *Journal für Entwicklungspolitik*, 16 (4), S. 359-391 (urspr. »The Global Market«, *Journal of World-Systems Research*, 5 (2), 1999, S. 217-251)

Balsen, Werner/Rössel, Karl (1986): *Hoch die internationale Solidarität. Zur Geschichte der Dritte Welt-Bewegung in der Bundesrepublik.* Köln

Bayart, Jean-François/Ellis, Stephen/Hibou, Béatrice (1999): *The Criminalization of the State in Africa.* Oxford/Bloomington

Bayertz, Kurt (1998a): »Begriff und Problem der Solidarität«, in: Bayertz, Kurt (Hg.) 1998b, a.a.O., S. 11-53

Bayertz, Kurt (Hg.) (1998b): *Solidarität. Begriff und Problem.* Frankfurt am Main

Beck, Ulrich (1997): *Was ist Globalisierung?* Frankfurt am Main

Becker, Joachim (1991): »Solidarität im Umbruch,« *informationsdienst südliches afrika* 1991/1, S. 37-38.

Benot, Yves (1988): *La révolution française et la fin des colonies.* Paris

Bierhoff, Hans-Werner/Küpper, Beate (1999): »Das ›Wie‹ und ›Warum‹ von Solidarität: Bedingungen und Ursachen der Bereitschaft des Handelns für andere«, *Ethik und Sozialwissenschaften,* 10, S. 181-196

Biko, Steve (1979): *Ich schreibe was mir passt.* Hrsg. von Marianne Schulz-Rubach and Helmut Orbon. Berlin (West)

Bley, Helmut/Tetzlaff, Rainer (Hg.) (1978): *Afrika und Bonn Versäumnisse und Zwänge deutscher Afrikapolitik.* Reinbek

Bloch, Ernst (1974a): *Das Prinzip Hoffnung.* Frankfurt am Main

Bloch, Ernst (1974b): »Zweierlei Kant-Gedenkjahre«, in: Kopper, Joachim/Malter, Rudolf (Hg.), *Immanuel Kant zu ehren.* Frankfurt am Main, S. 347-365

Bluem, Burkhard (1969): »Einleitung«, in: Neto, Agostinho, *Wir kämpfen für die uneingeschränkte Unabhängigkeit.* Frankfurt am Main/Bonn, S. 3-15

Blum, William (2001): *Rogue State. A Guide to the World's Only Superpower.* London

Bollow, Frauke/Weiss, Susanne (1982): »Revolutionäre, Indianer und Unsereiner«, *Peripherie,* 11/12, S. 136-143

Bommes, Michael/Heuer, Michael (1994): »Dritte-Welt-Bewegung – Was für eine Bewegung?!«, *Forschungsjournal Neue Soziale Bewegungen,* 3/1994, S. 63-75

Borsdorf, Axel (2000): »*Condominios* von Santiago de Chile als Beispiele sozialräumlicher Segregationstendenzen von Ober- und Mittelschicht in lateinamerikanischen Städten«, *Peripherie,* 80, S. 25-40

Bourdieu, Pierre (2001): »Sprechende Turbane«, *Frankfurter Rundschau,* 21.11.2001

Bräuer, Rolf (1994): »Zwischen Provinzialität und Globalismus. Die westdeutsche Dritte-Welt-Bewegung in den 80er und 90er Jahren«, *Forschungsjournal Neue Soziale Bewegungen,* 3/1994, S. 32-48

Braun, Bärbel (1995): *Nationalstaat als politische Fiktion und als Realität. Antikoloniale Nationalbewegung, koloniale und postkoloniale Staatsformation in Indonesien.* Frankfurt am Main

Brisard, Jean-Charles/Dasquié, Guillaume (2001): *Die verbotene Wahrheit. Die Verstrickungen der USA mit Osama bin Laden.* Zürich/München

Brock, Lothar (2002): »›Staatenrecht‹ und ›Menschenrecht‹. Schwierigkeiten der Annäherung an eine weltbürgerliche Ordnung.« In: Lutz-Bachmann, Matthias/Bohman, James (Hg.) 2002, S. 201-226.

Bruchhaus, Eva-Maria (2001): »Der Weg zu souveräner Partnerschaft wird länger. Zwei Memoranden zur deutschen Afrikapolitik im Vergleich«, *epd-Entwicklungspolitik,* 2-3/2001, S. 44-46

Brückner, Peter (1973): *Freiheit, Gleichheit, Sicherheit. Von den Widersprüchen des Wohlstands.* Frankfurt/Main (urspr. 1966)

Brunkhorst, Hauke (2002a): *Solidarität. Von der Bürgerfreundschaft zur globalen Rechtsgenossenschaft.* Frankfurt am Main

Brunkhorst, Hauke (2002b): »Zwischen Kriegseinsatz und Polizeiaktion. Die Legalisierung des Krieges in der Weltgesellschaft«, in: Lutz-Bachmann, Matthias/Bohman, James (Hg.) 2002, a.a.O., S. 65-74

Bundestagsfraktion Bündnis 90/Die Grünen (Hg.) (2001): *Ein ›Millennium Africa Renaissance Program‹. Afrikanische Vision für eine selbstbestimmte Entwicklung*. Dokumentation der Anhörung vom 04.04.2001 in Berlin, Berlin

Cabral, Amilcar (1974): *Die Revolution der Verdammten. Der Befreiungskampf in Guinea-Bissao.* Berlin (West)

Castells, Manuel (2001): *Das Informationszeitalter*. Bd. I: *Die Netzwerkgesellschaft*. Opladen

Castells, Manuel (2002a): *Das Informationszeitalter*. Bd. II: *Die Macht der Identität*. Opladen

Castells, Manuel (2002b): *Das Informationszeitalter*. Bd. III: *Jahrtausendwende.* Opladen

Castells, Manuel (2002c): *Die Internet-Galaxie.* Opladen (i.E.)

Catholic Commission for Justice and Peace in Zimbabwe/Legal Resources Foundation (Hg.) (1997): *Breaking the Silence, Building True Peace. A Report on the Disturbances in Matabeleland and the Midlands 1980 to 1988.* Harare

Causemann, Bernward (1989): »Aufarbeitung ist notwendig. Namibia: Die Solidaritätsbewegung und die Folter«, *epd-Entwicklungspolitik,* 22-23/1989, S. 19-20

Cervenka, Zdenek/Rogers, Barbara (1978): *The Nuclear Axis. Secret collaboration between West Germany and South Africa.* London

Césaire, Aimé (1966): *Im Kongo.* Ein Stück über Patrice Lumumba. Mit einem Essay von Jean-Paul Sartre. Berlin (West) (Une saison au Congo, 1966)

Césaire, Aimé (1968): *Über den Kolonialismus*. Berlin (West) (Discours sur le colonialisme, 1955)

Chabal, Patrick/Daloz, Jean-Pascal (1999): *Africa Works. Disorder as Political Instrument.* Oxford/Bloomington

Chang, Nancy (2001): »The USA PATRIOT Act: What's So Patriotic About Trampling on the Bill of Rights?«, Center for Constitutional Rights, http://www.ccr-ny.org/whatsnew/usa_patriot_act.asp (aus: dies., *Silencing Political Dissent: How Post-September 11 Antiterrorism Measures Threaten Our Civil Liberties*. New York 2002)

Chavagneux, Christian (1997): *Ghana – Une Révolution de Bon Sens.* Paris

Chomsky, Noam (2001a): *The Attack. Hintergründe und Folgen.* Hamburg/Wien

Chomsky, Noam (2001b): Der Neue Krieg gegen den Terror, Abschrift d. Vortrages vom 18.10.2001 am MIT Forum für Technologie und Kultur, http://www.uni-kassel.de/fb10/frieden/themen/Terrorismus/chomsky2.html

Cohn-Bendit, Daniel u.a. (1979): »Kopfschrott oder Gefühlsheu? Eine Diskussion über Internationalismus«, *Kursbuch,* 57, S. 199-221

Daly, Herman E. (1999): *Wirtschaft jenseits von Wachstum. Die Volkswirtschaftslehre nachhaltiger Entwicklung.* Salzburg

Davidson, Basil (1992): *The Black Man's Burden. Africa and the Curse of the Nation-State.* London.

Decke, Bettina (1972): *Industrialisierung und Herrschaft in Südafrika.* Neuwied/Berlin (West)

Decke, Bettina (1981): *A terra è nossa. Koloniale Gesellschaft und Befreiungsbewegung in Angola.* Bonn

Die Grünen im Bundestag (Hg.) (1989): *Unabhängigkeit für Namibia. Symposium der Grünen im Bundestag aus Anlass des 10. Jahrestages der Verabschiedung der Resolution 435 des UN-Sicherheitsrates. Dokumentation.* Bonn

Die Grünen im Bundestag/Informationsstelle Südliches Afrika (Hg.) (1987): *Im Brennpunkt: Namibia und die Bundesrepublik Deutschland.* Eine Dokumentation der Öffentlichen Anhörung der Fraktion Die Grünen im Bundestag in Zusammenarbeit mit der Informationsstelle Südliches Afrika (issa) 16./17. September 1985 in Bonn. Bonn

Duffield, Mark (2001): *Global Governance and the New Wars. The Merging of Development and Security.* London/New York.

Durkheim, Émile (1966): *De la division du travail social.* 4. Aufl., Paris (urspr. 1902/1930; dt. *Über soziale Arbeitsteilung. Studie über die Organisation höherer Gesellschaften.* Frankfurt am Main 1992)

Duve, Freimut (Hg.) (1965): *Kap ohne Hoffnung.* Reinbek

Egerö, Bertil (1987): *Mozambique: A Dream Undone. The Political Economy of Democracy, 1975-84.* Uppsala

Engel, Ulf (2001): *Politik des Augenscheins? Neue afrikapolitische Anstösse von Parteien und Fachministerien.* Leipzig (=University of Leipzig Papers on Africa; 55)

Engel, Ulf u.a. (2000): *Memorandum zur Neubegründung der deutschen Afrikapolitik.Frieden und Entwicklung durch strukturelle Stabilität.* Berlin

Falk, Rainer (1985): *Die heimliche Kolonialmacht: Bundesrepublik und Dritte Welt.* Köln

Falk, Rainer (1986): *Südafrika – Widerstand und Befreiungskampf: Darstellung und Dokumente, mit einem Anhang zur Rolle der Bundesrepublik.* Köln

Falk, Rainer/Wahl, Peter (1980): *Befreiungsbewegungen in Afrika. Politische Programme.* Köln

Fanon, Frantz (1967): *Die Verdammten dieser Erde.* Frankfurt am Main (Les damnés de la terre, 1961)

Feingold, Russ (2001): Statement of U.S. Senator Russ Feingold On the Anti-Terrorism Bill, From the Senate Floor, October 25, 2001 http://www.sentae.gov/~feingold/releases/01/10/102501at.html, Zugriff 1.3.02

Fijalkowski, Jürgen (1997): »Nationalstaatliche Schranken des Bürgerrechtsstatus und Strategien politischer Inkorporation«, in: Pries, Ludger (Hg.), *Transnationale Migration.* Baden-Baden (=Soziale Welt Sonderband 12), S. 349-370

Fischer, Joschka (2001): »Deutsche Afrikapolitik, Rede vor dem Deutschen Bundestag, 18. Januar«, in: Presse- und Informationsamt der Bundesregierung, *Stichworte zur Sicherheitspolitik*, Nr. 1, S. 33-35

Foitzik, Andreas/Marvakis, Athanasios (Hg.), *Tarzan – was nun? Internationale Solidarität im Dschungel der Widersprüche.* Hamburg

Gäng, Peter/Reiche, Reimut (1967): *Modelle der kolonialen Revolution.* Frankfurt am Main

Garbe, Eckart (1980): »Reflektionen zu Indochina«, *Peripherie*, 2, S. 63-91

Geisler, Wolff/Wellmer, Gottfried (1983): *DM-Investitionen in Südafrika.* Bonn

Gewald, Jan-Bart (1999): *Herero Heroes. A Socio-Political History of the Herero of Namibia 1890-1923.* Oxford/Cape Town/Athens, Ohio

Graw, Ansgar (1986): *SWAPO und die Menschenrechte.* Frankfurt am Main

Grawert, Elke u.a. (2001): »›Mehr Interaktion‹ versus ›Strukturelle Stabilität‹: Ansatzpunkte für eine zeitgemäße Afrikapolitik«, *Peripherie*, 81/82, S. 175-184

Groth, Siegfried (1989): *Menschenrechtsverletzungen in der Exil-SWAPO – Die Verantwortung der Kirchen.* Frankfurt am Main (=epd-Dokumentation 40)

Groth, Siegfried (1995): *Namibische Passion. Tragik und Größe der namibischen Befreiungsbewegung.* Wuppertal (Breaking the Wall of Silence, 1996)

Guevara, Ernesto Che (1968) : *Partisanenkrieg – eine Methode. Mensch und Sozialismus auf Cuba.* München

Guevara, Ernesto Che (1969): *Ökonomie und neues Bewusstsein.* Berlin (West)

Guevara, Ernesto Che (o.J.): *Brief an das Exekutivsekretariat von OSPAAL. Schaffen wir zwei, drei viele Vietnam! Das Wesen des Partisanenkrieges.* Eingel. und übers. von Gaston Salvatore und Rudi Dutschke. Berlin (West) [1968/69]

Hamzawy, Amr (2002): »Die Angst vor den kulturellen Folgen der Globalisierung: Die arabischen Intellektuellen und der Westen nach dem 11. September.« In: von Aretin, Felicitas/Wannenmacher, Bernd (Hg.) 2002, S. 91-104.

Hanlon, Joseph (1984): *Mosambik: Revolution im Kreuzfeuer.* Bonn (Mozambique: Revolution under Fire, 1984)

Hanlon, Joseph (1986): *Beggar Your Neighbours. Apartheid Power in Southern Africa.* London/Bloomington

Hansohm, Dirk/Kappel, Robert (1993): *Schwarzweiße Mythen. Afrika und der entwicklungspolitische Diskurs.* Münster/Hamburg

Hauck, Gerhard (2001): *Gesellschaft und Staat in Afrika.* Frankfurt am Main

Hauck, Gerhard/Kößler, Reinhart/Melber, Henning (2001): »Neuorientierung der Afrika-Politik?«, *Peripherie,* 81/82, S. 185-197

Hein, Wolfgang (2001): »Weltgesellschaft: Entgrenzung, Entwicklung, Empowerment und Emanzipation«, *Peripherie,* 83, S. 36-78

Heins, Volker (2002): *Weltbürger und Lokalpatrioten. Eine Einführung in das Thema Nichtregierungsorganisationen.* Opladen

Helbig, Helga/Helbig, Ludwig (1983): *Mythos Deutsch-Südwest. Namibia und die Deutschen.* Weinheim/Basel

Helbig, Helga/Helbig, Ludwig (1990): *Menschenrechtsverletzungen der SWAPO. Eine Auseinandersetzung.* Frankfurt am Main

Helbig, Ludwig/Melber, Henning (1988): *Erziehung gegen Apartheid. Südafrika und Namibia im Unterricht. Eine kommentierte Materialübersicht.* Frankfurt am Main

Hillebrecht, Werner (1988): »›...und Namibia‹. Namibia: Stiefkind der bundesdeutschen Solidaritätsarbeit«, *Informationsdienst Südliches Afrika,* 7, S. 15

Hinz, Manfred O. (1982): »Das Projekt Politische Landeskunde Namibias: Beitrag zu einem unabhängigen Namibia«, *Diskurs. Bremer Beiträge zu Wissenschaft und Gesellschaft*, 6, S. 9-34

Hinz, Manfred O. (1989): »Die Anti-SWAPO-Kampagne – Eine Kampagne zur Unterstützung der ›internen Lösung‹«, in: Surmund, Elvi/Lahusen, Rolf, *Reise zur SWAPO. Das namibische Volk im Befreiungskampf.* Düsseldorf, S. 77-90

Hobsbawm, Eric (1991): *Nationen und Nationalismus. Mythos und Realität seit 1780*. Frankfurt am Main/New York (Nations and Nationalism since 1780, 2. erw. Aufl., Cambridge 1992)

Hobson, John A. (1968): *Der Imperialismus*. Köln/Berlin (Imperialism. A Study, 1902/05)

Hock, Klaus (2000): »Jihâd – Mahdismus – Sklaverei. Eine islamische Tradition der Gewalt im Zentralsudan«, in: van der Heyden, Ulrich/ Becher, Jürgen (Hg.). *Mission und Gewalt. Der Umgang christlicher Missionen mit Gewalt und die Ausbreitung des Christentums in Afrika und Asien in der Zeit von 1792 bis 1918/19*. Stuttgart, S. 66-77

Hodges, Tony (2001): *Angola from Afro-Stalinism to Petro-Diamond Capitalism,* Oxford/Bloomington

Höffe, Otfried (2002): »Globalität statt Globalismus. Über eine subsidiäre und föderale Weltrepublik«, in: Lutz-Bachmann, Matthias/Bohman, James (Hg.) 2002, a.a.O., S. 8-31

Horkheimer, Max (1974): »Kant und die Wissenschaften«, in: Kopper, Joachim/Malter, Rudolf (Hg.), *Immanuel Kant zu ehren.* Frankfurt am Main, S. 376-382

Hubrich, Heinrich-Georg/Melber, Henning (1977): *Namibia – Geschichte und Gegenwart. Zur Frage der Dekolonisation einer Siedlerkolonie.* Bonn

Huntington, Samuel (1997): Der Kampf der Kulturen. The Clash of Civilizations. Die Neugestaltung der Weltpolitik im 21. Jahrhundert. *München/Wien.*

Jakobeit, Cord/Weiland, Heribert (Hg.) (2002): *Das »Afrika-Memorandum« und seine Kritiker. Eine Dokumentation*. Hamburg

James, C.L.R. (1980)*: The Black Jacobins. Tousaint L'Ouverture and the San Domingo Revolution.* London

Jeismann, Michael (2002): »Nächstenliebe verlangt Gewaltanwendung«, *Frankfurter Allgemeine Zeitung*, 14.2.2002

Jürgens, Ulrich (2001): »Kriminalität zwischen Erster und Dritter Welt in Südafrika«, in: Paes, Wolf-Christian/Krause, Heiko (Hg.): *Zwischen Aufbruch und Zusammenbruch. Demokratisierung im Südlichen Afrika*. Bonn, S. 266-274

Kambudzi, Addmore M. (1999): »Zimbabwe: Nordic solidarity, national liberation and post-colonial independence problems and prospects in Southern Africa«, in: *Report of the conference Nordic Solidarity with the Liberation Struggles in Southern Africa, and Challenges for Democratic Partnerships into the 21st Century, 11-14 February 1999.* Organised by The Robben Island Museum, The Mayibuye Centre and The Nordic Africa Institute. Uppsala, S. 66-78

Kappel, Robert (1994): »Terms of Trade in der entwicklungspolitischen Diskussion«, *Peripherie,* 53, S. 54-74

Kappel, Robert (2000a): »Begründungen für die lang anhaltende Wachstumsschwäche in Afrika«, *Journal für Entwicklungspolitik*, 16 (2), S. 129-148

Kappel, Robert (2000b): »Afrika: Illusionen über Entwicklung«, in: *Entwicklung und Zusammenarbeit*, 41 (12), S. 340-341

Kohlmann, Ulrich (2001): »Politik und Moral. Grundzüge der neuzeitlichen Zweck-Mittel-Debatte«, in: ders. (Hg.), *Politik und Moral. Die Zweck-Mittel-Debatte in der neueren Philosphie und Politik* (Karl Kautsky, Leo Trotzki, John Dewey). Lüneburg, S. 11-64

Kößler, Reinhart (1980): »Was wird bloß aus unsern Träumen? Krise der Befreiungsbewegungen? Krise der Solidaritätsbewegung? Krise des Internationalismus? Entgegnung als Versuch, Fragen zu stellen«, *Peripherie,* 3, S. 65-77

Kößler, Reinhart (1981a): *Krügerrands sichern Apartheid.* Broschüre der Anti-Apartheid-Bewegung (AAB) zur Krügerrandboykottaktion, Bonn

Kößler, Reinhart (1981b): »Befreiungsbewegungen an der Macht. Perspektiven im Südlichen Afrika - Thesen zur Diskussion«, *Informationsdienst Südliches Afrika,* 8-9/1981, S. 20-1.

Kößler, Reinhart (1982): *Dritte Internationale und Bauernrevolution.* Frankfurt am Main/New York

Kößler, Reinhart (1989): »Befreiungsbewegungen und Menschenrechte«, *Informationsdienst Südliches Afrika,* 5/1989, S. 5-6

Kößler, Reinhart (1993): *Despotie in der Moderne.* Frankfurt am Main/New York

Kößler, Reinhart (1999): »The Persistent Theme of the Great Rising. Witbooi Leaders and Rhenish Missionaries«, *Journal* (Namibia Scientific Society), 47, S. 19-32

Kößler, Reinhart (2001): »Globalization and Human Rights: Some Developmental Reflections«, in: Schuurman, Frans J. (Hg.), *Globalization and Development Studies. Challenges for the 21st Century.* London/Thousand Oaks/New Delhi, S. 83-98

Kößler, Reinhart (2002): *Was war, was bleibt? Marx, das sowjetische Modell und seine Ausstrahlung auf die übrige Welt.* Frankfurt am Main (i.E.)

Kößler, Reinhart/Hauck, Gerhard (1999): »Überlebensstrategien und Informalisierung in postkolonialen Gesellschaften«, *Prokla,* 117, S. 503-516

Kößler, Reinhart/Melber, Henning (1986): »Faszination der Vielfalt und ihre politischen Folgen. Zum Umgang der Solidaritätsgruppen mit Befreiungsbewegungen«, *Informationsdienst Südliches Afrika*, 2/1986, S. 12-15

Kößler, Reinhart/Melber, Henning (1993): *Chancen internationaler Zivilgesellschaft*. Frankfurt am Main

Kößler, Reinhart/Melber, Henning (2001): »Internationale Solidarität mit Zukunft?«, *Widersprüche*, 80, S. 57-66

Kößler, Reinhart/Melber, Henning (2002a): »Sicherheit und Solidarität. Politik der Anerkennung statt Terrorismuskriege«, *Widerspruch – Beiträge zur sozialistischen Politik,* 42, S. 17-28

Kößler, Reinhart/Melber, Henning (2002b): »The West German Solidarity Movement with the Liberation Struggles in Southern Africa. A (Self-) Critical Retrospective«, in: Engel, Ulf/Kappel, Robert (Hg.), *Germany's Africa Policy Revisited*. Münster/Hamburg, S. 103-126

Kößler, Reinhart/Schiel, Tilman (1996): *Auf dem Weg zu einer kritischen Theorie der Modernisierung*. Frankfurt am Main

Kößler, Reinhart/Wienold, Hanns (2002): »Arbeit und Vergesellschaftung. Eine aktuelle Erinnerung an die klassische Gesellschaftstheorie«, *Peripherie,* 85/86, S. 162-183.

Kristeva, Julia (1990): *Fremde sind wir uns selbst*. Frankfurt am Main

Laclau, Ernesto/Mouffe, Chantal (1985): *Hegemony and Socialist Strategy. Towards a Radical Democratic Politics*. London

Lassalle, Ferdinand (1970): »Arbeiterprogramm. Über den besondern Zusammenhang der gegenwärtigen Geschichtsperiode mit der Idee des Arbeiterstandes«, in: ders., *Reden und Schriften*. München, S. 22-60 (urspr. 1861/62)

Lee, Franz J. T. (1971): *Der Einfluß des Marxismus auf die Nationalen Befreiungsbewegungen in Südafrika*. Frankfurt am Main

Lee, Franz J. T. (1973): *Südafrika vor der Revolution?* Frankfurt am Main

Leggewie, Claus (1984): *Kofferträger. Das Algerien-Projekt der Linken im Adenauer-Deutschland.* Berlin (West)

Letz, Malte (1994): »Im Osten nichts Neues? Ostdeutsche Solidaritätsgruppen vor und nach der Wende«, *Forschungsjournal Neue Soziale Bewegungen,* 3/1994, S. 49-62

Leys, Colin/Saul, John (1995): *Namibia's Liberation Struggle. The Two-Edged Sword.* London/Athens, Ohio

Lohmann, Hans-Martin (1991): »›Glückliche Zeiten, da es noch Kriege gab‹. Variationen zu einem Satz von Günther Anders«, *Frankfurter Rundschau*, 9.3.1991

Loth, Heinrich (1981): *Sklaverei. Zur Geschichte des Sklavenhandels zwischen Afrika und Amerika.* Wuppertal

Lund, Wenda (1984): *Rössing und das illegale Geschäft mit dem Namibia-Uran.* Köln

Lutz-Bachmann, Matthias/Bohman, James (Hg.) (2002): *Weltstaat oder Staatenwelt? Für und wider die Idee einer Weltrepublik.* Frankfurt am Main

Macey, David (2000): *Frantz Fanon. A Life.* London

Mair, Stefan (1999): »Destabilisierung in Afrika. Begrenzte Möglichkeiten externen Eingreifens«, *epd-Entwicklungspolitik,* 21/1999, S. 26-28

Mair, Stefan (2001): »Die deutsche Afrikapolitik muss politischer werden! Weitere Argumente zum ›Afrika-Memorandum‹«, *Entwicklung und Zusammenarbeit,* 42 (3), S. 72-75

Mamdani, Mahmood (1996): *Citizen and Subject. Contemporary Africa and the Legacy of Late Colonialism.* Princeton

Marais, Hein (2001): *South Africa: Limits to Change. The Political Economy in Transition.* 2. überarb. u. erw. Aufl., London/New York

Marshall, Thomas H. (1992) »Staatsbürgerrechte und soziale Klassen«, in: ders., *Bürgerrechte und soziale Klassen.* Frankfurt am Main/New York, S. 33-94

Marx, Karl (1968): »Lohnarbeit und Kapital«, in: *Marx-Engels-Werke,* Bd. 6, Berlin (DDR), S. 397-423 (urspr. 1849)

Marx, Karl (1972): »Zur Kritik der Hegelschen Rechtsphilosophie«, in: *Marx-Engels-Werke,* Bd 1. 8. Aufl., Berlin (DDR), S. 378-391

Mattick, Paul (1971): *Marx und Keynes. Die Grenzen des gemischten Wirtschaftssystems.* Frankfurt am Main

Maus, Ingeborg (2002): »Vom Nationalstaat zum Globalstaat oder: der Niedergang der Demokratie«, in: Lutz-Bachmann, Matthias/Bohman, James (Hg.) 2002, a.a.O., S. 226-259

Mbumba, Nangolo/Patemann, Helgard/Katjivena, Uazuvara (Hg.) (1988): *Ein Land, eine Zukunft. Namibia auf dem Weg in die Unabhängigkeit.* Wuppertal

Mbumba, Nangolo/Noisser, Norbert (1988): *Namibia in History. Junior Secondary History Book.* London/New Jersey/Bremen

Melber, Henning (1979): »Des schwarzen Mannes Land? Zur nationalen Frage und dem antikolonialen Befreiungskampf in der Republik Südafrika«, *Das Argument,* 111, S. 106-114

Melber, Henning (Hg.) (1981): *Namibia – Kolonialismus und Widerstand.* Bonn

Melber, Henning (Hg.) (1983/84): *Our Namibia – A Social Studies Textbook.* Osnabrück (Nachdruck London 1986; japanische Ausgabe Tokio 1990)

Melber, Henning (Hg.) (1988): *Katutura – Alltag im Ghetto*. Bonn

Melber, Henning (1990a): »Befreiungsbewegungen an der Macht. Staatlich-politische Herrschaft in der Dritten Welt«, in: Hirschfeld, Uwe/ Rügemer, Werner (Hg.), *Utopie und Zivilgesellschaft. Rekonstruktionen, Thesen und Informationen zu Antonio Gramsci.* Berlin (West), S. 179-188

Melber, Henning (1990b): »Zum subjektiven Faktor eines menschlichen Internationalismus: ›Der Krieg formt seine Leute‹«, *Dritte Welt*, 9/1990, S. 22-25

Melber, Henning (1992): *Der Weissheit letzter Schluß. Rassismus und kolonialer Blick.* Frankfurt am Main

Melber, Henning (1997): »Namibian and proud of it. Ambivalenzen eines schwäbisch-namibischen Antikolonialisten«, in: Foitzik, Andreas/ Marvakis, Athanasios (Hg.), 1997, S. 15-25

Melber, Henning (2001): »Liberation and Democracy in Southern Africa: The Case of Namibia«, in: ders./Saunders, Christopher, *Transition in Southern Africa – Comparative Aspects. Two Lectures.* Uppsala, S. 17-28

Melber, Henning (2002a): »Afrika sucht seine Strategie«, *Blätter für deutsche und internationale Politik*, 47 (4), S. 482-490

Melber, Henning (ed.) (2002b): *Zimbabwe's Presidential Elections 2002. Evidence, Lessons and Implications.* Uppsala

Melber, Henning (2002c): »The New Partnership for Africa's Development (NEPAD) – Old Wine in New Bottles?«, *Forum for Development Studies*, 29 (1) (i. E.)

Melber, Henning (2002d): »From Liberation Movements to Governments: On Political Culture in Southern Africa«, *African Sociological Review*, 6 (1) (i.E.)

Melber, Henning/Melber, Mary/Hillebrecht, Werner (Hg.) (1984): *In Treue fest, Südwest! Eine ideologiekritische Dokumentation von der Eroberung Namibias über die deutsche Fremdherrschaft bis zur Kolonialapologie der Gegenwart.* Bonn

Melchers, Konrad (1980): *Die sowjetische Afrikapolitik von Chruschtschow bis Breschnew.* Berlin (West)

Menzel, Ulrich (1997): »The West Against the Rest: Samuel Huntingtons Rekonstruktion des Westens,« *Peripherie* 68, S. 61-80.

Metz, Karl H. (1998): »Solidarität und Geschichte. Institution und sozialer Begriff der Solidarität in Westeuropa im 19. Jahrhundert«, in: Bayertz, Kurt (Hg.) 1998b, a.a.O., S. 173-194

Meyer, John W./Brian Rowen 1991: »Institutionalized Organizations: Formal Structure as Myth and Ceremony.« In: Paul J. Maggio/Walter

W. Powell (Hg.), *The New Institutionalism in Organizational Analysis.* Chicago & London, S. 41-62.

Meyns, Peter (1977): *Mozambique. Im Jahr 2 der Unabhängigkeit.* Berlin (West)

Meyns, Peter (1979): *Befreiung und nationaler Wiederaufbau von Mozambique.* Hamburg

Meyns, Peter (1987): *Das Südliche Afrika nach Nkomati. Die Regionalpolitik von Botswana, Mozambique und Zimbabwe.* Hamburg

Meyns, Peter/Schwiedrzik, Wolfgang (1968): »Vorwort«, in: Cabral, Amilcar, *Die Theorie als Waffe.* Berlin (West), S. 3-14

Misik, Robert (2002): »Collateral Damage«, *Die Tageszeitung*, 28.2.2002

Möllers, Hein (1988): »Da hilft kein Beten. Namibia in der Bundesrepublik ein blinder Fleck«, *Informationsdienst Südliches Afrika*, 7/1988, S. 16

Mthoko, November A./Noisser, Norbert H./Rebentisch, Matthias (1990): *Geography of Namibia. Junior Secondary Geography Book.* Windhoek

Nachtwei, Winfried (1976): *Namibia. Von der antikolonialen Revolte zum nationalen Befreiungskampf.* Mannheim

Narr, Wolf-Dieter (2002): »Das nicht so neue Tandem: Gewalt und Globalisierung«, *Prokla,* 125, S. 491-510

Nelson, Robert W. (2001): »Low-Yield Earth-Penetrating Nuclear Weapons«, in: *FAS Public Interest Report*, The Journal of the Federation of *American Scientists*, 54 (1) http://www.fas.org/faspir/2001/v54n1/weapons.htm

Neubert, Dieter (1997): *Entwicklungspolitische Hoffnungen und gesellschaftliche Wirklichkeit. Eine vergleichende Länderstudie von Nicht-Regierungsorganisationen in Kenia und Ruanda.* Frankfurt am Main/ New York.

Neumann, Paul (1978): »Streit über den Wirtschaftsboykott. Loderer in Südafrika – niemand lernt aus.« In: *informationsdienst südliches afrika* 1978/2, S. 28-29.

Nielssen, Anders (1993): »From Pseudo-Terrorists to Pseudo-Guerillas. The MNR in Mozambique«, *Review of African Political Economy,* 57, S. 60-71; 58, S. 34-42

Nnoli, Okwudiba (1993): *Dead End to Nigerian Development.* Dakar

Offe, Claus (1996): »›Homogenität‹ im demokratischen Verfassungsstaat – Sind politische Gruppenrechte eine adäquate Antwort auf Identitätskonflikte?« *Peripherie* 64, S. 46-69.

Ostrowsky, Jürgen/Geisler, Wolff (1978): *Südafrika: Rassismus, Imperialismus, Befreiungskampf. Eine Einführung.* Köln

Pakenham, Thomas (1991): *The Scramble for Africa 1876-1912*. Johannesburg/London

Patemann, Helgard (1984): *Lernbuch Namibia. Ein Lese- und Arbeitsbuch.* Osnabrück

Pilger, John (2002): *The New Rulers of the World.* London & New York.

Polanyi, Paul (1977): *The Great Transformation. Politische und ökonomische Grundlagen von Gesellschaftssystemen.* Wien

Press and Information Office of the Government of the Federal Republic of Germany (1979): *Fact v. Fiction. Rebuttal of the charges of alleged co-operation between the Federal Republic of Germany and South Africa in the nuclear and other military fields. o .O.* [Bonn]

Preuß, Ulrich (1998): »Nationale, supranationale und internationale Solidarität«, in: Bayertz, Kurt (Hg.) 1998b, a.a.O., S. 399-410

Radek, Karl (1921): Rede zur Nationalitäten- und Kolonialfrage, *Der zweite Kongreß der Kommunistischen Internationale* Hamburg, S. 160-164.

Ramminger, Michael/Weckel, Ludger (1997): *Dritte-Welt-Gruppen auf der Suche nach Solidarität.* Münster

Ranger, Terence (1999): *Voices from the Rocks. Nature, Culture and History in the Matopos Hills of Zimbabwe.* Bloomington u.a.

Reichert, Christoph (1984): *Das neue Zimbabwe. Gesellschaft im Übergang.* Bonn

Reichert, Christoph (1986): »Der solidarische Mensch. Eine real existierende Karikatur«, *Informationsdienst Südliches Afrika*, 2/1986, S. 34-35

Renan, Ernest (1993): »Was ist eine Nation?« In: Michael Jeismann/ Henning Ritter (Hg.), *Grenzfälle. Über neuen und alten Nationalismus.* Leipzig, S. 290-311 (1882)

Ripken, Peter (Hg.) (1978): *Südliches Afrika. Geschichte, Wirtschaft, politische Zukunft. Ein kritisches Handbuch.* Berlin (West)

Ripken, Peter/Wellmer, Gottfried (Hg.) (1976): *Wanderarbeit im Südlichen Afrika. Ein Reader.* Bonn

Röhrig-Assunçao, Matthias/Ströbele-Gregor, Juliane (1992): »Auch die Konquista war ein ›Gerechter Krieg‹«, *Peripherie*, 43/44, S. 115-137

Roloff, Clemens M. (1989): »Propagandakrieg um Menschenrechte«, *informationsdienst südliches afrika,* 2/1989, S. 14-16

Rosiny, Stephan (2002): »Der jihad im Islam, ein kontroverses Rechtsgutachten von 1998 und die Anschläge vom 11. September.« In: von Aretin, Felicitas/Wannenmacher, Bernd (Hg.) 2002, S. 75-90.

Rowbotham, Sheila 2000: *Promise of a Dream. Remembering the Sixties.* London.

Roy, Arundhati (2001): »The algebra of infinite justice«, *The Guardian*, 29.9.2001 (dt. Fassung in *Widerspruch*, 41, Zürich; u.d.T. »Wut ist der Schlüssel« in: Roy 2002, S. 259-382)

Roy Arundhati (2002): *Die Politik der Macht*. München

Rufin, Jean-Christophe (1996): *Die neuen Barbaren. Der Nord-Süd-Konflikt nach dem Ende des Kalten Krieges.* München

Sachs, Wolfgang (2002): *Nach uns die Zukunft. Der golbale Konflikt um Gerechtigkeit und Ökologie.* Frankfurt am Main.

Said, Edward (2001): »Adrift in similarity«, *Al-Ahram Weekly Online*, 555, 11. bis 17.10.2001

Sarkhosh, Soussan (2002): »Ein Brief aus dem Süden«, Peripherie, 85/86, S. 185-209.

Sartre, Jean-Paul (1968): *Kolonialismus und Neokolonialismus. Sieben Essays.* Reinbek

Sassen, Saskia (1996): *Metropolen des Weltmarkts. Die neue Rolle der Global Cities.* Frankfurt am Main/New York

Saul, John (Hg.) (1985): *A Difficult Road: The Transition to Socialism in Mozambique.* New York

Saul, John (1991): »From Thaw to Flood: The End of the Cold war in Southern Africa«, *Review of African Political Economy,* 50, S. 145-158

Schieder, Wolfgang (1972): »Brüderlichkeit. Bruderschaft, Brüderschaft, Verbrüderung, Bruderliebe«, in: Brunner, Otto/Conze, Werner/ Koselleck, Reinhart (Hg.), *Geschichtliche Grundbegriffe*, Bd. 1, Stuttgart, S. 552-581

Schiefer, Ulrich (1982): »Guiné-Bissau – Probleme beim ›nationalen Aufbau‹ eines befreiten Landes«, *Peripherie*, 11/12, S. 119-135

Schiller, Friedrich (1990): »Über die Grenzen der Vernunft«, in: Bahr, Ehrhard (Hg.), *Was ist Aufklärung? Thesen und Definitionen.* Stuttgart, S. 52-55

Schleicher, Hans-Georg (1994): »Juniorpartner der Sowjetunion: die DDR im Südlichen Afrika«, in: Behrens, Michael/von Rimscha, Michael (Hg.), *Südafrika nach der Apartheid.* Baden-Baden, S. 31-42

Schleicher, Hans-Georg (1995): »Zur Politik der DDR gegenüber der zimbabwischen Befreiungsbewegung«, *asien, afrika, lateinamerika*, 1/1995, S. 11-27

Schleicher, Ilona (1999): *DDR-Solidarität im südlichen Afrika. Auseinandersetzung mit einem ambivalenten Erbe.* Berlin

Schleicher, Hans-Georg/Schleicher, Ilona (1997): *Die DDR im südlichen Afrika. Solidarität und Kalter Krieg.* Hamburg (Special Flights: The GDR and liberation movements in Southern Africa, 1998)

Schnapper, Dominique (1994): *La communauté des citoyens*. Paris

Schoeller, Wolfgang (1981): »Zur ökonomischen Entwicklung Mosambiks seit der Unabhängigkeit«, *Peripherie,* 5/6, S. 92-196

Schröder, Gerhard (2001): »Regierungserklärung des Bundeskanzlers Schröder zu den Anschlägen in den Vereinigten Staaten von Amerika (12.9.2001)«, in: documentArchiv.de (Hg.), http://www.documentArchiv.de/brd/2001/rede_schroeder_terror-usa.html (4.3.2002)

Schröer, Herbert (1980): »Thesen zum 'Nizer-Kapitalismus' in Moçambique«, *Peripherie,* 3, S. 53-64

Schröer, Herbert (1983): *Frelimo und Industriearbeiter in postkolonialen Konflikten*. Saarbrücken/Fort Lauderdale

Schröter, Susanne (2000): »›Essentialismus‹ und ›Konstruktivismus‹ in der feministischen Forschung«, *Peripherie,* 77/78, S. 9-27

Schulzki-Haddouti, Christiane (2001): »Big-Brother-Preis geht an Bundesinnenminister Otto Schily«, *Telepolis – Magazin der Netzkultur,* 26. 10. 2001 http://www.heise.de/tp/deutsch/inhalt/te/9935/1.html

SDS-Westberlin/Internationales Nachrichten- und Forschungsinstitut (INFI) (Hg.) (1968): *Der Kampf des vietnamesischen Volkes und die Globalstrategie des Imperialismus. Internationaler Vietnamkongress 17./ 18. Februar 1968 Westberlin*. Berlin (West)

Sen, Amartya (1999): *Ökonomie für den Menschen*. Frankfurt am Main/ Wien

Siebold, Thomas (1988): *Ghana 1957-1987*. Hamburg

Sobukwe, Robert Mangaliso (1977): *Hört die Stimme Afrikas! Reden 1949-1959*. Köln

Steinberg, Guido (2002): »Saudi-Arabien und die Attentate vom 11. September.« In: von Aretin, Felicitas/Wannenmacher, Bernd (Hg.) 2002, S. 33-50.

Stelck, Edda (1980): *Politik mit dem Einkaufskorb. Die Boykott-Aktion der evangelischen Frauen gegen Apartheid*. Wuppertal

Stiers, Werner (1983): *Perzeptionen der Entwicklung im südlichen Afrika in der Bundesrepublik Deutschland 1960-1979*. Frankfurt am Main/ Bern

Tenfelde, Klaus (1998): »Arbeiterschaft, Solidarität und Arbeiterbewegung«, in: Bayertz, Kurt (Hg.) 1998b, a.a.O., S. 191-201

Thompson, Edward P. (1978): *The Making of the English Working Class*. Harmondsworth

Timm, Uwe (1978): *Morenga*. München (Nachdruck Reinbek 1981)

Traub, Rudolf (1986): *Nigeria. Weltmarktintegration und sozialstrukturelle Entwicklung*. Hamburg.

van der Heyden, Ulrich/Schleicher, Hans-Georg/Schleicher, Ilona (Hg.) (1993): *Die DDR und Afrika. Zwischen Klassenkampf und neuem Denken.* Münster/Hamburg

van der Heyden, Ulrich/Schleicher, Hans-Georg/Schleicher, Ilona (Hg.) (1994): *Engagiert für Afrika. Die DDR und Afrika,* Bd. II. Münster/ Hamburg

Vereinigung von Afrikanisten in Deutschland e.V. (VAD) (1986): *Südafrika zum Frieden zwingen. Eine Denkschrift der Vereinigung von Afrikanisten in Deutschland e.V.* Bremen

Vesper, Michael (1983): *Überleben in Namibia. ›Homelands‹ und kapitalistisches Weltsystem.* Bonn

Vester, Michael (1970): *Die Entstehung des Proletariats als Lernprozeß. Die Entstehung der antikapitalistischen Theorie und Praxis in England 1793-1848.* Frankfurt am Main

Wallerstein, Immanuel (1979): *The Capitalist World Economy*. Cambridge

Waterman, Peter (2001): *Globalization, Social Movements and the New Internationalism*. London/New York

Weber, Max (1988): »Politik als Beruf«, in: ders., *Gesammelte Politische Schriften.* 5. Aufl., Tübingen, S. 505-560

Weiss, Peter (1968): *Gesang vom Lusitanischen Popanz: Stück mit Musik in 2 Akten.* Berlin (DDR)

Weiss, Peter (1971): *Rapporte* 2. Frankfurt am Main

Weisse, Wolfram (1977): *Asania, Namibia, Zimbabwe*. Stuttgart

Wellmer, Gottfried (1976): *Südafrikas Bantustans. Geschichte, Ideologie, Wirklichkeit.* Bonn

Wellmer, Gottfried (Hg.) (1977): *Dokumente der südafrikanischen Befreiungsbewegung von 1943 bis 1976.* Bonn

Wichterich, Christa (1996): »Zwischen lokalem Feminismus, Identitätspolitik und Lobbying. Die 4. Weltfrauenkonferenz in Peking als Momentaufnahme internationaler Frauenbewegung«, *Peripherie,* 61, S. 24-42

Wickert, Ulrich (2001): »Familiengeheimnis«, *Max online* http://www.max.de/reportagen/terrorkrieg/wir/wickert/html

Wildt, Andreas (1995): »Solidarität«, in: Ritter, Joachim/Gründer, Karlfried (Hg.), *Historisches Wörterbuch der Philosophie*, Bd. 9. Basel, S.1004-1015

Wildt, Andreas (1998): »Solidarität – Begriffsgeschichte und Definition heute«, in: Bayertz, Kurt (Hg.) 1998b, a.a.O., S. 202-216

World Bank (1989): *Sub-Saharan Africa. From Crisis to Sustainable Growth*. Washington DC

Young, Brigitte/Hegelich, Simon (2001): »›Neue Weltordnung‹: Nach dem 11. September bleibt vieles, wie es war«, *Prokla,* 125, S. 523-539

Zeller, Joachim (2000): *Kolonialdenkmäler und Geschichtsbewusstsein. Eine Untersuchung der kolonialen Erinnerungskultur*. Frankfurt am Main

Zitelmann, Thomas (2001): »Krisenprävention und Entwicklungspolitik – Denkstil und Diskursgeschichten«, *Peripherie* 84, S. 10-25

Zoll, Rainer (2000): *Was ist Solidarität heute?* Frankfurt am Main

Zeitungen und Zeitschriften

DMG – Daily Mail & Guardian, Kapstadt (www.mg.co.za)
FAZ – Frankfurter Allgemeine Zeitung
FR – Frankfurter Rundschau
LAT – Los Angeles Times
NZZ – Neue Zürcher Zeitung, Internationale Ausgabe
SZ - Süddeutsche Zeitung, München
taz – die tageszeitung, Berlin